浙江省高职院校"十四五"重点立项建设教材

高等职业教育公共基础课系列新形态教材

"互联网+"与创新创业基础

主编　席佳颖

科学出版社

北京

内 容 简 介

本书结合"互联网+"时代背景，与实际创新创业案例相结合，主要内容包括认识"互联网+"、探索"互联网+"创新思维、探索"互联网+"与创业、识别"互联网+"创业机会、组建创业团队、挖掘创业资源、设计"互联网+"商业模式、撰写"互联网+"创业计划书、寻找创业融资、评估创业风险、成立新企业、"互联网+"与创新创业竞赛，共 12 个模块。本书通过对创业者、中小微企业创新创业案例进行分析，帮助学生了解创业，开展创新创业实训，结合创新创业竞赛，使学生在学习过程中全方位体验创业过程，感悟创新创业真谛，为创业项目孵化做好充足准备。

本书既可作为高等职业院校创新创业通识课的教材，也可供有志于创业的社会各界人士参考阅读。

图书在版编目（CIP）数据

"互联网+"与创新创业基础 / 席佳颖主编. —北京：科学出版社，2023.8
（2025.8 重印）
 ISBN 978-7-03-075802-6

Ⅰ.①互… Ⅱ.①席… Ⅲ.①大学生-创业-高等职业教育-教材
Ⅳ.①G647.38

中国国家版本馆 CIP 数据核字（2023）第 106565 号

责任编辑：李　海 / 责任校对：马英菊
责任印制：吕春珉 / 封面设计：东方人华平面设计部

科 学 出 版 社 出版
北京东黄城根北街 16 号
邮政编码：100717
http://www.sciencep.com

廊坊市都印刷有限公司　印刷
科学出版社发行　各地新华书店经销
*
2023 年 8 月第 一 版　开本：787×1092　1/16
2025 年 8 月第四次印刷　印张：13 1/2
字数：320 000
定价：49.00 元
（如有印装质量问题，我社负责调换）
销售部电话 010-62136230　编辑部电话 010-62135927-2036

前言 ◼

党的二十大报告提出："必须坚持科技是第一生产力、人才是第一资源、创新是第一动力，深入实施科教兴国战略、人才强国战略、创新驱动发展战略，开辟发展新领域新赛道，不断塑造发展新动能新优势。"为进一步推进"大众创业、万众创新"，推动高校创新创业教育高质量发展，高等职业院校应主动将科教融汇作为人才培养模式改革的新方向，以产科教一体化育人为切入点，以产科教平台为依托，将科技创新要素有机融入人才培养全过程。

针对创新创业教育，应积极推进创新创业意识和价值教育、能力与素质教育、实习与实训教育、实战与孵化教育，旨在培养德智体美劳全面发展的，具有创新精神和创业意识，适应新经济形态及经济社会创新发展的高素质应用型、复合型人才。

本书针对中小企业对创新创业人才的需求，紧密结合浙江省及长三角经济区的中小企业发展实际，按照教育部"创业基础"教学大纲的要求，围绕创新创业实际活动进行编写。

一、本书特色及创新点

1. 坚持为党育人、为国育才原则，加强思想引领

本书以习近平新时代中国特色社会主义思想作为指导思想和基本遵循，全面贯彻党的教育方针，要求创业者具备艰苦奋斗、不怕失败、越挫越勇的精神；深化"三全育人"教育改革，坚持将思想政治教育、劳动精神、工匠精神融入创新创业教育全过程。以中国品牌讲述中国故事，展现中国文化自信和大国风貌。将开拓创新、敢为人先、精益求精等科学精神融入学生的创新创业精神培育之中，构建全链条式创新创业人才培养体系。

2. 突出产教融合，校、政、企合作共建

本书充分运用浙江省及长三角经济区创业氛围浓厚、中小创业企业居多的有利条件，将创业中的常见问题与成功创业者案例相结合，探索建立一套以教促产、以产助学、产学互动、学研结合的行动体系，形成"企业项目进课堂、能工巧匠上讲台、师资队伍下企业、师生作品进市场"的局面。

二、本书主要内容

1）本书内容围绕认识"互联网+"、探索"互联网+"创新思维、探索"互联网+"与创业、识别"互联网+"创业机会、组建创业团队、挖掘创业资源、设计"互联网+"商业模式、撰写"互联网+"创业计划书、寻找创业融资、评估创业风险、成立新企业、"互联网+"与创新创业竞赛等 12 个模块进行介绍。

2）鉴于浙江省是中小企业的重要发祥地，本书将校友创业导师的创业企业作为案例指导，编入教材。

3）结合编者的中国"互联网+"创新创业大赛优秀指导教师经验，在本书撰写过程中增加了创新创业竞赛解读、创新创业支持政策等内容。

三、本书编写条件

本书由浙江经济职业技术学院席佳颖担任主编，并负责全书大纲、体例的制定和最终统稿，杨茜、李囡囡、梁钟儿参与编写。具体编写分工如下：模块一至模块四、模块六至模块八、模块十一、模块十二由席佳颖编写，模块五由席佳颖、杨茜编写，模块九、模块十由席佳颖、李囡囡、梁钟儿编写。本书在编写过程中得到杭州青昕科技有限公司、杭州有宠网络科技有限公司、杭州优洋贸易有限公司提供的宝贵建议和意见，谨向他们表示衷心的感谢。同时，本书借鉴和参考了国内外同行的相关成果和一些学者的观点，在此向他们一并表示感谢。

由于时间仓促，编者水平有限，本书仍存在一些不足，恳请广大读者批评指正，谨致以崇高的敬意。

编 者

2023 年 2 月

目 录 ◆■■

CONTENTS

模块一 认识"互联网+"

◆【学习目标和任务】

1. 了解"互联网+"的含义与主要内容。
2. 掌握"互联网+"时代创新创业的特征。
3. 认识"互联网+"与传统行业融合的现状与趋势。

认识"互联网+"

◆【课程思政教学目标】

感知"互联网+"时代的发展变革与创业青年的行动力,培养学生的家国情怀。

案例导读

做"互联网+"新时代创新创业的生力军——大学生创业点燃"全息"之梦

蓝色水母伸缩游动、超级马里奥笑眼相视……随着长条状的 LED(light-emitting diode,发光二极管)屏幕加速旋转,一个个鲜活的立体图像引得在场观众感叹声不断。

全息 3D(three-dimensional,三维)智能炫屏,看似普通的 LED 灯带上有 512 个灯珠,每个灯珠都是不同的芯片、不同的程序。东南大学信息科学与工程学院学生周全,作为该项目负责人,带着观众一同走近这一炫酷神器——当 LED 灯带在 50r/s 的高速旋转下,通过解码软件,即可将图像转化成灯带可播放的视频。

据周全介绍,这种炫屏是利用人类"视觉暂留"而产生完整画面。视觉暂留又称为"余晖效应",指的是人眼在观察景物时,光信号传入大脑神经,需经过一段短暂的时间,光作用结束后,视觉形象并不会立即消失,而这种残留的视觉称为"后像"。

正是利用这一"视觉暂留"效应,加之算法应用与现代技术手段,手持屏幕便可将 2D 图像转变为裸眼 3D 影像,可代替易拉宝,也可用于现有 2D 的任何屏幕,全息 3D 智能炫屏还可应用于广告、会展等宣传和展示。

以长江音乐节为例,周全说这种炫屏不仅更为引人注目,还能做到"打包"带走。它比普通带字的灯牌要轻,而且能直接连接充电宝,成为粉丝在演唱会上应援行走的"招牌"。

此外,周全还在筹谋让这个产品能更接地气。

一般来讲，在逛街的过程中，我们遇到一些不熟悉的店铺还是很注意别人的评价的，而且很多年轻人会用大众点评查看店铺评价，但也有些人不会特意去看大众点评。为此，周全琢磨着要将线上的大众点评搬至更加直观的现实生活中。

周全观察着世界的变化，于变化中寻求创新。现在的用户更讲求互动体验，抓住这一点，周全想象着："路过一家店铺，就可以直接在店家的炫屏上看到顾客留言、店铺评价等信息，是不是很有画面感？"为了让这块可移动的分布式物联网传媒显示设备更炫酷，项目团队专门开发了可直接与显示屏对接的App，并在App上为商家提供各式各样最新潮、最热门的内容模板，或是商家根据自己的素材模板，自行做出适合自己的宣传画面。

（资料来源：作者根据相关资料改编。）

专题一 "互联网"的含义

互联网又称为网际网络，又译为因特网（Internet）、英特网，它已经成为一个全球化的发展趋势，对于人们的人际交往、生活方式、经济模式等都产生划时代的影响，形成新的社会发展趋势。互联网已成为信息交流、创新创业、发展经济等的重要领域。

一、互联网的发展历程

互联网首先是基础设施，在其基础上利用信息通信技术将众多节点连接起来，进而形成广泛的网络架构。如今，互联网已经不仅是社会的重要基础设施，而且随着网民的不断增加，使社会发生了深刻变化。

（一）互联网完全商业化之前的发展

互联网自1969年问世到完全商业化之前，网民使用互联网的范围与领域都有一定的限制，互联网还没有得到普及。这一时期，不同领域信息交流的需要和信息技术的发展，推动了互联网的发展。这一阶段的互联网主要是因为军事信息传递、科技信息交流、商务信息交流等需要而产生并发展的。

（二）互联网完全商业化以来的发展

1. 国外互联网完全商业化以来的发展

国外互联网完全商业化以来的发展经历了Web 1.0时代、Web 2.0搜索/社交时代和Web 3.0大互联时代3个阶段。

（1）Web 1.0时代

Web 1.0时代的主要特征是大量使用静态的超文本标记语言（hypertext markup

language，HTML）网页来发布信息，并开始使用浏览器来获取信息，信息传递主要是单向的。通过万维网（World Wide Web，WWW），互联网上的资源可以在一个网页中比较直观地表示出来，而且在网页上资源之间可以任意链接。Web 1.0 的本质是聚合、联合、搜索，其聚合的对象是巨量、无序的网络信息。Web 1.0 只解决人对信息搜索、聚合的需求，而没有解决人与人之间沟通、互动和参与的需求。

Web 1.0 时代是第一代互联网，表现为：技术创新主导模式、基于点击流量的盈利共通点、门户合流、明晰的主营兼营产业结构和动态网站。Netscape、Yahoo 和 Google 等公司在 Web 1.0 上做出巨大贡献。其中，Netscape 研发出第一个大规模商用浏览器，Yahoo 推出互联网黄页，Google 推出大受欢迎的搜索服务。

（2）Web 2.0 搜索/社交时代

Web 2.0 始于 2004 年 3 月 O'Reilly Media 和 MediaLive 国际公司之间的一次头脑风暴会议。蒂姆·奥莱利在"What Is Web 2.0"一文中概括了 Web 2.0 的概念，并给出描述 Web 2.0 的框图——Web 2.0 MemeMap，成为 Web 2.0 研究的经典文章。在 Web 2.0 中，软件被当成一种服务，互联网从一系列网站演化成一个成熟的为最终用户提供网络应用的服务平台。强调用户的参与、在线的网络协作、数据储存的网络化、社会关系网络及文件的共享等成为 Web 2.0 发展的主要支撑和表现。Web 2.0 大大激发了创造和创新的积极性，使互联网重新变得生机勃勃。Web 2.0 的典型应用包括博客、百科全书、社会网络和即时信息等。

Web 2.0 更注重用户的交互作用，用户既是网站内容的浏览者，也是网站内容的制造者。Web 2.0 是指一个利用 Web 的平台，由用户主导而生成内容的互联网产品模式。用户生产内容（user generated content，UGC）指用户原创内容，是伴随着以提倡个性化为主要特点的 Web 2.0 概念而兴起的。

（3）Web 3.0 大互联时代

Web 3.0 是针对 Web 2.0 提出的，首次提及是在 2006 年初的一篇批评 Web 2.0 的文章中，随后 Web 3.0 受到越来越多的关注。Web 3.0 是 Web 2.0 的进步、发展和延伸，是互联网发展的必然趋势。

Web 3.0 在 Web 2.0 的基础上，将杂乱的微内容进行最小单位的继续拆分，同时进行词义标准化、结构化，实现微信息间的互动和微内容间基于语义的链接。Web 3.0 能够进一步深度挖掘信息并使其直接从底层数据库进行互通，并把散布在互联网上的各种信息点及用户的需求点聚合和对接起来，通过在网页上添加元数据，使机器能够理解网页内容，从而提供基于语义的检索与匹配，使用户的检索更加个性化、精准化和智能化。

Web 3.0 提供智能化及个性化搜索引擎技术、数据自由整合与有效聚合技术，适合多种终端平台，实现信息服务的普适性。Web 3.0 的典型特点是多对多交互，包括人与人交互、人机交互及多个终端交互。Web 3.0 大互联时代是以智能手机为代表的移动互联网作为开端，发展到基于物联网、大数据和云计算的智能生活时代，实现"每个个体、时刻联网、各取所需、实时互动"的状态。

2. 国内互联网商业化以来的发展

1995 年，互联网完全商业化以后，我国互联网的发展大致分为以下 4 个阶段。

第一阶段，互联网主要是一种社交工具，主要用于网络新闻、社区、论坛、QQ 等领域。

第二阶段，互联网主要是一种渠道、交易平台。例如，百度、腾讯等一批互联网企业便在此阶段发展起来。又如，支付宝、企业对顾客（business to customer，B2C）、企业对企业（business to business，B2B）、个人对个人（peer to peer，P2P）、众筹等得以发展。

第三阶段，互联网完成了由渠道向基础设施的演进，以"云网端"为主要标志性技术的突破和成熟，使互联网平台迅速崛起，如大数据、云计算、物联网、工业 4.0、智慧地球等呈现快速发展态势。

第四阶段，互联网已成为一种新的经济范式，并形成依附"互联网+"的一种新型经济生活方式，是经济社会一次质的飞跃，而且发展劲头迅猛。

如今，我国互联网发展活力进一步释放，在基础设施建设、互联网技术创新、数字经济产业、数字社会发展和数字政府建设等方面的水平显著提升，互联网成为推动经济转型、社会变革的重要动力。

2022 年 3 月 2 日，中国互联网络信息中心（China Internet Network Information Center，CNNIC）在北京发布第 51 次《中国互联网络发展状况统计报告》。该报告显示，截至 2022 年 12 月，我国网民规模为 10.67 亿人，互联网普及率达 75.6%。该报告显示，在网民规模方面，我国网民规模持续稳定增长，较 2021 年 12 月新增网民 3549 万人，互联网普及率较 2021 年 12 月提升 2.6 个百分点。农村地区信息沟通及视频娱乐类应用普及率与城市网民基本持平。截至 2022 年 12 月，农村网民群体短视频使用率已超过城镇网民 0.3 个百分点，即时通信使用率与城镇网民差距仅为 2.5 个百分点。互联网医疗、在线教育等数字化服务供给持续加大，促进乡村地区数字化服务提质增效。截至 2022 年 12 月，我国农村地区在线教育和互联网医疗用户占农村网民规模比例为 31.8% 和 21.5%，较上年分别增长 2.7 个和 4.1 个百分点。

截至 2022 年 12 月，我国 IPv6 地址数量较 2021 年 12 月增长 6.8%。我国即时通信用户规模达 10.38 亿人，较 2021 年 12 月增长 3141 万人，占网民整体的 97.2%。

2022 年，我国数字经济持续保持较快发展，信息传输、软件和信息技术服务业增加值增长 9.1%；全国网上零售额 137 853 亿元，比 2021 年增长 4.0%，为保持国民经济稳定增长做出积极贡献。

二、互联网的概念

互联网始于 1969 年美国的阿帕网，是指网络与网络之间所串连成的庞大网络，这些网络以一组通用的协议相连，形成逻辑上的单一巨大国际网络。互联网采用超文本

(hypertext)和超媒体（hypermedia）的信息组织方式，将信息的链接扩展到整个互联网上。其中，超文本是一种用户接口方式，用以显示文本及与文本相关的内容，其格式常使用超文本标记语言或富文本格式（rich text format，RTF）；超媒体是一种采用非线性网状结构对块状多媒体信息（包括文本、图像、视频等）进行组织和管理的技术。超文本传输协议（hypertext transfer protocol，HTTP）是互联网上应用最为广泛的一种网络协议。

互联网应用模式可划分为网络信息获取应用模式、电子商务应用模式、网络交流互动应用模式、网络娱乐应用模式和电子政务应用模式。

1）网络信息获取应用模式可分为网络新闻模式、搜索引擎模式、信息分类模式、信息聚合模式和知识分享模式。

2）电子商务应用模式可分为企业对企业（B2B）、企业对顾客（B2C）、顾客对企业（customer to business，C2B）、生产商对消费者（manufacturers to consumer，M2C）、顾客对顾客（customer to customer，C2C）和线上到线下（online to offline，O2O）等电子商务模式。

3）网络交流互动应用模式可分为即时通信模式、个人空间模式、网络社交模式和网络论坛模式。

4）网络娱乐应用模式可分为网络游戏模式、网络文学模式和网络视频模式。

5）电子政务应用模式可分为政府对政府（government to government，G2G）、政府对企业（government to business，G2B）、政府对员工（government to employee，G2E）、政府对公众（government to citizen，G2C）等。

万维网又称为 Web、3W 等，是一个由许多互相链接的超文本组成的全球性系统，可分为 Web 客户端和 Web 服务器。用户可以通过 Web 客户端（常用浏览器）访问 Web 服务器上的页面，计算机网络的互联让世界各地的计算机能够进行通信，而 Web 则让世界各地的计算机能够进行超文本文档的共享，完成了计算机网络内容的互联，为浏览者在 Internet 上查找和浏览信息提供了图形化的、易于访问的直观界面。

三、经济与社会的发展

互联网已走过 50 多个发展年头，在发展历程中也呈现出一定的特点。1995 年以前，互联网的应用领域主要集中在专业和学术上，互联网的真正商业化是以浏览器技术的出现为代表并迅速波及全球。国内互联网在最近 20 年的发展势头非常强劲，并深刻影响着人们的日常生活，从窄带发展到宽带，从固定发展到移动接入，都不断方便着人们的日常生活、学习和工作。智能手机高度融合通信和计算两项功能，其内置的应用商店还可以进行各种移动应用的下载和使用，为人们的日常生活带来巨大的便利。人们已经越来越离不开智能手机和互联网。另外，互联网也从简单的收发邮件发展成融合阅读、下载、浏览等多种功能的社交平台，为人们的日常社交提供便利，用户人数与日俱增。互联网技术及其应用已渗透到社会的各个角落。现在，互联网的发展进入一个全新时期，即如何面向企业进行拓展而不局限于个体网民，以及如何实现产业互联网的发展而不局限于消费互联网。"互联网+"行动计划就是在我国经济与社会发展呈现新常态的背景下提出的，具有促进产业转型升级、刺激消费、推动就业创业，以及提升政府治理能力的积极意义。"互联网+"行动计划，受到社会各界的广泛关注，掀起了信息化与工业化融合的热潮。未来，消费互联网的发展趋势将是产业互联网。任何一个产业的更新换代都将受到互联网的制约和推动，并且泛互联网化将成为每一个产业发展的必然趋势。随着信息通信技术的不断发展和应用，各种创新形态演变和行业新形态将会不断涌现，并形成一个相互作用、相互影响、相互推进的关系网，这将给传统产业带来颠覆性的变革。

综上所述，传统行业的转型并非简单地进行"互联网+"，而是还要将互联网进行深刻的渗透和融入，带动其供给方式和需求方式产生全新的变化，并将极大地改变经济和社会的发展方式。在未来的信息社会，网络将是经济社会转型的重要动力。除此之外，数据、计算、知识等也将对社会转型形成极大的推动作用。"互联网+"产生的融合应用是一种"化学反应"，将会推动经济社会走向颠覆式的创新。

✏ 专题二　"互联网+"的含义

一、"互联网+"的提出

国内"互联网+"的提出，最早可以追溯到 2012 年 11 月于扬在易观第五届移动互联网博览会的发言。时任易观国际董事长兼首席执行官的于扬首次提出"互联网+"理念。他认为："在未来，'互联网+'公式应该是我们所在的行业目前的产品和服务，在与我们未来看到的多屏全网跨平台用户场景结合之后产生的这样一种化学公式。"我们可以按照这样一个思路找到若干这样的想法。然而，怎样找到你所在行业的"互联网+"，则是企业需要思考的问题。

2014 年 11 月，李克强总理出席首届世界互联网大会时指出，互联网是"大众创业、万众创新"的新工具。其中"大众创业、万众创新"是 2015 年政府工作报告中的重要主题，被称作中国经济提质增效升级的"新引擎"，可见其重要作用。

2015 年 3 月 5 日，在第十二届全国人民代表大会第三次会议上，李克强总理首次在政府工作报告中提出"互联网+"行动计划。推动移动互联网、云计算、大数据、物联网等与现代制造业结合，促进电子商务、工业互联网和互联网金融的健康发展，引导互联网企业拓展国际市场。

2015 年 7 月 4 日，国务院印发《关于积极推进"互联网+"行动的指导意见》，这是推动互联网由消费领域向生产领域拓展，加速提升产业发展水平，增强各行业创新能力，构筑经济社会发展新优势和新动能的重要举措。

2015 年 12 月 16 日，第二届世界互联网大会在浙江乌镇开幕。在"互联网+"的论坛上，中国互联网发展基金会联合百度、腾讯等互联网企业共同发起倡议，成立"中国互联网+联盟"。

二、"互联网+"的定义

"互联网+"将互联网创新成果渗透到经济社会的各个行业和领域中，使生产力和生产效率都得到质的提升，为实体经济的创新提供技术支持，促进以互联网为前提的经济社会发展新形态的建立。

企业界对"互联网+"也有一些具有代表性的定义。例如，腾讯董事会主席马化腾2015年在其全国人大代表议案《关于以"互联网+"为驱动，推进我国经济社会创新发展的建议》中提出："互联网+"是指利用互联网的平台、信息通信技术把互联网和包括传统行业在内的各行各业结合起来，从而在新领域创造一种新生态。

"互联网+"是指以互联网为主的一整套信息技术（包括移动互联网、云计算、大数据技术等）在经济、社会生活各部门的扩散、应用过程。其在内涵上根本区别于传统意义上的信息化，或者说重新定义了信息化。"互联网+"有效地促进了传统产业的在线化和数据化进程，需要将互联网这一基础设施进行普及。只有将互联网作为基础设施和实现工具进行广泛普及，才能将其优化和集成生产要素的优势充分彰显出来，并在经济社会的各个领域中更好地融合互联网的创新成果和创新优势，使实体经济的生产力和创新力得到有效提升，并促进经济发展新形态的构建。

"互联网+"是创新2.0下互联网发展的新业态，是知识社会创新2.0推动下的互联网形态演进及其催生的经济社会发展新形态。

"互联网+"概念的中心词是互联网，符号"+"意为添加与联合。简单来说，"互联网+"就是互联网+各个传统行业，但这并不是简单的两者相加。"互联网+"就是通过信息与通信技术（information and communication technology，ICT）以及互联网平台，让互联网与传统行业进行深度融合，创造新的发展生态。

综上所述，可以将"互联网+"定义为一种新的社会形态，依托互联网信息技术实现互联网与传统产业的联合，以优化生产要素、更新业务体系、重构商业模式等途径来完成经济转型和升级。因此，"互联网+"能够充分发挥互联网在社会资源配置中的优化和集成作用，将互联网的创新成果深度融入经济、社会各个领域，提升全社会的创新力和生产力，形成更广泛的以互联网为基础设施和实现工具的经济发展新形态。"互联网+"是互联网思维的进一步实践成果，推动经济形态不断地发生演变，从而带动社会经济实体的生命力，为改革、创新和发展提供广阔的网络平台。

三、"互联网+"的特征

近年来，为了发展现代产业体系，我国大力推进信息化与工业化融合，信息化与工业化主要在技术、产品、业务和产业4个方面进行融合。两化融合是信息化和工业化的高层次的深度结合，是指以信息化带动工业化、以工业化促进信息化走新型工业化道路。

两化融合的核心就是以信息为支撑，追求可持续发展模式。

两化融合包括技术融合、产品融合、业务融合和产业衍生 4 个方面。

1）技术融合，是指工业技术与信息技术的融合，产生新的技术，推动技术创新。例如，汽车制造技术与电子技术融合产生的汽车电子技术，工业和计算机控制技术融合产生的工业控制技术。

2）产品融合，是指电子信息技术渗透到产品中，增加产品的技术含量。例如，普通机床加上数控系统之后就变成了数控机床，传统家电采用智能化技术之后就变成了智能家电，普通飞机模型增加控制芯片之后就变成了遥控飞机。信息技术含量的提高使产品的附加值大大提高。

3）业务融合，是指信息技术应用到企业研发设计、生产制造、经营管理及市场营销等各个环节，推动企业业务创新和管理升级。例如，计算机管理方式改变了传统手工管理台账，极大地提高了管理效率；信息技术应用提高了生产自动化、智能化程度，生产效率大大提高；网络营销成为一种新的市场营销方式，获益群众数量大增，营销成本大大降低。

4）产业衍生，是指两化融合可以催生出的新产业，形成一些新兴业态，如工业电子、工业软件、工业信息服务业。工业电子包括机械电子、汽车电子、船舶电子、航空电子等，工业软件包括工业设计软件、工业控制软件等，工业信息服务业包括工业企业电子商务、工业原材料或产品成品大宗交易、工业企业信息化咨询等。

"互联网+"是工业 4.0 时代的象征，是两化融合的升级版，是将互联网作为当前信息化发展的核心特征并提取出来，实现与工业、商业、金融业等服务业的全面融合，其关键是创新，只有创新才能让这个"+"真正有价值、有意义。

"互联网+"的主要特征是跨界融合、创新驱动、重塑结构、尊重人性、开放生态和连接一切。

1）跨界融合。"互联网+"重在与传统行业的融合，但这些传统行业和互联网之间的跨度很大，两者能够融合到一起是一种创新。行业之间融合也是客户消费转化为投资的一个过程，大家共同参与创新。"互联网+"中的"+"就是跨行跨界、变革开放，意在重塑融合。通过跨行跨界坚实创新基础，通过融合协同实现群体智能，实现从研发到产业化的路径更垂直。融合本身也指代身份融合。例如，客户消费转化为投资伙伴参与创新等。

2）创新驱动。国内最早的资源驱动型是粗放型的，但是目前这种资源驱动型增长方式已经不能持续，需要转变创新驱动方式才能发展。这正是互联网的特质，通过互联网思维来改变目前的境况，自我革命，达到创新的目的。

3）重塑结构。当前，信息革命、全球化、互联网已打破原有的社会结构、经济结构、地缘结构及文化结构。社会治理开始向互联网和虚拟技术的方向靠近，"互联网+社会治理/虚拟社会治理"已经成为发展趋势。

4）尊重人性。人性的光辉是推动科技进步、经济增长、社会进步和文化繁荣的最根本力量,互联网改变了人们的生产方式、生活方式、消费方式和社会治理方式,互联网的力量之所以强大是因为对人性的最大限度的尊重、对人体验的敬畏和对人的创造性发挥的重视。

5)开放生态。"互联网+"是一种开放式的生态,"互联网+"的推进解除了制约创新的环节,让研发由消费者个性化市场需求驱动,让创业者有更多的机会去创新、去创造,"互联网+"将更多的信息孤岛连接到各自的生态体系,让更多传统行业在这个体系中共生、发展,让各自生态体系里的用户获得更高的生活品质。

6)连接一切。"互联网+"将连接实体、个人、设备等一切基本要素。犹如电能一般,把一种全新的能力注入各行各业,使各行各业在新的环境中实现新生,并创造出一个"互联网+"生态体系,"互联网+"能够实时动态地连接消费者与生产者、服务提供者,让创业者发现大量新的机会。显然,互联网已不再仅仅是虚拟经济,而是主体经济中不可分割的一部分。

专题三 "互联网+"与大学生创新创业

一、"互联网+"时代创新创业的特征

(一)创业变得更加容易,但创新要求较高

首先,随着信息产业的迅速发展和互联网的普及,人们获取信息的方式比以前任何时期都便利。加上现代物流的发展日趋成熟,进入21世纪,我国电子商务得到迅猛发展,B2C、B2B、C2B、C2C等多种网络经营模式横空出世。电子商务对于实体经济而言,其成本和市场准入门槛低,因此许多人选择了网络创业。

其次,2005年出台的《国务院关于鼓励支持和引导个体私营等非公有制经济发展的若干意见》,放宽了民间投资创业的市场准入、行业限制,鼓励民营企业积极参与国际竞争,为创业提供了政策上的有利条件。

再次,"十三五"期间"营业税改增值税"在全国范围内推广,"三证合一"试点改革及各项创业优惠政策出台。2019年政府工作报告明确提出了普惠性减税与结构性减税并举的举措,重点降低制造业和小微企业税收负担。

最后,随着金融体制改革的进一步深化,小微企业融资问题得到一定程度的解决。

然而,创业者如果没有足够的创新意识,而是随波逐流,则成功的概率不大。我们要有独树一帜的新思维,推出与众不同的新产品,这样才能吸引消费者,从而获得回报,并在激烈的市场竞争中站稳脚跟。在"互联网+"的新经济模式下,创业、创新和创投是铁三角,三者缺一不可。利用互联网进行创业,创新的难度高、所需投入的资金高,面临的风险也高。

（二）知识和技术在创业中的重要性大大增加

任何事物在不同时期都有不同的表现形式，创业也不例外。虽然在任何时期创业，敏锐的市场洞察力、坚强的意志、良好的机遇等都是创业者必不可少的，但相对于知识经济时代的创业，资本的重要性可能会减弱，取而代之的是知识和技术。在知识经济时代，自身资金拥有量较少，但通过掌握某行业的核心技术并懂得现代管理方法而取得创业成功的案例比比皆是。

（三）创业与创新的联系变得更加紧密

相对于任何历史时期的创业，在知识经济时代，知识和技术获得了突飞猛进的发展，传统的技术和管理方式不断被高新技术和现代管理理念和方式所取代，再加上知识经济时代是一个"全民创业"的时代，各行各业的竞争变得更加激烈。因此，无论是创业还是守业，创新变得越来越重要，如果不具备创新精神和能力及实际行动，就会被淘汰。

（四）创业的形式和渠道变得更加复杂多样

在知识经济时代，除了传统的制造业等事业形式外，服务业、零售业等多元创新形式的创业正如火如荼地发展着，如凭借知识和技能创办的咨询公司、网络公司、评估公司、设计公司、游戏公司等。

在"互联网+"的时代背景下，在"大众创业、万众创新"的历史机遇下，大学生是掌握先进知识和技术，并拥有强烈创新意识的群体，他们的创新创业活动运营引领着社会创新创业的方向。

二、"互联网+"重点行动

"互联网+"把互联网的创新成果与经济社会各领域深度融合，推动技术进步和效率提升及组织变革，提升实体经济创新力和生产力，形成更广泛的以互联网为基础设施和创新要素的经济社会发展新形态。国务院印发《关于积极推进"互联网+"行动的指导意见》（以下简称《指导意见》），推动互联网由消费领域向生产领域拓展，加速提升产业发展水平，增强各行业创新能力，是构筑经济社会发展新优势和新动能的重要举措。《指导意见》明确了以下 11 项重点行动。

（一）"互联网+"创业创新

充分发挥互联网的创新驱动作用，以促进创业创新为重点，推动各类要素资源聚集、开放和共享，大力发展众创空间、开放式创新等，引导和推动社会形成大众创业、万众创新的浓厚氛围，打造经济发展新引擎。

1）强化创业创新支撑。鼓励大型互联网企业和基础电信企业利用技术优势和产业整合能力，向小微企业和创业团队开放平台入口、数据信息、计算能力等资源，提供研发工具、经营管理和市场营销等方面的支持和服务，提高小微企业信息化应用水平，培育和孵化具有良好商业模式的创业企业。充分利用互联网基础条件，完善小微企业公共服务平台网络，集聚创业创新资源，为小微企业提供找得着、用得起、有保障的服务。

2）积极发展众创空间。充分发挥互联网开放创新优势，调动全社会力量，支持创新工场、创客空间、社会实验室、智慧小企业创业基地等新型众创空间发展。充分利用国家自主创新示范区、科技企业孵化器、大学科技园、商贸企业集聚区、小微企业创业示范基地等现有条件，通过市场化方式构建一批创新与创业相结合、线上与线下相结合、孵化与投资相结合的众创空间，为创业者提供低成本、便利化、全要素的工作空间、网络空间、社交空间和资源共享空间。实施新兴产业"双创"行动，建立一批新兴产业"双创"示范基地，加快发展"互联网+"创业网络体系。

3）发展开放式创新。鼓励各类创新主体充分利用互联网，把握市场需求导向，加强创新资源共享与合作，促进前沿技术和创新成果及时转化，构建开放式创新体系。推动各类创业创新扶持政策与互联网开放平台联动协作，为创业团队和个人开发者提供绿色通道服务。加快发展创业服务业，积极推广众包、用户参与设计、云设计等新型研发组织模式，引导建立社会各界交流合作的平台，推动跨区域、跨领域的技术成果转移和协同创新。

（二）"互联网+"协同制造

推动互联网与制造业融合，提升制造业数字化、网络化、智能化水平，加强产业链协作，发展基于互联网的协同制造新模式。在重点领域推进智能制造、大规模个性化定制、网络化协同制造和服务型制造，打造一批网络化协同制造公共服务平台，加快形成制造业网络化产业生态体系。

1）大力发展智能制造。以智能工厂为发展方向，开展智能制造试点示范，加快推动云计算、物联网、智能工业机器人、增材制造等技术在生产过程中的应用，推进生产装备智能化升级、工艺流程改造和基础数据共享。着力在工控系统、智能感知元器件、工业云平台、操作系统和工业软件等核心环节取得突破，加强工业大数据的开发与利用，有效支撑制造业智能化转型，构建开放、共享、协作的智能制造产业生态。

2）发展大规模个性化定制。支持企业利用互联网采集并对接用户个性化需求，推进设计研发、生产制造和供应链管理等关键环节的柔性化改造，开展基于个性化产品的服务模式和商业模式创新。鼓励互联网企业整合市场信息，挖掘细分市场需求与发展趋势，为制造企业开展个性化定制提供决策支撑。

3）提升网络化协同制造水平。鼓励制造业骨干企业通过互联网与产业链各环节紧密协同，促进生产、质量控制和运营管理系统全面互联，推行众包设计研发和网络化制造等新模式。鼓励有实力的互联网企业构建网络化协同制造公共服务平台，面向细分行业提供云制造服务，促进创新资源、生产能力、市场需求的集聚与对接，提升服务中小微企业能力，加快全社会多元化制造资源的有效协同，提高产业链资源整合能力。

4）加速制造业服务化转型。鼓励制造企业利用物联网、云计算、大数据等技术，整合产品全生命周期数据，形成面向生产组织全过程的决策服务信息，为产品优化升级提供数据支撑。鼓励企业基于互联网开展故障预警、远程维护、质量诊断、远程过程优化等在线增值服务，拓展产品价值空间，实现从制造向"制造+服务"的转型升级。

（三）"互联网+"现代农业

利用互联网提升农业生产、经营、管理和服务水平，培育一批网络化、智能化、精细化的现代"种养加"生态农业新模式，形成示范带动效应，加快完善新型农业生产经营体系，培育多样化农业互联网管理服务模式，逐步建立农副产品、农资质量安全追溯体系，促进农业现代化水平明显提升。

1）构建新型农业生产经营体系。鼓励互联网企业建立农业服务平台，支持专业大户、家庭农场、农民合作社、农业产业化龙头企业等新型农业生产经营主体，加强产销衔接，实现农业生产由生产导向向消费导向转变。提高农业生产经营的科技化、组织化和精细化水平，推进农业生产流通销售方式变革和农业发展方式转变，提升农业生产效率和增值空间。规范用好农村土地流转公共服务平台，提升土地流转透明度，保障农民权益。

2）发展精准化生产方式。推广成熟可复制的农业物联网应用模式。在基础较好的领域和地区，普及基于环境感知、实时监测、自动控制的网络化农业环境监测系统。在大宗农产品规模生产区域，构建天地一体的农业物联网测控体系，实施智能节水灌溉、测土配方施肥、农机定位耕种等精准化作业。在畜禽标准化规模养殖基地和水产健康养殖示范基地，推动饲料精准投放、疾病自动诊断、废弃物自动回收等智能设备的应用普及和互联互通。

3）提升网络化服务水平。深入推进信息进村入户试点，鼓励通过移动互联网为农民提供政策、市场、科技、保险等生产生活信息服务。支持互联网企业与农业生产经营主体合作，综合利用大数据、云计算等技术，建立农业信息监测体系，为灾害预警、耕地质量监测、重大动植物疫情防控、市场波动预测、经营科学决策等提供服务。

4）完善农副产品质量安全追溯体系。充分利用现有互联网资源，构建农副产品质量安全追溯公共服务平台，推进制度标准建设，建立产地准出与市场准入衔接机制。支持新型农业生产经营主体利用互联网技术，对生产经营过程进行精细化信息化管理，加快推动移动互联网、物联网、二维码、无线射频识别等信息技术在生产加工和流通销售各环节的推广应用，强化上下游追溯体系对接和信息互通共享，不断扩大追溯体系覆盖面，实现农副产品"从农田到餐桌"全过程可追溯，保障"舌尖上的安全"。

（四）"互联网+"智慧能源

通过互联网促进能源系统扁平化，推进能源生产与消费模式革命，提高能源利用效率，推动节能减排。加强分布式能源网络建设，提高可再生能源占比，促进能源利用结构优化。加快发电设施、用电设施和电网智能化改造，提高电力系统的安全性、稳定性和可靠性。

1）推进能源生产智能化。建立能源生产运行的监测、管理和调度信息公共服务网络，加强能源产业链上下游企业的信息对接和生产消费智能化，支撑电厂和电网协调运行，促进非化石能源与化石能源协同发电。鼓励能源企业运用大数据技术对设备状态、电能负载等数据进行分析挖掘与预测，开展精准调度、故障判断和预测性维护，提高能源利用效率和安全稳定运行水平。

2）建设分布式能源网络。建设以太阳能、风能等可再生能源为主体的多能源协调互补的能源互联网。突破分布式发电、储能、智能微网、主动配电网等关键技术，构建智能化电力运行监测、管理技术平台，使电力设备和用电终端基于互联网进行双向通信和智能调控，实现分布式电源的及时有效接入，逐步建成开放共享的能源网络。

3）探索能源消费新模式。开展绿色电力交易服务区域试点，推进以智能电网为配送平台，以电子商务为交易平台，融合储能设施、物联网、智能用电设施等硬件以及碳交易、互联网金融等衍生服务于一体的绿色能源网络发展，实现绿色电力的点到点交易及实时配送和补贴结算。进一步加强能源生产和消费协调匹配，推进电动汽车、港口岸电等电能替代技术的应用，推广电力需求侧管理，提高能源利用效率。基于分布式能源网络，发展用户端智能化用能、能源共享经济和能源自由交易，促进能源消费生态体系建设。

4）发展基于电网的通信设施和新型业务。推进电力光纤到户工程，完善能源互联网信息通信系统。统筹部署电网和通信网深度融合的网络基础设施，实现同缆传输、共建共享，避免重复建设。鼓励依托智能电网发展家庭能效管理等新型业务。

（五）"互联网+"普惠金融

促进互联网金融健康发展，全面提升互联网金融服务能力和普惠水平，鼓励互联网与银行、证券、保险、基金的融合创新，为大众提供丰富、安全、便捷的金融产品和服务，更好满足不同层次实体经济的投融资需求，培育一批具有行业影响力的互联网金融创新型企业。

1）探索推进互联网金融云服务平台建设。探索互联网企业构建互联网金融云服务平台。在保证技术成熟和业务安全的基础上，支持金融企业与云计算技术提供商合作开展金融公共云服务，提供多样化、个性化、精准化的金融产品。支持银行、证券、保险企业稳妥实施系统架构转型，鼓励探索利用云服务平台开展金融核心业务，提供基于金融云服务平台的信用、认证、接口等公共服务。

2）鼓励金融机构利用互联网拓宽服务覆盖面。鼓励各金融机构利用云计算、移动互联网、大数据等技术手段，加快金融产品和服务创新，在更广泛地区提供便利的存贷款、支付结算、信用中介平台等金融服务，拓宽普惠金融服务范围，为实体经济发展提供有效支撑。支持金融机构和互联网企业依法合规开展网络借贷、网络证券、网络保险、互联网基金销售等业务。扩大专业互联网保险公司试点，充分发挥保险业在防范互联网金融风险中的作用。推动金融集成电路卡（IC 卡）全面应用，提升电子现金的使用率和便捷性。发挥移动金融安全可信公共服务平台（MTPS）的作用，积极推动商业银行开展移动金融创新应用，促进移动金融在电子商务、公共服务等领域的规模应用。支持银行业金融机构借助互联网技术发展消费信贷业务，支持金融租赁公司利用互联网技术开展金融租赁业务。

3）积极拓展互联网金融服务创新的深度和广度。鼓励互联网企业依法合规提供创新金融产品和服务，更好满足中小微企业、创新型企业和个人的投融资需求。规范发展网络借贷和互联网消费信贷业务，探索互联网金融服务创新。积极引导风险投资基金、私募股权投资基金和产业投资基金投资于互联网金融企业。利用大数据发展市场化个人征信业务，加快网络征信和信用评价体系建设。加强互联网金融消费权益保护和投资者保护，建立多元化金融消费纠纷解决机制。改进和完善互联网金融监管，提高金融服务安全性，有效防范互联网金融风险及其外溢效应。

（六）"互联网+"益民服务

充分发挥互联网的高效、便捷优势，提高资源利用效率，降低服务消费成本。大力发展以互联网为载体、线上线下互动的新兴消费，加快发展基于互联网的医疗、健康、养老、教育、旅游、社会保障等新兴服务，创新政府服务模式，提升政府科学决策能力和管理水平。

1）创新政府网络化管理和服务。加快互联网与政府公共服务体系的深度融合，推动公共数据资源开放，促进公共服务创新供给和服务资源整合，构建面向公众的一体化在线公共服务体系。积极探索公众参与的网络化社会管理服务新模式，充分利用互联网、移动互联网应用平台等，加快推进政务新媒体发展建设，加强政府与公众的沟通交流，提高政府公共管理、公共服务和公共政策制定的响应速度，提升政府科学决策能力和社会治理水平，促进政府职能转变和简政放权。深入推进网上信访，提高信访工作质量、效率和公信力。鼓励政府和互联网企业合作建立信用信息共享平台，探索开展一批社会治理互联网应用试点，打通政府部门、企事业单位之间的数据壁垒，利用大数据分析手段，提升各级政府的社会治理能力。加强对"互联网+"行动的宣传，提高公众参与度。

2）发展便民服务新业态。发展体验经济，支持实体零售商综合利用网上商店、移动支付、智能试衣等新技术，打造体验式购物模式。发展社区经济，在餐饮、娱乐、家政等领域培育线上线下结合的社区服务新模式。发展共享经济，规范发展网络约租车，积极推广在线租房等新业态，着力破除准入门槛高、服务规范难、个人征信缺失等瓶颈制约。发展基于互联网的文化、媒体和旅游等服务，培育形式多样的新型业态。积极推广基于移动互联网入口的城市服务，开展网上社保办理、个人社保权益查询、跨地区医保结算等互联网应用，让老百姓足不出户享受便捷高效的服务。

3）推广在线医疗卫生新模式。发展基于互联网的医疗卫生服务，支持第三方机构构建医学影像、健康档案、检验报告、电子病历等医疗信息共享服务平台，逐步建立跨医院的医疗数据共享交换标准体系。积极利用移动互联网提供在线预约诊疗、候诊提醒、划价缴费、诊疗报告查询、药品配送等便捷服务。引导医疗机构面向中小城市和农村地区开展基层检查、上级诊断等远程医疗服务。鼓励互联网企业与医疗机构合作建立医疗网络信息平台，加强区域医疗卫生服务资源整合，充分利用互联网、大数据等手段，提高重大疾病和突发公共卫生事件防控能力。积极探索互联网延伸医嘱、电子处方等网络医疗健康服务应用。鼓励有资质的医学检验机构、医疗服务机构联合互联网企业，发展基因检测、疾病预防等健康服务模式。

4）促进智慧健康养老产业发展。支持智能健康产品创新和应用，推广全面量化健康生活新方式。鼓励健康服务机构利用云计算、大数据等技术搭建公共信息平台，提供长期跟踪、预测预警的个性化健康管理服务。发展第三方在线健康市场调查、咨询评价、预防管理等应用服务，提升规范化和专业化运营水平。依托现有互联网资源和社会力量，以社区为基础，搭建养老信息服务网络平台，提供护理看护、健康管理、康复照料等居家养老服务。鼓励养老服务机构应用基于移动互联网的便携式体检、紧急呼叫监控等设备，提高养老服务水平。

5）探索新型教育服务供给方式。鼓励互联网企业与社会教育机构根据市场需求开发数字教育资源，提供网络化教育服务。鼓励学校利用数字教育资源及教育服务平台，逐步探索网络化教育新模式，扩大优质教育资源覆盖面，促进教育公平。鼓励学校通过与互联网企业合作等方式，对接线上线下教育资源，探索基础教育、职业教育等教育公共服务提供新方式。推动开展学历教育在线课程资源共享，推广大规模在线开放课程等网络学习模式，探索建立网络学习学分认定与学分转换等制度，加快推动高等教育服务模式变革。

（七）"互联网+"高效物流

加快建设跨行业、跨区域的物流信息服务平台，提高物流供需信息对接和使用效率。鼓励大数据、云计算在物流领域的应用，建设智能仓储体系，优化物流运作流程，提升物流仓储的自动化、智能化水平和运转效率，降低物流成本。

1）构建物流信息共享互通体系。发挥互联网信息集聚优势，聚合各类物流信息资源，鼓励骨干物流企业和第三方机构搭建面向社会的物流信息服务平台，整合仓储、运输和配送信息，开展物流全程监测、预警，提高物流安全、环保和诚信水平，统筹优化社会物流资源配置。构建互通省际、下达市县、兼顾乡村的物流信息互联网络，建立各类可开放数据的对接机制，加快完善物流信息交换开放标准体系，在更广范围促进物流信息充分共享与互联互通。

2）建设深度感知智能仓储系统。在各级仓储单元积极推广应用二维码、无线射频识别等物联网感知技术和大数据技术，实现仓储设施与货物的实时跟踪、网络化管理以及库存信息的高度共享，提高货物调度效率。鼓励应用智能化物流装备提升仓储、运输、分拣、包装等作业效率，提高各类复杂订单的出货处理能力，缓解货物囤积停滞瓶颈制约，提升仓储运管水平和效率。

3）完善智能物流配送调配体系。加快推进货运车联网与物流园区、仓储设施、配送网点等信息互联，促进人员、货源、车源等信息高效匹配，有效降低货车空驶率，提高配送效率。鼓励发展社区自提柜、冷链储藏柜、代收服务点等新型社区化配送模式，结合构建物流信息互联网络，加快推进县到村的物流配送网络和村级配送网点建设，解决物流配送"最后一公里"问题。

（八）"互联网+"电子商务

巩固和增强我国电子商务发展领先优势，大力发展农村电商、行业电商和跨境电商，进一步扩大电子商务发展空间。电子商务与其他产业的融合不断深化，网络化生产、流通、消费更加普及，标准规范、公共服务等支撑环境基本完善。

1）积极发展农村电子商务。开展电子商务进农村综合示范，支持新型农业经营主体和农产品、农资批发市场对接电商平台，积极发展以销定产模式。完善农村电子商务配送及综合服务网络，着力解决农副产品标准化、物流标准化、冷链仓储建设等关键问题，发展农产品个性化定制服务。开展生鲜农产品和农业生产资料电子商务试点，促进农业大宗商品电子商务发展。

2）大力发展行业电子商务。鼓励能源、化工、钢铁、电子、轻纺、医药等行业企业，积极利用电子商务平台优化采购、分销体系，提升企业经营效率。推动各类专业市场线上转型，引导传统商贸流通企业与电子商务企业整合资源，积极向供应链协同平台转型。鼓励生产制造企业面向个性化、定制化消费需求深化电子商务应用，支持设备制造企业利用电子商务平台开展融资租赁服务，鼓励中小微企业扩大电子商务应用。按照市场化、专业化方向，大力推广电子招标投标。

3）推动电子商务应用创新。鼓励企业利用电子商务平台的大数据资源，提升企业精准营销能力，激发市场消费需求。建立电子商务产品质量追溯机制，建设电子商务售后服务质量检测云平台，完善互联网质量信息公共服务体系，解决消费者维权难、退货难、产品责任追溯难等问题。加强互联网食品药品市场监测监管体系建设，积极探索处方药电子商务销售和监管模式创新。鼓励企业利用移动社交、新媒体等新渠道，发展社交电商等网络营销新模式。

4）加强电子商务国际合作。鼓励各类跨境电子商务服务商发展，完善跨境物流体系，拓展全球经贸合作。推进跨境电子商务通关、检验检疫、结汇等关键环节单一窗口综合服务体系建设。创新跨境权益保障机制，利用合格评定手段，推进国际互认。创新跨境电子商务管理，促进信息网络畅通、跨境物流便捷、支付及结汇无障碍、税收规范便利、市场及贸易规则互认互通。

（九）"互联网+"便捷交通

加快互联网与交通运输领域的深度融合，通过基础设施、运输工具、运行信息等互联网化，推进基于互联网平台的便捷化交通运输服务发展，显著提高交通运输资源利用效率和管理精细化水平，全面提升交通运输行业服务品质和科学治理能力。

1）提升交通运输服务品质。推动交通运输主管部门和企业将服务性数据资源向社会开放，鼓励互联网平台为社会公众提供实时交通运行状态查询、出行路线规划、网上购票、智能停车等服务，推进基于互联网平台的多种出行方式信息服务对接和一站式服务。加快完善汽车健康档案、维修诊断和服务质量信息服务平台建设。

2）推进交通运输资源在线集成。利用物联网、移动互联网等技术，进一步加强对公路、铁路、民航、港口等交通运输网络关键设施运行状态与通行信息的采集。推动跨地域、跨类型交通运输信息互联互通，推广船联网、车联网等智能化技术应用，形成更加完善的交通运输感知体系，提高基础设施、运输工具、运行信息等要素资源的在线化水平，全面支撑故障预警、运行维护以及调度智能化。

3）增强交通运输科学治理能力。强化交通运输信息共享，利用大数据平台挖掘分析人口迁徙规律、公众出行需求、枢纽客流规模、车辆船舶行驶特征等，为优化交通运输设施规划与建设、安全运行控制、交通运输管理决策提供支撑。利用互联网加强对交通运输违章违规行为的智能化监管，不断提高交通运输治理能力。

（十）"互联网+"绿色生态

推动互联网与生态文明建设深度融合，完善污染物监测及信息发布系统，形成覆盖主要生态要素的资源环境承载能力动态监测网络，实现生态环境数据互联互通和开放共享。充分发挥互联网在逆向物流回收体系中的平台作用，促进再生资源交易利用便捷化、互动化、透明化，促进生产生活方式绿色化。

1）加强资源环境动态监测。针对能源、矿产资源、水、大气、森林、草原、湿地、海洋等各类生态要素，充分利用多维地理信息系统、智慧地图等技术，结合互联网大数据分析，优化监测站点布局，扩大动态监控范围，构建资源环境承载能力立体监控系统。依托现有互联网、云计算平台，逐步实现各级政府资源环境动态监测信息互联共享。加强重点用能单位能耗在线监测和大数据分析。

2）大力发展智慧环保。利用智能监测设备和移动互联网，完善污染物排放在线监测系统，增加监测污染物种类，扩大监测范围，形成全天候、多层次的智能多源感知体系。建立环境信息数据共享机制，统一数据交换标准，推进区域污染物排放、空气环境质量、水环境质量等信息公开，通过互联网实现面向公众的在线查询和定制推送。加强对企业环保信用数据的采集整理，将企业环保信用记录纳入全国统一的信用信息共享交换平台。完善环境预警和风险监测信息网络，提升重金属、危险废物、危险化学品等重点风险防范水平和应急处理能力。

3）完善废旧资源回收利用体系。利用物联网、大数据开展信息采集、数据分析、流向监测，优化逆向物流网点布局。支持利用电子标签、二维码等物联网技术跟踪电子废物流向，鼓励互联网企业参与搭建城市废弃物回收平台，创新再生资源回收模式。加快推进汽车保险信息系统、"以旧换再"①管理系统和报废车管理系统的标准化、规范化和互联互通，加强废旧汽车及零部件的回收利用信息管理，为互联网企业开展业务创新和便民服务提供数据支撑。

4）建立废弃物在线交易系统。鼓励互联网企业积极参与各类产业园区废弃物信息平台建设，推动现有骨干再生资源交易市场向线上线下结合转型升级，逐步形成行业性、区域性、全国性的产业废弃物和再生资源在线交易系统，完善线上信用评价和供应链融资体系，开展在线竞价，发布价格交易指数，提高稳定供给能力，增强主要再生资源品种的定价权。

（十一）"互联网+"人工智能

依托互联网平台提供人工智能公共创新服务，加快人工智能核心技术突破，促进人工智能在智能家居、智能终端、智能汽车、机器人等领域的推广应用，培育若干引领全球人工智能发展的骨干企业和创新团队，形成创新活跃、开放合作、协同发展的产业生态。

1）培育发展人工智能新兴产业。建设支撑超大规模深度学习的新型计算集群，构建包括语音、图像、视频、地图等数据的海量训练资源库，加强人工智能基础资源和公共服务等创新平台建设。进一步推进计算机视觉、智能语音处理、生物特征识别、自然语言理解、智能决策控制以及新型人机交互等关键技术的研发和产业化，推动人工智能在智能产品、工业制造等领域规模商用，为产业智能化升级夯实基础。

2）推进重点领域智能产品创新。鼓励传统家居企业与互联网企业开展集成创新，不断提升家居产品的智能化水平和服务能力，创造新的消费市场空间。推动汽车企业与互联网企业设立跨界交叉的创新平台，加快智能辅助驾驶、复杂环境感知、车载智能设备等技术产品的研发与应用。支持安防企业与互联网企业开展合作，发展和推广图像精准识别等大数据分析技术，提升安防产品的智能化服务水平。

3）提升终端产品智能化水平。着力做大高端移动智能终端产品和服务的市场规模，提高移动智能终端核心技术研发及产业化能力。鼓励企业积极开展差异化细分市场需求分析，大力丰富可穿戴设备的应用服务，提升用户体验。推动互联网技术以及智能感知、模式识别、智能分析、智能控制等智能技术在机器人领域的深入应用，大力提升机器人产品在传感、交互、控制等方面的性能和智能化水平，提高核心竞争力。

---

① 这里的"再"指资源回收再利用。

三、"互联网+"创新创业机遇

在全球新一轮科技革命和产业变革中，互联网与各领域的融合发展具有广阔的发展前景和无限潜力，已成为不可阻挡的时代潮流，正在对各国经济社会发展产生战略性和全局性的影响。积极发挥我国互联网已经形成的比较优势，把握机遇，增强信心，加快推进"互联网+"发展，有利于重塑创新体系、激发创新活力、培育新兴业态和创新公共服务模式，对打造"大众创业、万众创新"和增加公共产品、公共服务"双引擎"，主动适应和引领经济发展新常态，形成经济发展新动能，实现中国经济提质增效升级具有重要意义。历史经验表明，每一次新技术体系的推广渗透和技术经济范式的转换都会伴随各种新经济、新业态、新模式的大量涌现，产生各种新的投资消费需求，为创新创业提供巨大的成长空间。

1）"互联网+"有利于传统产业改造升级，通过利用物联网、大数据等手段，促进工业互联网发展，实现传统产业的结构调整与转型升级。"互联网+"可为产业升级提供技术上的支持和思维上的革新，在产业结构调整、加快传统产业转型升级中发挥巨大作用。为了实现中国经济"软着陆"，必须以"双引擎"驱动经济发展：一是要打造新引擎，通过推动"大众创业、万众创新"，发挥民智民力；二是要改造传统引擎，特别是用信息化改造传统产业，使传统经济增长点焕发新活力。

2）"互联网+"有利于催生新兴产业和新兴业态，培育新的经济增长点，打造稳定中国经济增长的"新引擎"。"互联网+"在发展新业态及新兴产业、培育新的经济增长点中发挥着重要作用。互联网与制造业、生活服务业及农业等领域的联系日益紧密，各产业间的深度融合导致更多新业态的出现。"互联网+"加速了产业间的融合，经济潜力巨大。同时，"互联网+"有助于促进现代服务业及战略性新兴产业的发展。

3）"互联网+"有利于促进商品生产、流通、消费各环节的变革，使产品及服务更加贴近用户。随着消费互联网的建设发展，现有的消费习惯与消费方式逐渐发生改变，网上消费已成为新的潮流。贴近用户是促进商品生产、流通、消费各环节发生变革的重要动力。在生产环节，"互联网+"使生产者得以直接与消费者进行衔接，生产方式逐渐由大规模、单一品种的刚性生产向小规模、个性化定制的柔性生产转变。在流通环节，"互联网+"通过构建扁平化的营销渠道结构等，简化流通环节，降低交易时间及成本。在消费环节，"互联网+"使消费模式发生颠覆性变革。

4）"互联网+"有利于促进商业模式的革新，通过平台模式的发展和平台效应的发挥，实现资源要素的跨界整合与效率提升。

平台模式与平台经济是"互联网+"的重要特征。"互联网+"时代催生了共享经济这种新型商业模式，电子商务平台、众筹平台及在线教育平台等屡见不鲜。与传统商业模式不同，基于互联网的平台型商业模式有利于集聚不同类型的消费者群体与生产者群体，促进交叉网络外部性的发挥。通过这种创新商业模式，有利于提升企业的生产经营效益、减少信息不对称问题，促进资源要素的跨界整合与合理配置，提高经济效益。同时，"互联网+"也带动公司治理模式变革，推进企业边界模糊化、层级扁平化，实现企业运行效率的提升。

5）"互联网+"有利于个人思维模式的变革，通过树立新的互联网思维理念，带动和推进中国社会更深层次的变革。

"互联网+"有助于推动个人思维模式的变革。当今，互联网已经成为一种全民共知、共享及共赢的生活方式，个人在工作、学习和生活中将更多地把互联网纳入其中，思维模式也会因此发生变化。相比传统的思维模式，融入了互联网基因的个人思维模式将更好地帮助个人释放潜能，实现个人发展。

6）"互联网+"有利于降低创业门槛和创业成本，创建更公平的创业环境，扩大创业投资的范围，促进创业浪潮的发展，使我国迈向创业型经济。"互联网+"时代为创业提供更为良好的条件，包括更公平的创业环境、更开放的创业空间、更低的创业门槛和创业成本、更活跃的风投资本等。

"互联网+"时代的创业环境更公平。互联网平等赋予每个人获取信息、交流沟通、言论表达、交易等能力和机会，创业环境相对透明公平，且互联网创业以创业者能力为导向，行业竞争更加良性。

"互联网+"时代的创业产业链广阔，产业衍生性强，与传统产业相比有广阔的合作空间。"互联网+"具有轻资产特征，大大减少了该领域创新创业的初期投入，互联网创业者只要有创新项目就可以通过互联网去寻找人才、资金等，大幅降低创业成本。"互联网+"时代以天使投资、风险投资、私募股权投资等在内的股权投资更加活跃，创业、创新与创投的"铁三角"联系更为紧密。天使投资、风险投资等股权投资具有筛选发现、产业培育、风险分散等功能，对互联网创新创业具有重要意义。

四、"互联网+"时代大学生创新创业概述

"互联网+"时代，各行各业都在探索全新的管理方式和运营模式，为了推动创新创业高质量发展以及与实体经济创新相结合，我们应当进一步优化创新创业教育体系。2015 年 5 月，国务院办公厅在《关于深化高等学校创新创业教育改革的实施意见》中提到，2015 年起全面深化高校创新创业教育改革。2017 年取得重要进展，形成科学先进、广泛认同、具有中国特色的创新创业教育理念，形成一批可复制可推广的制度成果，普及创新创业教育，实现新一轮大学生创业引领计划预期目标。到 2020 年建立健全课堂教学、自主学习、结合实践、指导帮扶、文化引领融为一体的高校创新创业教育体系，人才培养质量显著提升，学生的创新精神、创业意识和创新创业能力明显增强，投身创业实践的学生显著增加。随后，教育部印发了《关于做好 2016 届全国普通高等学校毕业生就业创业工作的通知》，从 2016 年起所有高校都要设置创新创业教育课程，对全体学生开设创新创业教育必修课和选修课，纳入学分管理；对有创业意愿的学生，开设创业指导及实训类课程；对已经开展创业实践的学生，开展企业经营管理类培训。2022 年，国务院办公厅印发《关于深化现代职业教育体系建设改革的意见》指出，省级政府以产

业园区为基础，打造兼具人才培养、创新创业、促进产业经济高质量发展功能的市域产教联合体。

很多学校在创新创业教育体系方面不完善，导致学生的创业自主性和创新意识积极性不高，学生普遍求稳而不敢去冒险，很多学生的创业计划成了一纸空文。

因此，要引导大学生深刻认识创新创业在当前就业形势和经济社会发展形势下的重要意义，通过系统的、持续的教育和培养，使学生能够转变观念，意识到创新创业不仅是国家和社会的需要，也是自身生存发展和实现自我价值的需要，应增强创新精神和创业意识，不断提高自身素质和能力，将创新精神、创业意识的培养纳入总体规划，激励大学生积极投身创新创业实践，促进大学生全面发展、推动大学生顺利创业就业。那么，如何引导大学生正确创新创业，是当今创新创业热潮下的重中之重，可从以下几方面着手。

1. 认清形势，把握时机

在"创"时代的背景下，许多新颖的想法与设计如雨后春笋般涌现出来，但如何拨开迷雾，看清现实，是当代大学生的首要问题。高校辅导员，更应该协助学生找到适合自身发展的道路。由于大学生社会经历尚浅，需要辅导员通过收集相关材料与实地考察相结合，深入了解学生的想法，做好可行性研究，切实保证学生的利益不受损害，维护学生的自身权益，提升其自我保护意识，但当机会来临时，也要适时把握时机，鼓励学生抓住机遇，但不可急于求成，教师应尽可能地为学生提供帮助，做到循序渐进、良性发展，助力学生实现自身的发展。

2. 困难分析，游刃有余

当学生萌生创业念头时，教师要帮助学生分析将要面临的困难，如资金、人员、专利维护等一系列问题。当学生有创业想法时，大多数可能是一时兴起，作为教师应该帮助学生梳理当前形势，分析创业过程中可能遇到的困难，做到正确引导学生分析自己的优势与劣势，分析社会的需求与自己想法的契合度，这其中确实不乏一些真正可行的想法，需要教师为其提供帮助，做好创业前期的准备工作，在实现自身发展的同时，顺利完成学业，争取做到学业、事业双丰收，为自身今后的发展打下坚实的基础，成就自己的美好未来。

3. 谋事虽易，贵在坚持

创新，也许是灵光一现，但创业就像组装一辆汽车一样，要面面俱到，也要全面统筹。同时，需要做好每一项预算、做好困难分析与危机预警等，每一次的失败与挫折都可能使最初的创业激情慢慢消失。因此，对于正在创业的学生要经常进行鼓励，创业的道路不是一帆风顺的，只有坚持下去，才会有柳暗花明的一天。作为高校教师应该学做学生的知心朋友，时刻提醒与倾听，这也是大学生思想政治教育的重要环节，要抓住时机进行教育，促进大学生的心智不断成熟，提升大学生面对挫折的心理承受能力、处理问题能力及自我恢复能力,以此来完善大学生的人格。

4. 夯实本领,提升能力

大学生如何将自己的创新想法转变为一项切实可行的事业,这需要大学生拥有多方面的能力。大学生根据自己的专业特点或自身兴趣爱好开展创新创业的前提是对所从事的行业或领域有深入的了解,并能在实施过程中不断提升自己的认知和感悟,这需要大学生有扎实的本领,包括:有一定的处理能力,有较扎实的技术支撑,能够独立解决一般问题,了解行业的技术发展与前沿成果,养成不断学习的习惯;同时,可以寻找志同道合的伙伴组建团队,培养团队意识,善于听取不同意见,这样才能集思广益,壮大自己的队伍。

五、"互联网+"时代大学生创业的意义

大学生有着创新创业的良好内在基础和条件,能在全民创业中起到很好的引领和带头作用。因此,帮助有创业意愿的大学生增强创新观念,明确创业目标,掌握创业必备的专业知识,从而使他们在日后的竞争中脱颖而出,具有重要意义。

1. 大学生创新创业发展是我国未来经济发展的动力

在国际市场经济和科技快速发展的趋势下,创新是国家的综合实力和经济竞争力的体现,是国家长久发展的关键。大学生是国家未来的人才和科技资源的储备,也是掌握国家未来命运的核心和关键。具有创新精神和较高知识储备的大学生,必将成为未来新兴产业和高科技产业的领军人物和核心人物,以此引领和带动国家未来经济和社会的发展。

2. 培养大学生创新创业意识,积累创新创业知识

引导大学生认识创新创业对于缓解当前就业压力的重要性,通过系统的教育和培养,使学生转变就业观念,创新创业不仅是国家和社会的需要,也是自身生存发展和实现自我价值的需要,应增强自身的创新创业意识,不断提高自身的素质和能力。

同专业知识的学习和积累一样,大学生创新创业知识也是一个不断学习和积累的过程,而且二者是相互渗透、相互促进的。仅有专业知识还远远不够,企业管理知识、市场运作知识、公关礼仪知识等都是大学生创新创业不可或缺的知识。

3. 大学生创新创业是解决就业的途径之一

近几年我国高校的招生规模不断扩大,高校毕业生一年比一年多,使得高校毕业生的就业形势越来越严峻。现在我国各地的高校毕业生就业难的问题普遍存在。所以,培

养和快速提高大学生创新创业能力，可以在一定程度上增加大学生的就业机会，缓解大学生就业难的问题。

4. 大学生创新创业是改革人才培养模式的方向

从事创新创业活动需要大学生具备一定的综合能力，既能独立工作，又能团队合作，从容应对创新创业过程中遇到的各种难题。此外，对创业机会的识别和把握、与他人的沟通和协调，以及在项目实施过程中的领导力、感召力等是从课本上学不到的，需要大学生在创业实践过程中用心去思考和体会。

近几年，我国许多高校实行扩招政策，使得我国高等教育的毛入学率逐年提高，但教育质量和教育模式相对落后于欧美发达国家的高校。因此，深化教育体制机制改革刻不容缓，这就要求深入改革人才培养模式，转变教育教学理念，注重培养大学生的创新创业能力等。

5. 大学生创新创业推动我国市场经济的发展

大学生创新创业让大学生积极融入社会，增加了大学生的就业经验，使其紧随社会发展的步伐和时代发展的主流。大学生创新创业不仅有利于我国市场经济观念的转变和市场经济健康快速的发展，也为我国市场经济的发展增加了活力。

在新时代下，更多的机遇与挑战呈现在大学生面前，这就需要高校、社会、教师、学生多级联动配合，切实培养大学生的创新意识，配备成长导师，建立健全辅导制度，完善大学生孵化基地建设，发掘大学生的潜力，合理规划大学生的成长路径，助力大学生找到适合自身发展的道路，为国家和社会输送更多的栋梁之材。"大众创业、万众创新"的提出，使得一些有创业想法的大学生有机会实现自己的梦想，成为人群中的佼佼者，作为教师要为他们感到骄傲，同时要协助其他学生完成大学阶段的学业规划，走好这段难忘的岁月。

📻 延伸阅读

行走的 3D 打印机——"00 后"创业者的"酷"梦想

作为 3D 打印机公司的创业者，陈天润在创业期间除了要挑战传统的打印技术方案外，还打破了大多数人对商业精英的固有印象。他的创业项目是消费级 3D 打印机。他希望通过技术手段改变人们的生活，突破打印传统，让普通人也能使用 3D 打印技术。他畅想，将来家里若需要什么小零件，可以直接由自己设计、自己动手制作，然后用家里的打印机打印出来就可以了。

为了实现梦想，陈天润每天早上 8 点到下午 5 点上班，下班到半夜两点搞科研，未来如何，谁也下不了定论，但他用足了青春，一步一步地向着自己的目标靠近。创新打印技术的思路最早是从陈天润的大学宿舍里萌生出来的，陈天润的宿舍共有三个人：老盯着计算机、花很多时间研究数据处理的张同学；动手能力极强的吴同学；喜欢用写程序解决问题的陈天润。

2020年，3D打印虽然声名鹊起，但陈天润和舍友发现，一般人只是理论上会用，实际并不能普遍使用。于是，三个人决定开发一个三维模型处理算法——将一张三维"照片"交给算法，可以直接打印出一个三维产品。

陈天润说："当时没想到要创业，只是觉得如果真能做成会很牛。"于是，热爱挑战的小伙子们将宿舍变身实验室。但这一项目对于本科阶段的学生而言，只能算是"课外探索"。一边读书一边创业，何以两条艰辛之路同时并驾齐驱？他说，研发算法是发明东西，有时还能从过去的算法中发现一些新性质。

做消费级打印机产品是一件很严肃的事情，用陈天润的话说就是"同行大多是我们传统概念里的工厂厂长形象，年纪有一些，钱也有一些"。于是，业内投资人一见到陈天润，就对这位同学产生"应该只是玩玩儿"的怀疑。在颠覆行业从业人员传统形象的同时，陈天润更想突破常规技术路线。在业界前辈们看来，抛弃计算机，把手机当成3D打印机的交互设备，这是一件匪夷所思的事情。一款产品成功的首要条件是稳定可靠。一切与打印机交互的任务，都依靠手机与无线传输来完成，其可控性难以匹敌传统的计算机控制方式。这个道理，陈天润心知肚明，但他却执意要用手机连接打印机进行打印。

打印机上没有故障显示屏，这也是传统开发商无法接受的，但陈天润将故障显示功能移植到手机软件上，为的是将打印设备最大限度地去繁就简。

谈到具体的技术开发环节，陈天润切身体会到了挑战行业传统技术和做法的艰难，但他就是不服输。他说："乔布斯就是为了用户体验，倒逼技术进步。"

（资料来源：作者根据相关资料改编。）

实 训

创办网店进行直播销售

据统计，我国网络购物群体的规模呈逐年上升趋势。如今，人们从直播间进行网购已成为一种时尚，很多人都萌生了借助平台开网店直播销售产品的想法。将全班学生分成若干小组，每组2~3人，以自愿为原则，每个小组自定经营内容，根据所学的互联网知识，申请一个直播平台账号，开设一个网店，通过平台认证后可以进行直播销售。

◆ 模块小结 ◆

　　"互联网+"促进了以移动互联网、云计算、大数据、物联网等为代表的新一代信息技术，与制造、能源、服务、农业等领域的融合创新，发展壮大新兴业态，打造新的产业增长点。当前，我国已形成"政府促进创业、市场驱动创业、学校助推创业、社会扶持创业、个人自主创业"的局面。以互联网为依托的创新平台、创业途径和就业模式正在持续打破时空限制，微客、创客等新兴群体已不断通过新创意来参与公平竞争，踏上创新创业之路。

模块二 探索"互联网+"创新思维

◆ 【学习目标和任务】

1. 了解创新思维的含义。

2. 了解创新思维的种类，掌握必要的创新方法对创业的重要性。

3. 结合"互联网+"的发展现状，谈谈创新的意义。

◆ 【课程思政教学目标】

坚持守正创新，注重创造性思维能力的培养，提高学生开拓创新的能力。

探索"互联网+"
创新思维

案例导读

华为的创新之路

1987 年成立的华为技术有限公司（以下简称"华为"），经过 30 多年的艰苦创业，这艘大船划到了"与世界同步的起跑线"上。从小到大，从大到强，从国际化到全球化，华为的发展过程都是建立在成功创新的基础之上。

1. 华为的创新 1.0 是以客户需求为导向

华为过去 30 多年的成功，是基于客户需求的工程、技术、产品和解决方案创新的成功。遵循全球主流标准，华为采用世界先进的技术、零部件、软件及平台，与顶尖"高手"过招才能更快进步，才能取得行业技术主导权。为此，华为积极参与国际产业组织及标准组织，截至 2022 年年底，华为加入全球 800 多个产业组织，担任 450 多个重要职位，华为在全球拥有超过 12 万件授权专利，其中很多基础和核心专利被标准组织广泛使用，华为是 5G 标准的主要制定者。在无线领域，华为与全球产业界共同探索和定义 6G，提出 6G 六大支柱技术。

2. 开放创新，充分利用全球资源，与合作伙伴共建共享

华为围绕全球技术要素及资源，在全球建立了研发中心、基础技术实验室、联合实验室，包括材料、散热、数学、芯片、光技术等；围绕全球人才和资源，建立研究中心。

为了推动各行各业数字化转型的进程，华为还发起成立了跨行业、跨产业的全球产

业组织（global industry organization，GIO），共同推动数字化转型的框架、规范、标准和节奏，扩大产业空间。

华为在卫星通信领域再次突破，华为 Mate 60 Pro 手机成为全球首款支持卫星通话的大众智能手机，即使在没有地面网络信号的情况下，也可以从容拨打、接听卫星电话。科学探索与技术创新是推动人类文明进步和社会发展的主要力量。华为重视研究与创新，坚持走开放创新的道路，愿意与学术界、产业界一起，共同探索科学技术的前沿，推动创新升级，不断为全行业、全社会创造价值，携手共建美好的智能世界。

（资料来源：作者根据相关资料改编。）

专题一 认识创新思维

一、创新思维的含义与本质

创新思维是创新力的核心，深刻认识和理解创新思维的实质、类型和特点，不仅有助于掌握已经开发出来的现有创新技法，而且能够推动和促进人们对创新方法的开拓。

（一）创新思维的含义

创新活动是人们对未知世界的认识、发现和发明的活动过程。在这一过程中，感觉、知觉、记忆、想象等心理机制都将发生一定的作用，但起主要作用的是思维和想象，即创新思维。

创新思维是指以新颖独创的方法解决问题的思维过程。通过这种思维能够突破常规思维的界限，以超常规甚至反常规的方法、视角去思考问题，提出与众不同的解决方案，从而产生新颖的、独到的、有社会意义的思维成果。创新思维的本质是将创新意识的感性愿望提升到理性探索上，实现创新活动由感性认识到理性思考的飞跃。

从一定意义上来讲，思维永远是创新性的，但思维创新性的程度是有差异的。当遇到的问题较为复杂且不能直接依靠已经掌握的经验、知识、理论、方法等加以解决时，就必须经过独立思考，将储存在头脑中的各种信息进行重新分析和组合，形成新的联系才能满足需要。相对于常规思维，这种思维称为创新思维。创新思维过程可以是偶然的，也可以是有意识的。

创新思维是整个创新活动中体现出来的思维方式，它是多种思维类型的复合体。把握创新思维的关键是在认识不同思维类型的特点、功用的基础上进行综合运用。

（二）创新思维的本质

1. 具有强烈的自我超越性

创新思维是对旧事物的一种摒弃，在旧事物的基础上有所改变和发展，因此它的一个突出的特点就是敢于自我否定，勤于自我否定，具有强烈的自我超越性。

自我超越也是创新思维无穷的生命力所在，以自我超越战胜他者、取代他者，从而将现代科技革命与社会进步不断地向前推进，使人类社会发生翻天覆地的变化。

2. 具有自身软性

创新思维是一种存在于人的大脑理性中的观念性活动，与硬性的实物不同，它从来都是一种软性的存在。然而，创新思维在历史上却表现为一种硬性的存在，如在人类发展历史上几次划时代的工业革命带来的创新成果——蒸汽机、电机、流水生产线、计算机，展现给我们的都是硬性实物的存在，但这些硬性实物的存在是以软性的创新为前提的。

如今，创新思维在外在上越来越表现出软性特征，集中体现在知识、信息和各种软件上。正是这种外在表现的逐渐软性化，使得人类的软性财富和无形资产得到巨大发展，知识和信息产业创造了巨大产值。

3. 覆盖时空越来越少，作用周期越来越短

人类在信息传递方式上的创新周期越来越短。据资料记载，早在 3000 多年前的商代，信息传递已见诸记载。乘马传递曰驿，驿传是早期有组织的通信方式。在 2000 多年以前的汉代，开始出现驿站，这是一种新的高效的信息传递方式。1896 年 3 月 20 日，清光绪皇帝在"兴办大清邮政"的奏折上御笔朱批，正式批准开办大清邮政官局，中国近代邮政由此诞生。20 世纪 70 年代发明电子邮件，由于计算机的发展，电子邮件于 20 世纪 80 年代才得以兴起。20 世纪 90 年代末，出现了 MSN 和 QQ 这种即时通信方式，21 世纪出现了微信等便捷高效的通信方式。

我们可以看出，在信息传输的方式上，革新的周期越来越短，这也正是当下创新思维作用周期越来越短的一个方面的体现。特别是在现代科技的核心领域——计算机和互联网的更新换代，创新思维更新多则一年半载，少则一两个月。

4. 思维创新产业化

如今，思维创新生产知识、生产信息，知识和信息的生产不仅成为大规模的产业，而且形成了打破国界互相竞争的产业群落。这些产业使思维创新在人类发展史上第一次规模化、产业化。

5. 具有强烈的竞争意识

知识经济时代的创新思维具有极强的竞争意识。这是一个快速变化的社会，带给我们的是不断变化的环境，因此要想取得更好的成就，必须带有强烈的竞争意识。

思维一旦失去了创新的灵魂，就是曾经拥有巨额资本的百年老店，也可能沉没商海。所以，创新思维只能在竞争中生、在竞争中长、在竞争中永恒。在创新的领域里，一劳永逸的创新是不存在的。

6. 对生产力发展具有强大推动作用

创新思维价值的大小，视其社会生产力的功能而定。纵观世界顶尖企业，可以发现它们的基本特征是"在竞争中成长壮大"，并且都有一套立足长远、稳健的经营战略。除此之外，最重要的是这些企业都十分注重从技术、业务、服务、管理等方面进行全面创新。

随着经济全球化的发展，市场竞争更加激烈，世界顶尖企业无论在企业管理、技术创新上，还是在服务创新上，都有可借鉴之处。

如果说创造、创新活动是一条河流，那么创新方法或创新技巧则是通过这条河流的桥梁和渡船。从某种程度上说，方法和技巧比内容和结果更重要。爱因斯坦曾说，"成功=艰苦劳动+正确方法+少谈空话"；法国生理学家贝尔纳曾说，"良好的方法能使我们更好地发挥天赋的才能，而拙劣的方法则可能阻碍才能的发挥"；黑格尔认为，"方法是任何事物所不能抗拒的一种绝对的、唯一的、最高的、无限的力量；这是理性企图在每一个事物中发现和认识自己的意向"；笛卡儿曾说，"最有价值的知识就是方法的知识"。

创新是一种以新思维、新发明和新描述为特征的创造性活动，是个体根据一定的目的和任务，利用自己已有的资本，产生出有价值、新颖的价值成果的认知和行为活动。对于这样一种创造新资源的活动来说，方法和技巧显得尤为重要。

二、创新思维的种类

1. 发散思维

发散思维是指大脑在思维时呈现的一种扩散状态的思维模式，它表现为思维视野广阔，围绕一个问题，突破常规思维的束缚，运用不同方向去思考、探索，寻求解决这一问题的各种可能性，思维呈现出多维发散状。发散思维又称为辐射思维、放射思维、扩散思维或求异思维，其特性包括流畅性、变通性、独特性、多感官性。

通常，人们考虑问题总是由提出问题的起点到解决问题的终点，喜欢按一条思路进行，走不通就停下来，结果问题被搁置。也许，换一个思路从不同的角度去考虑就很容易解决问题。思维扩散的范围越广，产生的设想越多，解决问题的可能性就越大。

发散思维常用的操作方式有：材料发散，就是以某种材料为基点，设想它的多种用途，并对材料的各种专用特性进行研究、改进，以达到要求的目标，如纸可用于写字、包装、制作玩具、引火等；功能扩散，以某种事物的功能为扩散中心，设想这种功能的其他用途，如灯可用于发热、发光、取暖、烘烤、发信号等；形态扩散，以某种事物形态（颜色、形状、声音、气味等）为扩散中心设想出能被利用的各种可能性，如钉子可以钉木板、钉墙面等。

2. 逆向思维

逆向思维是一种比较特殊的思维方式，它的思维取向总是与常人的思维取向相反，如人弃我取、人进我退、人动我静、人刚我柔等。这个世界不存在绝对的逆向思维模式，当一种公认的逆向思维模式被大多数人掌握并应用时，它就变成正向思维模式。它并不主张人们在思考时违逆常规，不受限制地胡思乱想，而是训练一种小概率思维模式，即在思维活动中关注小概率可能性的思维。逆向思维是发现问题、分析问题和解决问题的重要手段，有助于克服思维定式的局限性，是决策思维的重要方式。

逆向思维主要包括反向思维，即通常对普遍接受的信念或做法进行质疑，然后查看它的反面是什么。如果对立面是有道理的，那么就朝对立面方向进行。雅努斯式思维是在人的大脑中构想或引入事物的正反两个方面，并使它们同时并存于大脑中，考虑它们之间的关系，相似之处、正与反、相互作用等，然后创造出新事物。这种双面思维相当艰难，因为它要求保持两个对立面并存于人的大脑中，是一种大脑技能。黑格尔式思维是采取一种观念，容纳它的反面，然后试着把两者融合成第三种观念，即变成一种独立的新观念。这种辩证的过程需要 3 个连续的步骤：论题、反题和合题。

3. 逻辑思维

逻辑思维是指符合某种人为制定的思维规则和思维形式的思维方式。我们所说的逻辑思维是指遵循传统形式逻辑规则的思维方式，通常称为"抽象思维"或"闭上眼睛的思维"。逻辑思维是人脑的一种理性活动，思维主体把感性认识阶段获得的对于事物认识的信息材料抽象成概念，运用概念进行判断，并按一定的逻辑关系进行推理，从而产生新的认识。逻辑思维具有规范、严密、确定和可重复的特点。

4. 求异思维

善于"标新立异"是发明家的共同之处，这就需要我们有一种求异思维，在常人习以为常的工具、用具、方法中标新立异，创造出新产品。求异思维的关键在于不受任何框架、模式的约束，能够突破、跳出传统观念和习惯势力的禁锢，从新的角度认识问题，以新的思路、新的方法创造。通常所说的"出奇制胜"，就是求异思维，如使圆变方、纵变横、平面变立体，飞机入水，轮船上天，等等。

5. 类比思维

类比思维是一种逻辑思维方式，人们通过类比已有的事物，开启创造未知事物的创新思路。也就是说，它把已有的事物与一些表面看起来与之毫不相干的事物联系起来，寻找新的目标和解决方法。常见的方式有：形式类比、功能类比和幻想类比等。

1）形式类比。它包括形象特征、结构特征和运动特征等几个方面的类比，无论哪种形式都依赖于创造目标与某一装置或客体在某些方面的相似关系。例如，人类根据鸟的飞行原理制成了飞机，飞机高速飞行时机翼产生强烈振动，于是有人根据蜻蜓羽翅的减振结构设计了飞机的减振装置。

2）功能类比。它是根据人们的某种愿望或需要，类比某种自然物或人工物的功能，提出创造具有近似功能的新装置的方法。这种方法在仿生学研究中有广泛应用，如鳄鱼夹、各种机械手等。

3）幻想类比。它是根据幻想中的某种形象、某种装置进行发明创造的思维。例如，《海底两万里》的作者幻想了一种能长时间在海底活动的潜艇，经过几十年的努力后制成的现代潜艇就是这种幻想的实现。

当然，一项成功的发明也可以是以上多种类比的综合，如各种机器人的发明绝非一种创造性思维发挥作用的结果。

6. 综合思维

在发明创造中，把几个不同的主意组合起来，取其长处、相互补充，用以解决一个难题或者完成一件作品，这就是综合思维，又称为集中思维。

综合思维可以综合多种方法，对原理、设计、结构进行合理改进、互补、综合，以达到理想目标。近年来，普遍使用的头脑风暴法就是这种思维的具体应用。

综合思维与发散思维不同，综合思维是由多点集中到一点，而发散思维是由一点扩散到多点。应用发散思维，首先应寻找合适的发散源，掌握发散源的科学原理、技术基础，寻找新的应用领域去创造、发明、制造社会所需的新产品。

专题二　认识创新方法

一、创新方法的含义

创新方法是指人们根据创新的基本规律和大量成功创新的实例、经验，总结出来的解决问题的原理、思路、程序、途径和技巧，是科学思维、科学方法和科学工具的总称。

二、创新方法的种类

1. 模仿创新法

人们学习时，总是以模仿开始。同样，人们要提高自己的创新能力，也可以先从模仿开始。模仿就是把眼前和过去的东西通过大脑再造出来，是一种再造想象。通过模仿，人们能够认识事物的外部和内部特点。模仿创新法就是一种人们通过模仿旧事物而创造出与其相类似的事物的创造方法，其主要特点是通过模拟、仿制已知事物来构造未知事物。从模仿的创造性程度而言，可分为机械式模仿、启发式模仿和突破式模仿 3 种。

1）机械式模仿。它是把别人成功的经验和先进的生产方式直接吸收过来，很少独创。

2）启发式模仿。它不是在二者相等的条件下进行的，而是在其他对象的启发下完成的创造。

3）突破式模仿。它是指进行模仿的东西发生了质的变化，将其他事物转化成为自己的东西，往往是全新的创造。

在创新开发实践过程中，模仿一般通过以下几种途径入手。

1）原理性模仿。运用已知事物的运作原理，去构建新事物及其运作机制。例如，计算机就是模仿人脑设计而成的。

2）形态性模仿。模仿已知事物的形状和特征等形态要素，形成新事物的创造性方法。例如，长沙世界之窗就是按照世界各国和我国的景观修建的。

3）结构性模仿。模仿已知事物的结构特点，利用其结构来创造新事物的方法。例如，复式住宅是对双层公共汽车结构的模仿。

4）功能性模仿。以一种事物的某种功能要求为出发点，模仿而产生其他类似的事物。例如，人们受到智能相机的启发，研制全智能操作的计算机。

5）仿生性模仿。以生物界事物生存和发展的原理、功能、形状等作为参照物进行模仿创造的方法。仿生性模仿包括技术性仿生、原理性仿生、信息性仿生等。

模仿创新法是在进行创新思维时经常用到的一种方法，这种方法的运用使我们的生活产生了巨大变化。

2. 创意列举法

人们进行创新，既要善于寻找创新的契机，还要不断地进行观察学习，吸收他人的创新观点，将其转化为自己的创新意识。新的创意往往是通过对一系列相关问题或建议的列举而被开发出来的。人们可以通过列举一系列问题或建议来指导新创意的开发方向，最终获得全新创意。创意列举法分为属性列举法、缺点列举法、优点列举法和希望点列举法 4 种，如表 2-1 所示。

表 2-1　创意列举法分类、解释及说明

类型	解释	说明
属性列举法	先观察和分析属性特征，再针对每项特征提出创新构想	这种方法是一种创意思维策略，强调人们在创造过程中，先观察和分析事物或问题的属性特征，然后再针对每项特性提出相应的改良或改变的构想
缺点列举法	列举和检讨缺点和不足之处，找出解决问题的方法和改善的对策	这种方法是人们针对一项事物，不断地列举其缺点和不足之处，然后分析这些缺点，从而找出解决问题和改善对策的方法

续表

类型	解释	说明
优点列举法	逐一列出事物优点,进而探求解决问题的方法和改善的对策	这种方法是指通过逐一列出事物的优点,从而寻求解决问题和提出改善对策的方法
希望点列举法	不断地提出理想和愿望,针对理想和愿望进行创新	这种方法是指人们不断地提出理想和愿望,针对这些理想和愿望,寻找解决问题的对策,以及实现这些理想和愿望的方法

上述 4 种方法中的缺点列举法是人们最为普遍使用的创意列举法。一般来说,创新者总有做不完的课题,不过对于初学者来说可能不知道创新什么。缺点列举法可以帮助创新者进行选择,它属于选题的方法,而且是一种易于掌握、被广泛采用的方法。

3. 六项思考帽法

"创新思维之父"爱德华·德·博诺是六项思考帽法的创始人。六项思考帽是指使用 6 种不同颜色的帽子代表 6 种不同的思维模式。白、绿、黄、黑、红、蓝 6 种颜色的帽子,将思考的过程分为与之相应的 6 个阶段。

1)戴上白色的中立帽子,在这个阶段,人们从陈述问题的角度出发,将问题现有的信息尽可能详尽地列举出来,全面地描述问题事实。

2)戴上绿色的活力帽子,从积极的角度出发,充分发挥主观创造性,尽可能多地提出解决问题的设想方案。

3)戴上黄色的正面帽子,从乐观的角度出发,将目标事物的优点列举出来。

4)戴上黑色的负面帽子,从批判的角度出发,将目标事物的缺点列举出来。

5)带上红色的评判帽子,从评价的角度出发,对所提出的设想进行评价和判断。

6)戴上蓝色的指挥帽子,从整体的角度出发,对所提出的设想进行筛选,择定最适宜的方案。

作为一种简单实用的思维训练法和思维工具,六项思考帽法已被美国、日本、英国、澳大利亚等 50 多个国家和地区在教育领域设为教学课程,同时也被世界许多著名商业组织所采用,作为创造组织合力和创造力的通用工具。这些商业组织包括微软、IBM(国际商业机器公司)、西门子、诺基亚、摩托罗拉、爱立信、波音公司、松下、麦当劳等。德国西门子公司有 37 万人学习六项思考帽课程后,使其产品开发时间减少了 30%;美国的施乐公司反映,通过使用所学的六项思考帽的技巧和工具,他们仅用不到一天的时间就完成了过去需一周才能完成的工作;麦当劳日本公司让员工参加六项思考帽思维训练后,员工更加有激情,交流效果明显增强,取得了显著成效;朗讯科技(中国)公司人力资源部认为,学习六项思考帽法后,以往复杂棘手的问题现在变得简单多了。

4. 组合创新法

组合创新法是指按照一定的技术原理,通过将两个或多个功能元素合并,从而形成一种具有新功能的新产品、新工艺、新材料的创新方法。例如，一堆砖放在一起只是一堆砖，若按照一定的排列方式砌起来就可能组合成一座建筑物。组合创新法具有以下特点。

1）将多个特征组合在一起。

2）组合在一起的特征相互支持、相互补充。

3）组合后要产生新的方法或达到新的效果，具有一定的飞跃。

4）利用现成的技术成果，不需要建立高深的理论基础和开发专门的高级技术。

5. 逆向转换法

唯物辩证法的基本原理认为，任何事物都包括对立的两个方面，这两个方面相互依存、相互排斥，形成一对矛盾，存在于一个整体中。在复杂事物中，还包含多个这样的矛盾，它们既相互联系，又相互制约，决定了事物的性质和客观存在。当这些矛盾在事物中的位置发生变化或同一矛盾中矛盾的主要方面发生变化时，事物本身也会发生变化。根据这些观点，我们在处理事物时，总是要抓主要矛盾，寻找矛盾的主要方面，采取措施解决问题，使事物得以发展，这就是正向思维方式。人们在认识事物的过程中常常只抓主要矛盾或矛盾的主要方面，而忽略其对立面，形成一种习惯思维方式，特别是当事物发展、变化的时候，依然抓住原来的单一因素冥思苦想，就会陷入僵化状态，思路受到限制，使问题难以解决。根据辩证法的观点，事物是相互联系的，内部的两个对立面是对立统一、相辅相成的。当按原有的习惯思路、方法、程序无法解决问题时，可以从不同角度、不同方向，或从相反方向、对立面观察思考，即突破常规、常理、常识反向求索，可能会出现出人意料的崭新方式、方法、结构，从而实现创新，这就是逆向转换法。所以，逆向转换法不是随意地胡思乱想，从思维方式上是辩证法的一个重要方面。

依据辩证思维方法和创新原理，逆向转换法可以归纳为两大类。一类是从不同的角度进行反向思考，如原理相反、功能相反、结构相反、属性相反、因果相反、程序和方向相反、观念相反等。任何事物都具有双重性，缺点也具有双重性，克服缺点也会产生发明和创新。在寻找化弊为利的方法时，可能会产生创新和发明，这是逆向转换法的一种特殊情况。另一类是当研究目标久攻不下时，不妨转移注意力，变换成与之相关的新问题，当新问题解决后，原来的问题也就随之解决了，这就是换元法或问题转移法。

在研究或创新的过程中，如果进入死胡同而无法前进时，就按原思路返回，还原到创新起点，另辟蹊径，可能使研究出现"山重水复疑无路，柳暗花明又一村"的效果，这就是还原分析法或还原换元法。

6. 类比创新法

类比创新法是富有创造性的创新方法，有利于人的自我突破，其核心是从异中求同或同中见异，从而产生新知，得到创造性成果。它在人们认识世界和改造世界的活动中，起着重要作用。历史上，许多重大科学发现、技术发明和文学艺术创作，都是运用类比创新法的成果。例如,在科学领域,惠更斯提出的光的波动说,就是与水的波动、声的波动类比而发现的;欧姆将其对电的研究和傅里叶关于热的研究加以类比,建立了欧姆定律。在其他领域也有类似的情况,如医生詹纳发现"种牛痘"可以预防天花,是受到挤牛奶女工感染牛痘而不患天花的启示。仿生学的迅猛发展,更说明了类比创新法的重要价值。

类比创新法是根据两个或两类对象之间在某些方面的相同或相似而推断它们在其他方面也可能相同的一种思维形式和逻辑方法。这种方法极富创造性,有利于人的自我突破。这种方法的关键是通过已知事物与未知事物之间的比较,从已知事物的属性推测未知事物也具有某种类似属性。

从广义的角度来说,世界上所有的事物都存在应用类比创新法的可能性,但它要有一定的客观规律作为基础。根据类比的对象、方式等的不同,类比创新法可以分为以下几种类型。

1)直接类比。从自然界或人为成果中寻找出与创意对象相类似的事物,进行类比创意。

2)拟人类比。拟人类比又称为亲身类比、自身类比或人格类比,是指创意者使自己与创意对象的某种要素认同、一致,自我进入"角色",发现问题,产生共鸣,以获得创意。

机器人的设计主要是模拟人的动作。工业设计,也经常应用拟人类比。例如,薄壳建筑罗马小体育宫的设计,就是一个优秀例证。设计师将体育宫的屋顶与人脑头盖骨的结构、性能进行了类比:头盖骨由数块骨片组成,形薄体轻,但却极为坚固,那么体育宫的屋顶是否可做成头盖骨的形状呢?这种创意获得了巨大成功。于是薄壳建筑风行起来。例如,北京天文馆、悉尼歌剧院、意大利佛罗伦萨主教堂,都属于薄壳建筑。

3)对称类比。自然界中许多事物存在对称关系,如物理学上的正电荷与负电荷,两者除了极性相反之外,其他都相同。换句话说,正电荷和负电荷是对称的。

万物生长靠太阳,有人研究太阳与生物生长的关系,谁也不会大惊小怪,但若有人突发灵感,琢磨月亮照射下的生物,可能有许多人会大惑不解。世界上的确有农学家在对"阳光农业"的对称类比思考中悟出了"月光农业"的创意。在经过长期的研究后,居然获得意想不到的结论:万物生长也得益于月亮。一轮明月高挂蓝天时,大约有 0.25lx 的光照射大地。尽管月光如镜,但却给许多植物带来勃勃生机。于是,农学家们建议在播种收获农作物时除了按季节、节气外,最好还要考虑月亮的阴晴圆缺。因为经过不同时间和角度的月光洗礼,农作物的生长会给人们带来新的喜悦。

4)因果类比。因果类比是指两个事物之间都有某些属性,各属性之间可能存在同一种因果关系,根据某一个事物的因果关系可能推出另一个事物的因果关系。在创造过程中,掌握某种因果关系并进行触类旁通,可能会获得新的启发、产生新的创意。

例如,台风旋向问题,美国麻省理工学院谢皮罗教授发现,每次放掉洗澡水时,水流出浴池总是形成逆时针方向的漩涡。这是什么原因呢？他发现，这种现象与地球自转有关，由于地球是自西向东不停地旋转，所以北半球的洗澡水总是以逆时针方向流出浴池。在明白浴池水流向的道理后，谢皮罗教授想到了台风的旋向问题，并进行了因果推理。他认为，北半球的台风同样是逆时针方向旋转的，其道理与洗澡水流出的旋向道理是类似的。他还断言，如果在南半球，情况则恰恰相反。谢皮罗有关台风旋向的科研论文发表后，引起世界各国科学家的广泛兴趣。他们纷纷进行观察或实验，其结果与谢皮罗的论断完全相符。

5）幻想类比。幻想类比就是将幻想中的事物与要解决的问题进行类比，由此产生新的思考问题的角度。借用科学幻想、神话传说中的大胆想象来启发思维，在许多时候是相当有效的。这里需要强调的是，幻想类比只是运用幻想激发想象力，它就像是帮助我们过河的垫脚石，只是一个工具，幻想并不是我们马上要实现的目标。

6）仿生类比。仿生类比就是人在创意、创造活动中，常常将生物的某些特性运用到创意、创造上的意思。

7）综合类比。综合类比是指根据一个对象要素间的多种关系与另一个对象综合相似而进行的类比推理。两个对象要素的多种关系综合相似，意味着它们的结构相似，由于结构相似可以推理出它们的整体特征和功能相似。

专题三　培养创新能力

一、创新能力的含义

创新能力是技术和各种实践活动领域中不断提供具有经济价值、社会价值、生态价值的新思想、新理论、新方法和新发明的能力。经济竞争的核心与其说是人才的竞争，不如说是人的创造力的竞争。

综观近年来的研究成果，虽然国内学者对创新能力的理解各不相同，但他们对创新能力内涵的阐述基本上可分为以下3种观点。

1）第一种观点以张宝臣、李燕、张鹏等为代表，认为创新能力是个体运用一切已知信息，包括已有的知识和经验等，产生某种独特、新颖、有社会或个人价值的产品的能力。它包括创新意识、创新思维和创新方法技能3部分，其核心是创新思维。

2）第二种观点以安江英、田慧云等为代表，认为创新能力表现为两个相互关联的部分：一部分是对已有知识的获取、改造和运用；另一部分是对新思想、新技术、新产品的研究与发明。

3）第三种观点从创新能力应具备的知识结构着手，以宋彬、庄寿强、彭宗祥、殷石龙等为代表，认为创新能力应具备的知识结构包括基础知识、专业知识、工具性知识或方法论知识、综合性知识4类。

上述 3 种观点，尽管表述方法有所不同，但基本上都是对创新能力内涵不同维度的解释。

综上所述，创新能力是指运用知识和理论，在科学、艺术、技术和各种实践活动领域中不断提供有经济价值、社会价值、生态价值的新思想、新理论、新方法和新发明的能力。它是一种综合能力，是以广博的知识为基础的。它并非间接作用于创新实践活动，而是直接影响和制约创新实践活动的进行，是创新实践活动赖以启动和运转的操作系统。对于大学生来说，创新能力更多的是指学生在学习过程中所表现出来的探索精神，发现新事物、掌握新方法的强烈愿望，以及运用已有知识创造性地解决问题的能力。

二、创新能力的构成

（一）创新能力的基本特征

一般来说，创新能力具有两方面特征：综合独特性和结构优化性。

综合独特性是指在观察创新人物的能力构成时，会发现没有一个是单一的，都是几种能力的综合，这种综合是独特的，具有鲜明的个性色彩。

结构优化性是指创新人物的能力在构成上呈现明显的结构优化特征，这种结构是一种深层或深度的有机结合，能发挥意想不到的创新功能。

对大学生而言，他们正处于身心、学识不断发展的阶段，在外界环境和自身因素的作用下，其创新能力表现出以下基本特征。

1. 主动性

主动性表现为大学生主动地学习、参与各项科研创新活动，充分发挥自身主体的积极作用。高等教育中既需要教师发挥主导作用，更需要学生发挥主观能动性，只有把两者有机结合起来，才能使学生在深层次的参与中，通过自主地"做"与"悟"，培养创新能力，发挥个性优势。

2. 实践性

实践是创新的源泉，也是人才成长的必经之路。个人能力（包括创新能力）都是在社会实践中形成和发展起来的。大学生创新能力的培养无论是培养的目的、途径，还是最终结果都离不开实践。创新本身就是一种创造性的实践，必须坚持以实践作为检验和评价大学生创新能力的唯一标准。

3. 协作性

创新能力的协作性表现为由若干人或若干单位共同配合完成某一任务。大学生的创新能力不仅与他们的智力因素有关，也与他们个性品质中的协作特征作为非智力因素有关，且非智力因素在很大程度上影响着他们创新潜能的发挥。大学生创新能力的发展必须基于协作精神的树立，这是具有创新能力的重要特征。

4. 发展性

创新能力的发展性表现在创新能力不是一成不变的，而是一种潜在的综合能力，受多种因素的影响，其创新能力必然会随着知识结构、思维方式的进步及更多深层次的实践活动而不断提升。

（二）创新能力的构成

1）学习能力。获取和掌握知识、方法和经验的能力，包括阅读、写作、理解、表达、记忆、搜集资料、使用工具、对话和讨论等能力。

2）分析能力。把事物的整体分解为若干部分进行研究的技能和本领。事物是由不同要素、不同层次、不同规定性组成的统一整体。

3）综合能力。强调把研究对象的各个部分结合成一个有机整体进行考察和认识的技能和本领。综合是把事物的各个要素、层次和规定性用一定线索把它们联系起来，从中发现它们之间的本质关系和发展规律。

4）想象能力。以一定的知识和经验为基础，通过直觉、形象思维或组合思维，不受已有结论、观点、框架和理论的限制，提出新设想、新创见的能力。

5）批判能力。它表现在两个方面：①在学习、吸收已有知识和经验时，批判能力保证人们不盲从，而是批判性地、选择性地吸收和接受，去粗取精、去伪存真；②在研究和创新方面，质疑和批判是创新的起点，没有质疑和批判就只能在权威和定论后面亦步亦趋，不可能作出突破性贡献。

6）创造能力。它是创新能力的核心，是指首次提出新的概念、方法、理论、工具、解决方案、实施方案等的能力，是创新人才的禀赋、知识、经验、动力和毅力的综合体现。

7）解决问题的能力。它包括提出问题和凝练问题，针对问题选择和调动已有的经验、知识和方法，设计和实施解决问题的方案，对于难题能够创造性地组合已有的方法乃至提出新方法来予以解决的能力。

8）实践能力。这里特指社会实践能力。提出创造发明成果，只是创新活动的第一阶段，要使成果得到承认、传播、应用，实现其学术价值、经济价值和社会价值，必须要与社会打交道，实践能力就是为实现这一目标而进行的各种社会实践活动的能力。

9）组织协调能力。它的实质是通过合理调配系统内的各种要素，发挥系统的整体功能，以实现目标。对于创新人才来说，要完成创新活动，就要协调各方，当拥有一定资源时，就可以通过沟通、说服、资源分配和荣誉分配等手段来组织协调各方以最终实现创新目标。

10）整合多种能力的能力。创新人才的宝贵之处不仅在于拥有多种才能，更重要的是能够把多种才能有效地整合起来发挥作用。整合多种能力的能力是能力增长和人格发展的结果，需要通过学习、实践和人生历练。因此，能否完成重大创新，拥有整合多种能力的能力是一个关键因素。

📻 延伸阅读

袁隆平与杂交水稻

袁隆平是我国著名的农业科学家和杂交水稻专家。他对杂交水稻育种的理论和技术进行了深入探讨。1964 年，袁隆平在"不育系、保持系、恢复系"三个系法中，运用水稻杂种的优势进行科学试验。1970 年，袁隆平与其助手李必湖和冯克珊在海南发现一株花粉败育的雄性不育野生稻，是突破"三系"配套的重要环节。

1972 年，育成中国第一个大面积应用的水稻雄性不育系"二九南一号 A"和相应的保持系"二九南一号 B"，次年育成了第一个大面积推广的强优组合"南优二号"，并研究出整套制种技术。1986 年，提出杂交水稻育种分为"三系法品种间杂种优势利用、两系法亚种间杂种优势利用到一系法远缘杂种优势利用"的战略设想，被同行们誉为"杂交水稻之父"。袁隆平在进行杂交水稻育种过程中始终坚持不断创新，攻克一个又一个难题，他的学术思想、科研方法、人格精神，充满了理性的光辉和魅力。

（资料来源：邓兴旺，李磊，2022. 袁隆平和我国杂交水稻研究简史[J]. 杂交水稻，（S01）：037，略有改动。）

实　训

实训一：大学生创新实践调查

步骤 1：设计大学生创新实践情况调查问卷。

1）查找资料。通过知网、百度等平台查找已有的相关文献和调查工具。

2）明确目的。进一步明确大学生创新能力培养、创新实践情况具体体现在哪些方面。

3）编写问卷。参考已有文献资料，根据自己的需求，编写 8～12 个题项的调查问卷。

步骤 2：实施调研。

1）结合走访与调查、电话、网络或亲身访谈教师与师兄师姐等形式，对全国、本地区和本校创新实践活动形式及类别进行调查分析。

2）大学生可以通过在线收集和实地发放问卷等方式展开调研，可以借助问卷星、微信等平台实现，便于结果统计。

步骤 3：获取并分析调研结果。

通过网站搜集、在线收集和走访实地调研，将大学生创新实践调查结果填写在表 2-2 中。

表 2-2　本校大学生创新实践情况调查结果表

调查维度	调查项目	具备创新能力、参加创新实践项目等
宏观	全国大学生近两年的创新实践情况	
中观	本地区大学生近两年的创新实践情况	
微观	本校学生近两年的创新实践情况	
	所在院系或专业学生近两年的创新实践情况	

实训二：爆款我来做

背景：如今，云计算、大数据、人工智能……一个接一个地出现。相比争相推出空气净化器的传统家电厂家，2017 年，智能口罩原本可以成为可穿戴设备市场的爆款，但科技创客们再度错失良机。

小组讨论：请学生根据学习的创新方法，在 15 分钟内试着设计一款智能口罩。

小组展示创意：各小组派代表进行 2 分钟展示，并回答其他组的问题。

◆ 模块小结 ◆

创新对一个国家来说极其重要。创新贯穿于人类发展的任何时期，它是民族进步的灵魂、社会发展的枢纽、国家兴旺发达的不竭动力。创新加速了社会的进步，一个国家只有不断提高创新能力，才能立于不败之地。国家之间的竞争实际上是综合国力的竞争。在人类历史舞台上，一个创新思维覆盖几十年、几百年时空的历史已经一去不复返了，今日还是智慧之花的创新思维，一朝就可能成为明日黄花，而不得不让位给比之更新的创新思维，创造人类五彩缤纷的世界。

作为"互联网+"时代的大学生，若要提高创新能力，需要做到以下几点。首先，要打破常规，敢于超越。其次，要善于运用不同的思维方式。我们在看待一件事物时要善于运用不同的思维方式去解决问题。在思维不断转换的情况下，就能提高大脑的灵活度，从而提高创新能力。另外，在生活中要多进行思考，普朗克曾说："思考可以构成一座桥，让我们通向新知识。"最后，要注重积累创新方面的知识，这是提高创新能力的基础。

模块三 探索"互联网+"与创业

◆【学习目标和任务】

1. 了解创业的含义，能够分辨狭义创业与广义创业。
2. 了解蒂蒙斯创业过程模型，掌握创业的要素和过程。
3. 结合社会的发展，谈谈创业如何决定人生的发展轨迹。

◆【课程思政教学目标】

坚持求真务实的态度、开拓进取的精神，正确把握创业的方向。

探索"互联网+"
与创业

案例导读

返乡创业："95后"大学生创造新价值

一位名叫姜晓玉的某大学中文系"95后"女孩假期回陕西陇县老家，发现村里大不一样了：走在路上，嗡嗡的蜜蜂叫声笼罩着整个村子。原来，村里正在大力发展种蜂养殖业，靠的是政府扶持。

"由于我们当地的自然地理环境优越，蜂蜜产量高、质量也好。"惊喜之余，姜晓玉发现，家乡的蜂蜜在销售环节存在很多问题，如蜂蜜销售情况不好，质量检测、商标注册等流程没有完成，很多村民卖蜂蜜，还是采用最传统的赶集方式。

于是，姜晓玉萌生了助农营销蜂蜜的想法，开始在自己的自媒体账号上写文章宣传家乡的蜂蜜，得到村里扶贫干部的支持，并在第一篇文章发出后，帮助村里销售蜂蜜1000余件。姜晓玉从大二开始兼职写作新媒体商业文章，在电商、市场推广等方面积累经验。她开始琢磨，怎样才能把蜂蜜卖得更好，帮助家乡的父老乡亲呢？

姜晓玉从2017年到2019年，做了各种各样的尝试，商业模式逐渐成熟。姜晓玉的自媒体创业得到当地政府部门的肯定和驻村第一书记的支持。姜晓玉系统了解当地的扶贫政策后，与合作社的蜂农签订了三方协议，保障蜂蜜供应链，借助农产品绿色通道完成了产品质量检测。在产品的销售上，姜晓玉和她的团队深挖产品的品牌故事，打造产品的文创包装，并在上海各大高校、社区及多个线上渠道进行推广和销售。值得一提的是，姜晓玉在大三时就成立了自己的新媒体创业团队，并一度"接单"近百个品牌的营销业务。她的团队由在校大学生组成，并迅速在业界打出不错的口碑，这些靠的是大学生的专长和创新的想法。她逐渐摸索出一套中文系特有的"讲故事"营销方式：将流行文化或文学经典故事与产品结合起来，让消费者在感受产品特色的同时，也能更真切地感受到产品的使用场景。

在团队的管理上，姜晓玉也是游刃有余。她于 2019 年成立"遇农"公司，成员超过 100 人，除担任文案、摄影师、剪辑师、设计师等其他院校大学生外，90%为本校在校生。"之所以选择在校生，是因为这样可以保证我们有源源不断的创意，也可以带动大学生实现线上灵活就业。"姜晓玉说，团队采取"以老带新"的方式，每个项目组都由经验丰富的成员担任主笔，由新成员提供创意，每个人各司其职，共同完成项目的品牌策划工作。

2022 年，姜晓玉看准机会，把业务重心重新转回到乡村振兴上来，与母校达成合作，由学校资深教师对学生进行写作辅导。"当我们有了自我造血能力后，才能继续坚持把乡村振兴这件事做好。"姜晓玉说。她希望在帮助农民的同时，还能发挥专业技能创造收益。姜晓玉受陇县有关政府部门邀请，参加了 2022"双 11"期间的农特产品带货直播活动。第一次做主播的姜晓玉刚开始时心里没底，但很快就以生动的乡村故事吸引了上万人围观。三天时间，直播间的销量已近 50 万元人民币。在姜晓玉看来，熟悉家乡的自然地理环境，就能把农村故事讲好。比如，她会在直播间描述家乡的地理、气候条件，告诉观众她们的苹果为什么大、为什么甜，还会讲到她们去收购土鸡蛋时被路边的大狼狗堵了 1 个多小时都不敢下车等这样一些生动有趣的场景。

姜晓玉在回乡创业期间，结识了很多从事电商的大学生人才。农村电商岗位很缺专业技术人才，如既需要会说普通话、表达能力好的主播，也需要文案脚本策划、摄影师、剪辑师等。

姜晓玉也遇到了很多有"乡愁"的大学生。很多大学生看到她的活动推广后，通过不同的途径与她取得联系，大家都希望能发挥自己的特长，全身心地投入到家乡的建设事业中。

她在招募新成员的时候，都会问一个问题："你如何看待乡村振兴，或者你对乡村有什么感想和回忆？""我发现很多'00后'去了大城市，不是和农村分开，而是有一种想为乡村振兴出一份力的乡土情怀。"姜晓玉说。

（资料来源：作者根据相关资料改编。）

✎ 专题一　认识创业

一、创业的含义

"创业"来自英文 entrepreneurship，在《现代汉语词典》（第 7 版）中的定义是"创办事业"。创业的定义有多种，虽然创业是管理领域的核心词汇，但它还涉及经济学、社会学、心理学等不同学科领域的内容。

早期的创业概念通常是从经济学的视角,把创业看作商业领域的事情。韦伯提出:创业是指接管和组织一个经济体的某个部分,并且以自己可以承受的经济风险通过交易来满足人们的需求,其目的是创造价值。随着对社会发展的深入研究,创业的应用范围得到了很大延伸。熊彼特以创新视角分析创业的手段和本质是创新,认为创新是创业者组合新的生产要素并改革生产方式,是"创造性破坏"均衡的过程。奈特在《风险、不确定性和利润》中基于风险角度定义创业是创业者凭借占有的资本优势处理不确定性和风险的能力。有"创业教育之父"称号的蒂蒙斯在《创业学》中提到,创业是一种思考、推理和行动的方式,它为机会所驱动,需要在方法上全盘考虑并拥有和谐的领导能力。在国内,王重鸣在《管理心理学》一书中简单定义创业是拓宽新思路,运用创新方式,创建新事业。李志能在《企业新创——孵化的理论与组织管理》中,指出创业是一个复杂的过程,识别和抓住机会是先决条件,在合理配置和有效利用资源的基础上,生产出新产品,提供新服务,挖掘并实现潜在价值。张映红指出,创业已不再是利用市场机会和合理配置资源的简单过程,而是升级到战略规划、技术变革和服务至上的综合高度。

广义的创业,是指创业者的各项创业实践活动,并富有创新与创业精神的内蕴,其功能指向的是成就个人、团队乃至国家、社会的大业。狭义的创业,是指创业者的生产经营活动,主要是开创个体或团体的小业。本书定义的创业是具有风险承担能力的创业者或潜在创业者组织并参与的创造性活动,是创新活动的行为过程。创业者的市场触觉能够识别和把握机会,凭借获取和整合资源,创造有价值的新事物。科学合理地理解创业,要把握以下3个要点:①创业者要对自己所拥有的资源或者潜在的能够通过努力可以拥有的资源进行优化整合、调节配置,以创造更大的经济价值或者社会价值;②创业是一种自主性的活动,创业者自身的素质高低、能力大小会对创业带来很大影响;③创业是一个企业从无到有的发展过程,是一个企业发展的最初阶段,其目的首先是生存,其次是发展得更好更快。

二、创业的要素与类型

(一)创业的要素

创业是一个从无到有、从零到一的过程。科学合理地理解创业,要把握以下3个要素。

1)创业是创业者对自己拥有的资源或通过努力对能够拥有的资源进行优化整合,从选择一个创业项目开始,通过对创业项目的认识、理解和把握,从而创造出更大经济价值或社会价值的过程。

2)创业是一种劳动方式,是创业者的一种自主性行为,是创业者对生活方式的一种选择。

3)创业管理不同于企业管理。创业管理研究的是创业行为,是一个企业从无到有的创办过程；而企业管理是以企业存在为前提，研究的是如何才能发展得更好的问题。

创业需要面对资源难题，设法突破资源束缚。无数创业案例表明，大多数创业者在创业初期甚至全过程都要面临资源缺失和资源约束。这是因为，创业活动通常是创业者在资源高度约束情况下所进行的，从无到有、从零到一的财富创造过程。创业者往往需要通过技术创新和商业模式创新等方式对资源进行更为有效的整合，进而实现创业目标。换言之，创业者只有努力创新资源整合手段和资源获取渠道，才能真正摆脱资源约束的困境。正因如此，积极探求创造性整合资源的新方法、新模式和新机制，成为创业的基本特性。

创业需要寻求有效机会，有效机会常常显现在一瞬间，但这之前必定有一个积极探索的过程。创业通常离不开创业者识别机会、把握机会和实现机会的有效活动。创业者从创业开始就要努力识别商业机会，只有发现了商业机会，才有可能更好地整合资源和创造价值。因此，一般认为寻求有效机会是产生创业活动的前提。创业必须进行价值创造。创业属于人类的劳动形式之一，劳动需要产生劳动成果，创业也需要创造劳动价值。创业的本质在于创新，因此与一般劳动相比，创业更强调创新性价值。当今较为典型的创业大多追求创新带来的新价值，这些新价值通过技术、产品和服务等方式的变革更好地为消费者服务，从而促进社会的发展和进步。需要特别注意的是，创业通常需要比一般劳动付出更多的时间和努力，需要承担更多的风险，也更需要坚持不懈的努力。当然，创业的成功和收获也会带来无法替代的成就感。

（二）创业的类型

1. 自主型创业

自主型创业，是指劳动者主要依靠自己的资本、资源、信息、技术、经验及其他因素自己创办实业，解决就业问题，也是传统认为的白手起家。自主型创业的目的并非以挣钱为主，而是不愿意替人打工，受制于人，要干自己想干的事，体现自我人生价值。自主型创业充满挑战，个人的想象力、创造力可得到最大限度的发挥，有一个新的舞台可供表现和实现自我；可多方面接触各种类型的人和事，摆脱日复一日、单调乏味的重复性劳动；可以在短期内积累财富，奠定人生的物质基础。然而，自主型创业的风险和难度也很大，创业者往往缺乏足够的资源、经验和支持。

2. 脱胎创业

脱胎创业又称为母体脱离创业，是公司内部的管理者从公司中脱离出来，新成立一个独立企业的创业活动。母体脱离创业的现象比较常见。例如，母公司随着规模扩大，追求生产专业化，分离出新的企业；创业团队因各种原因分离，企业扩张，管理者意见不统一，而把母体分割或解体成多个部分；母体资本积累充足，又发现了新的商业机会，为扩大经营规模，投资建立新企业等。母体脱离成功率较高，因为分离出来的创业者或管理者具备一定的经营管理经验，熟悉公司运作，能够吸收母体的经验教训，少走弯路而成功创业。再者，分离出来的新企业在产品和服务上与母体有许多相同之处，多数在同一行业，在产品技术、管理团队的经验和客户资源上都具备一定的基础。

3. 二次创业

二次创业，就是企业在取得高速增长之后，为了谋求进一步发展而进行的内部变革过程。其实质是企业发展到一定阶段所进行的一次战略转型，是企业发展过程中的一次革命性转变。企业要发展就必须进行二次创业，在已有的基础上，进行管理的科学化，不断挖掘内部潜力，以求得进一步发展。根据前面对企业所面临的问题的分析，可以看到：二次创业首先要解决的是抛弃过去的曾经使企业取得一次创业成功的做法，推陈出新，用新的管理模式替代旧的管理模式。进行二次创业的企业要想获得成功，关键是要告别过去凭借个人素质来赢得并把握机会的时代，重新建立一个依靠企业整体素质来实现持续发展的管理体系，这场变革对企业中的每个人来说都是一个脱胎换骨的过程。

三、创业过程与阶段划分

（一）创业过程模型

蒂蒙斯创业过程模型，指的是一种商业模型（图 3-1）。创始人或工作团队必须在推进业务的过程中，在模糊和不确定的动态创业环境中要具有创造性地捕捉商机、整合资源和构建战略、解决问题的能力。

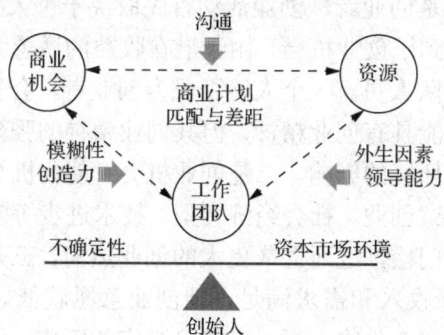

图 3-1　蒂蒙斯创业过程模型

蒂蒙斯创业过程模型的含义如下。

1）商业机会是创业过程的核心驱动力，创始人或工作团队是创业过程的主导者，资源是创业成功的必要保证。

创业过程始于商业机会，而不是资金、战略、网络、团队或商业计划。开始创业时，商业机会比资金、团队的才干和能力及适应的资源更重要。在创业过程中，资源与商业机会间经历着一个"适应—差距—适应"的动态过程。

2）创业过程是商业机会、工作团队和资源三要素匹配和平衡的结果。

处于模型底部的创始人或工作团队要善于配置和平衡，借此推进创业过程，他们必须做的核心过程是：对商业机会的理性分析和把握，对风险的认识和规避，对资源的最合理利用和配制，对工作团队适应性的分析和认识。

3）创业过程是一个连续不断地寻求平衡的行为组合。

在商业机会、工作团队和资源三要素中，绝对的平衡是不存在的，但企业要保持发展，必须追求一种动态平衡。以保持平衡的观念来展望企业未来时，创业者必须考虑的问题是：①目前的工作团队能否领导企业未来的成长和资源状况；②下一阶段成功面临的陷阱。这些问题在不同的阶段以不同的形式出现，涉及企业的可持续发展。

总之，创业者在创业过程中就像一个杂技表演者，一边要在平衡线上跳上跳下，保持平衡；一边要在动荡的处境中进行各式各样的表演。

（二）创业的一般过程

创业的一般过程是从创业者产生创业想法，到创建新企业或开创新事业，并获取回报的过程，涉及识别机会、组建团队、寻求融资等一系列活动，通常分为以下 6 个主要环节。

1. 产生创业动机

创业动机是创业机会识别的前提，是创业的原动力，它推动创业者去发现和识别市场机会。创业活动的主体是创业者，创业活动首先取决于个人是否希望成为创业者。

当然，不少人因为看到了创业机会，由于潜在收益的诱惑才产生了创业动机，进而成为一名创业者或创业团队人员。一个人能否成为创业者，会受三方面因素的影响。一是个人特质。每个人都可能具有创业精神，但其创业精神的强烈程度不同，强烈程度的大小有遗传的成分，更受环境的影响。二是创业机会。创业机会的增多会形成巨大的利益驱动，促使更多的人尝试创业。社会经济转型、技术进步等多方面因素使创业机会增多的同时，也会降低创业门槛，进而促成更大的创业热潮。三是创业的机会成本。人们若能从其他工作中获得高收入和需求满足，则创业意愿就低。例如，科学家独立创业的少，因为科学家已经谋得一份收入相对丰厚且稳定的工作，所以缺少动力去冒创业的风险。

2. 识别创业机会

识别创业机会是创业过程的核心环节，它包括发现机会来源和评价机会价值。识别创业机会应澄清以下 4 个基本问题。

1）机会何来，即创业者应该找到创业机会的来源。

2）受何影响，即创业者应该找到影响创业机会的相关因素。

3）有何价值，即创业者应该找到创业机会所具有的并能被评价的价值。

4）如何实现，即创业者应该明了能通过什么形式或途径使创业机会变成实际价值。

围绕以上问题，创业者在识别创业机会时就要采取行动，多交流、多观察、多获取、多思考、多分析，最终抓住创业机会。

3. 整合有效资源

整合有效资源是创业者开发机会的重要手段。一般情况下，创业者可以直接控制的可用资源往往很少，创业几乎都会经历白手起家、从无到有的过程。对创业者来说，整合有效资源往往意味着需要借船出海，要善于尝试依靠盘活别人掌握的资源来帮助和实现自己的创业。人、财、物都是开展创业活动所必需的基本生产要素。对于创业者来说，整合有效资源，首先是组建团队（即凝聚志同道合的人），其次是进行有效的创业融资，再次要有创业的基础设施（包括创业活动的场地和平台）。创业是在创业者面对资源约束情况下开展的具有创造性的工作，面临很大的不确定性，所以创业者在创业初期乃至新企业成长的过程中，都要把主要精力放在资源的获取上，以解决企业的生存问题。此外，创业者还要围绕创业机会设计出清晰的有吸引力的商业模式，还要制订详细的创业计划，以此向潜在的资源提供者陈述和展示，以获取更多的资源支持。

4. 创建新企业

新企业的创建是创业者的创业行为最为直接的成果。创建新企业包括公司制度建设、企业注册、经营地址的选择、确定进入市场的途径（包括选择完全新建企业还是加入或收购现有企业）等。值得注意的是，许多创业者在创业初期迫于生存的压力或对未来缺乏准确预期，往往容易忽视这部分工作，结果给以后的发展留下隐患。

5. 提供市场价值

创业者识别创业机会、整合有效资源、创建新企业的目的是实现自己的创业目标。但真正能促使创业目标最终实现的前提是看创业者能否提供市场价值，这是创业过程中的重要环节，关系到新企业的生存与成长。因此，创业者必须面对挑战，采取有效措施，使创业的市场价值得到充分实现，不断地让客户受益，从而获得企业的长期利润，逐步把企业做活、做好、做大、做强。

6. 收获创业回报

收获创业回报是创业活动的主要目的，对回报的获取有助于促进创业者的事业发展。回报可能是多种多样的，对回报的满意程度在很大程度上取决于创业者的创业动机。调查发现，创业者的创业动机不同，对创业回报的态度和想法也有所不同。对于多数年轻的创业者来说，获取回报最为理想的途径之一是把自己创建的企业尽快发展成为快速成长的企业，并成功上市。

// 专题二　创新与创业的关系

一、创新素质

（一）创新精神

创新精神是指具有能够综合运用已有的知识、信息、技能和方法，提出新方法、新观点的思维能力和进行发明创造、改革的意志、信心、勇气和智慧。

创新精神是一个国家和民族发展的不竭动力，也是大学生应该具备的基本素质。创新精神是进行创新活动必须具备的一些心理特征，包括创新兴趣、创新胆量、创新决心及相关的思维活动。

创新精神是科学精神的一个方面，以敢于摒弃旧事物、旧思想，创立新事物、新思想为特征，同时以遵循客观规律为前提，只有当创新精神符合客观需要和客观规律时，才能顺利转化为创新成果，成为促进社会发展的动力。

（二）创新意识

创新意识是指人们根据社会和个体生活发展的需要，产生创造前所未有的事物或观念的动机，并在创造活动中表现出的意向、愿望和设想。

创新意识是人类意识活动中一种积极的、富有成果的表现形式，是人们进行创造活动的出发点和内在动力，是创造性思维和创造力的前提。

创新意识包括创造兴趣、创造情感和创造意志。创造兴趣能促进创造活动的成功，是促使人们积极追求新事物的一种心理倾向；创造情感是引起、推进乃至完成创造的心理因素，只有具有正确的创造情感才能使创造成功；创造意志是在创造中克服困难，冲破阻碍的心理因素，它具有目的性、顽强性和自制性。

创新意识与创造性思维不同，创新意识是引起创造性思维的前提和条件，创造性思维是创新意识的必然结果，二者具有密不可分的联系。

（三）创新动机

动机是在需要的基础上产生的，需要作为人的积极性的重要源泉，它是激发人们进行各种活动的内在动力。动机的产生除了有机体的某种需要外，诱因的存在也是一个重要条件。

创新动机是指引起和维持主体创新活动的内部心理过程，是形成和推动创新行为的内驱力，是产生创新行为的前提。创新主体的创新动机并不是单一的，而是多元的，这既与创新主体的价值取向有关，也与组织的文化背景、创新者的素质有关。

二、创业素质

（一）创业精神

创业精神是创业的核心与灵魂，为创业实践提供精神动力和支撑。创业精神的基础是创新，创业者通过创新，将资源有效地整合、利用，并创造出新的经济或社会价值，创业精神所关注的重点在于"是否创造新的价值"。

尽管通常意义上的创业是以新创企业或组织的方式进行的，但创业精神不一定只存在于新创企业或组织之中。对于一些成熟的企业或组织，只要创业者具备求新、求变、求发展的心态，以创新的方式为企业或组织创造价值，就具备了创业精神。

可以说，创业精神代表的是一种以创新为基础的思维方式，是一种发掘机会、组织资源、创造新价值的过程。因此，创业精神不能仅仅停留在精神或心理层面，而必须付诸行动，将创业观念与创业实践结合起来，才会产生结果，创造出新的经济或社会价值。创业精神具有创新性、综合性、整体性、时代性、动态性和持久性等特征，是时代精神的反映，是对创新创业人才素质的要求。对于创业者而言，需要树立自信、自主、自立、自强的创业精神，这是进行创业活动的灵魂和支柱，是开创新生活、追求幸福的精神信念。创业者只有拥有创业精神，才能有创业的要求和动机，才能有创业的意识和观念，才能有创业的动力和行为，也才能有创业的成果和收获。

（二）创业意识

创业意识是指在创业活动中创业者的个性意识倾向，包括创业需要、动机、兴趣、理想和世界观等。

创业意识集中体现了创业者的素质，支配着创业者的态度和行为，规定着创业的方向，具有较强的选择性和能动性，是创业素质的重要组成部分，是人们从事创业活动的强大内在驱动力。

（三）创业心理

创业之路总是充满艰难与曲折，需要创业者具有较强的心理调控能力，保持一种积极、沉稳、健康的心态。

创业心理是指对创业者在创业过程中的心理和行为起调节作用的个性心理特征。创业心理与个人固有的气质、性格有密切的关系，反映了创业者的意志、情感和品质。

成功创业在很大程度上取决于创业者的创业心理。心理学家研究发现，成功的创业者往往具有不同于常人的共同心理特征，这其中包括：成就需求、风险承担和控制倾向等。

三、创新与创业的关系

从总体上来说，创新是创业的基础，而创业推动着创新。一方面，科学技术、思想观念的创新，促进了人们物质生产和生活方式的变革，引发了新的生产、生活方式，进而为整个社会不断地提供新的消费需求，这是创业活动源源不断的根本动因；另一方面，创业在本质上是人们的一种创新性实践活动，无论是何种性质、类型的创业活动，它们都有一个共同的特征，那就是创业是主体的一种能动的、开创性的实践活动，是一种高度的自主行为，在创业实践过程中，主体的主观能动性会得到充分的发挥，正是这种主观能动性充分体现了创业的创新性特征。

（一）创新是创业的本质与源泉

经济学家熊彼特曾提出，创业包括创新和未曾尝试过的技术。创业者只有在创业的过程中具有持续不断的创新思维和创新意识，才能产生新的富有创意的想法和方案，才能不断寻求新的模式、新的思路，最终获得创业的成功。

（二）创新的价值在于创业

创新的价值在于将潜在的知识、技术和市场机会转变为现实生产力，从而实现社会财富的增长。然而，实现这种转化的根本途径就是创业。创业者可能不是创新者或发明家，但必须具有能发现潜在商机和敢于冒险的精神；创新者并不一定是创业者或企业家，但创新成果则是经由创业者推向市场，使潜在的价值市场化，创新成果也才能转化为现实生产力，这也从侧面体现了创新与创业的相互关系。

（三）创业推动并深化创新

创业可以推动新发明、新产品或新服务的不断涌现，创造出新的市场需求，从而进一步推动和深化各方面的创新，因而也就提高了企业或国家的创新能力，推动经济的增长。

通过对以上创新与创业关系的论述，我们知道其相互内在联系，并且了解了创新与创业的联合对于解决我国目前就业问题至关重要。由于创新与创业密切相关，我国高校的创新与创业教育应该相互渗透、相互融合，弘扬创新创业精神，健全创新创业机制，完善创新创业环境，加强产学研结合、创新与创业的交叉渗透和集成融合，并且不断地在实践中结合，从而推动社会的可持续发展。

✏ 专题三　创新创业能力对个人职业生涯发展的意义和作用

一、职业生涯规划的概念

职业生涯规划是指个人与组织相结合，在对个人职业生涯的主客观条件进行测定、分析、总结的基础上，对个人兴趣、爱好、能力、特点进行综合分析与权衡，结合时代特点，根据个人的职业倾向，确定最佳的职业奋斗目标，并为实现这一目标做出行之有效的安排。

职业生涯设计的目的不仅帮助个人按照自己的条件找到一份合适的工作，更重要的是帮助个人真正了解自己，为自己定下事业大计，筹划未来，拟定一生的发展方向，根据主客观条件设计出合理且可行的职业生涯发展方向。

二、创业教育对职业生涯发展的意义和作用

（一）创业教育能增强人们自我认知的敏锐性

创新意识是良好思维品质的核心特征，创业教育能培养人们的创新意识和创业精神，从而大大提高人们的思维品质。创新意识在引导人们发现客观世界新事物的同时，也启迪人们客观对待人的生理、心理和性别等差异，对自身的兴趣和特长更加敏感，敢于发现、肯定和主动培养自己的优势，挖掘自身潜力，尝试新的领域，在职业生涯规划中扬长避短，个性化地设计自己的职业生涯，而不是人云亦云，按照一个模式发展，从而丧失培养自身优势的良机。创业精神使人们在创业实践中不断地开拓进取和锐意创新，有助于人们发现自我、实现自我。

（二）创业教育能引导人们主动进行职业探索

职业是一个发展的概念，职业生涯是一个动态发展的过程。职业生涯规划不是一成不变的计划，而是个体在自我认知的基础上，基于对未来职业的前瞻性和全局性认识，对客观世界发展变化的主观预期和主动适应。个体的人生态度和价值观是相对稳定的，而外在的职业却是不断变化的，尤其是在知识经济时代，新兴职业不断出现，不适应社会需要的职业被迅速淘汰。创业教育有助于引导人们主动地进行职业探索，积极地规划未来，以良好的心态在职业生涯的发展中不断地调整自我、更新自我、完善自我，以适应外部职业环境的变化，使自身的职业规划与社会发展互动。

（三）创业教育能提升人们职业生涯发展的高度和广度

创业教育培养人们的求异思维，使人们带着创业的思路去就业。以创业带动就业，人们就能在工作岗位上不断创新，为社会做出更大贡献。创业教育能增强人们的岗位转换能力和抗挫折能力，使之不惧怕失业和失败，在职业生涯的发展中不断开辟新路。因此，创业教育能为职业生涯发展提供源源不断的精神动力和智力支持，给人以百折不挠的毅力和坚定的信心，不断提升个体职业生涯发展的高度和广度。

三、职业生涯规划教育对创业的意义和作用

（一）职业生涯规划教育有助于指导学生进行创业定向

教育的根本目的是促进人的全面发展，提高人的综合素质，而职业发展则是促进人的全面发展的重要体现。科学地评价与认识自我，使学生能够结合自己的兴趣爱好、个人能力及特长，进一步合理设计、规划出自己的创业发展方向，明确未来的创业奋斗目标。所谓"预则立，不预则废"，依托职业生涯规划教育对学生的创业行为进行引导，要有计划、有目的，使学生寻求适合自身发展的创业方向，帮助学生树立正确的创业意识，合理地选择并确定未来的创业目标和方向。

（二）职业生涯规划教育有助于提升学生的创业选择能力

职业生涯规划教育应引导学生进行自我探索，根据个人兴趣与能力修订职业生涯规划设计，并有针对性地对学生进行具体指导，提升学生的职业生涯期望，分析评估相关的职业与教育资源，做出初步的创业生涯决策，帮助学生形成明确而有弹性的职业生涯规划创业目标，为学生的创业选择提供科学可靠的依据，实现社会人力资源的优化配置。

（三）职业生涯规划教育有助于学生进行创业设计

良好的职业生涯规划教育能够引导学生在创业设计时正确认识自身的个性特征、现有与潜在的能力，发现自己的优势与劣势，进而引导他们采取切实可行的措施发掘自身潜力、克服不足，使学生能够根据自身的实际情况确定未来的创业计划、创业设想，使学生能够结合自身的特点和能力围绕创业方向努力奋斗，实现自身的全面发展。同时，职业生涯规划教育能帮助学生克服和规避创业的艰难险阻，提高创业的成功率。职业生涯规划教育注重的是对其进行个性化的指导，把人的全面发展作为落脚点。有效的职业生涯规划教育还能为学生的未来创业打下坚实的理论基础，培养学生的创业意识和技能，也为学生的未来创业做好充分准备。

（四）培养创业精神对大学生职业生涯规划的作用

培养创业精神，使大学生无论在创业知识能力积淀阶段，还是在创业实践过程中，不再等、靠、要，而是促进大学生自主成功创业，可以大大缓解由于不断攀升的大学毕业生人数和数量有限的就业岗位导致的就业压力。

培养创业精神，使大学生具有创业扬志、创业兴国的理想。麦可思研究院联合中国社会科学院发布的《2022年中国大学生就业报告》数据显示，自主创业群体的生存挑战持续增加。2018届毕业后选择创业的本科毕业生中，三年内超过半数退出创业，仍在坚守的比例（41.5%）相比2017届同期（43.4%）进一步下降；创业的高职毕业生中，三

年内有六成以上退出创业，仍在坚守的比例（39.5%）相比 2017 届同期（41.0%）进一步下降。当代大学生都拥有崇高的创业理想，他们选择创业不再是单纯的自私性价值取向，而更趋向于个人发展与社会进步的共同实现，希望通过创业施展自己的才华，实现自己的人生价值，为国家、社会和个人创造财富。可见，当代大学生的创业行为更体现了高度的社会责任感。例如，乔婉珊创办 SHOKAY 公司，她远赴青海牧区做起牦牛生意，是因为她读书时就梦想创办一种可以用商业模式解决社会问题的社会企业。

📻 **延伸阅读**

什么是企业家才能

企业家才能是指运用组织能力、管理能力和企业家的创新能力来管理企业。创新创业以创业者为主体，转型发展以创业者创新为动力，经济增长新引擎以创业者创业活动为动力。创业公司处于事业的创业期，每一步的经营策略都是至关重要的，无论是产品/服务开发、市场开拓、客户管理，还是成本控制，都需要有高效执行力和超强领导力的人来指挥布局，带领创业团队披荆斩棘、一路向前。

创业公司首席执行官（chief executive officer，CEO）一般由具有企业家才能的人担任，他们通常是对创业项目充满激情、敢于超越自我、不断挑战自我，能够承担风险，具有比一般员工更高的胆识和抗压能力的创业公司创始人。CEO 不仅受命于董事会，为公司提供运营管理服务，承担企业资产保值增值的责任，而且在执行创业公司的战略任务中，也是实际管理和日常运营的创业公司的掌舵人，所以往往被认为是创业公司的"灵魂人物"，如小米创始人雷军、美团创始人王兴等。

另外，创业公司也会引入职业经理人来帮助企业成长壮大。一般认为，在财务会计、生产管理、技术等方面有突出表现的中高层经营管理人员，是以经营管理工作为长期职业，具有全面的领导能力和丰富的实践经验的职业经理人。例如，原微软中国区总裁唐骏，享有"打工皇帝"之称，后加入盛大网络，出任总裁一职，曾在 TCL、长虹任职；又如，业绩突出的"手机狂人"万明坚，年薪达到 500 万元，是职业经理人中的杰出代表。

由于技术的突飞猛进，网络的日益发达，过去传统的家族企业继承者们已经不能满足市场变化和商业发展日新月异的需求，这就是近年来不断涌现中小型企业创始人和CEO 及职业经理人市场的原因。

实 训

实训一：电梯演讲

请简单、清楚地简述你要创业的项目，要求时间不超过 1 分钟。

1）将每 4 位学生分成一个小组。

2）商定自己所在小组要创业的项目，并拟定好演讲稿。

3）选出大家认为本组表达能力最好的学生上台演讲。

4）其余组给这个组打分（5 分制）。

5）所有组打分的平均分为该组得分。

实训二：大学生创业者职业生涯规划访谈

请结合身边的创业者，走进大学生创业园，进行大学生创业者访谈，访问创业者的创业感受和创业过程的艰辛，编写创业者职业生涯规划访谈记录。

◆ 模块小结 ◆

对于创业者来说，怀揣梦想是创业的第一步，但最终创业成功的关键在于坚持。例如，有的创业者没有坚持下来，距离成功只差一步却放弃了；有的创业者不管遇到何种艰难险阻，但一直在创业的路上披荆斩棘、不懈奋斗。

模块四 识别"互联网+"创业机会

◆ 【学习目标和任务】

1. 了解创业机会的概念与特征。
2. 了解创业机会的来源。
3. 掌握"互联网+"时代创业机会的识别与评价。
4. 根据"互联网+"不同行业形势分析，引导学生将创业机会与国家产业振兴相结合。

◆ 【课程思政教学目标】

培养科技自信，把握创业机遇，肩负乡村振兴的重要使命。

识别"互联网+"
创业机会

案例导读

"90后"小伙宋超：回乡创业 带领农民增收致富

大学毕业"杭漂"四年，在积累一定的视频拍摄经验后，他决定返乡创业，成立农业公司，利用"直播+短视频"模式尝试销售家乡的农产品，在拓宽当地农产品销售渠道的同时，带领乡亲们共同增收致富。他就是江苏省徐州市贾汪区现代农业产业园区的"90后"小伙宋超。

1. 返乡创业，他做起了"带货"主播

"这是我们刚从树上摘下来的秋月梨，汁水丰富、果肉细腻，大家可以尝一尝，买回家绝对不会后悔！""这是'煎饼姐'纯手工制作的杂粮煎饼，如果大家喜欢吃，可以尝试一下……"这些都是宋超在直播卖货时说的最朴实的话。

大学毕业于连锁经营管理专业的宋超，在学校时就做起了淘宝电商。他毕业后在杭州从事商业写字楼租赁工作，业余时间坚持学习短视频拍摄，对电商销售的内容建设有了一定的认识。在积累了一定的"直播+短视频"经验后，宋超回到自己的家乡——徐州贾汪，开始以直播带货的模式尝试销售当地的农产品。

2. 带头挖掘当地农产品

为了帮助家乡农业产业加速复苏、扩大销路，宋超将选品范围聚焦到家乡的农产品上。他经常走访农户，以高于市场的价格收购农户的农产品，并雇佣农户进行配货、分拣、发货的工作。

2021年5月，宋超注册了徐州市极客农人农业科技有限公司，他将公司的经营理念定位为"还原家乡食材的味道"，通过"直播+短视频"的销售模式销售贾汪本地及周边区域的应季蔬菜。宋超卖过秋月梨、红帽蒜薹、苏翠梨、粉丝、辣椒、花椒、草莓等，只要是家乡应季的农产品，他都会在直播间销售。宋超直播带货为当地农户的收入增长做出了贡献。

宋超除了要四处考察选品外，平均每天还要直播4小时以上，下播后还要马不停蹄地安排配货、发货，经常要忙到深夜才能入睡。有人曾问过他："年轻人都去大城市闯，机遇多、环境好，你为什么回到农村发展？"宋超说："作为创业青年，我这么做就是想让更多人知道徐州，了解家乡贾汪的农产品，为家乡农产品的销售多打开一条销路，这很有意义。"

3. 建立仓储式农产品直播基地

2022年4月，宋超将直播工作室搬到田间地头，并建起了仓储式农产品直播基地。宋超认为，从营销的角度来说，让消费者真实看到食材的源头，能激活销量。我们就是想让生活在外地的徐州人可以品尝到家乡特产，让更多人知道徐州的优质农产品。他用新思维、新理念和新方法让传统农业插上数字翅膀，把农产品推向更为广阔的市场。

2022年，宋超被选为贾汪区第十三届人大代表，多了一个新身份，对宋超来说是多了一份责任。他表示，他将带动更多农户进入农村电商领域，将当地的农产品打造成统一品牌推广出去。

（资料来源：作者根据相关资料改编。）

✏ 专题一 创业机会识别

一、创业机会的定义与特征

1. 创业机会的定义

创业机会是指将资源创造性地结合起来，迎合市场需求（或兴趣、愿望）并传递价值的可能性，是一种新的"目的-手段"关系。它能为经济活动引入新产品、新服务、新原材料、新市场或新组织方式，并以高于成本的价格出售。它是可以为购买者或使用者创造或增加价值的产品或服务，具有吸引力、持久性和适时性。

2. 创业机会的特征

（1）普遍性

凡是有市场、有经营的地方，客观上就存在创业机会。创业机会普遍存在于各种经营活动过程中。

（2）偶然性

对于一个企业来说，创业机会的发现和捕捉带有很大的不确定性，任何创业机会的产生都有"意外"因素，具有偶然性。

（3）消逝性

创业机会存在于一定的时空范围内，随着产生创业机会的客观条件的变化，创业机会就会相应地消逝和流失。

二、创业机会的来源

1. 问题的存在

创业的根本目的是满足顾客需求，而顾客需求在没有满足前就是问题。寻找创业机会的一个重要途径是善于发现自己和他人在需求方面的问题或生活中的难处。例如，上海有一位大学毕业生发现远在郊区的本校师生往返市区，交通十分不便，于是创办了一家客运公司，这就是把问题转化为创业机会的成功案例。

2. 不断变化的环境

变化是创业机会的重要来源，人们常常会通过变化，发现新的创业机会。创业机会大多产生于不断变化的市场环境，环境变化了，市场需求、市场结构必然会发生变化，这就给各行各业带来了商机。著名的管理大师彼得·德鲁克将创业者定义为"能寻找变化，并积极反应，把它当作机会充分利用起来的人"。这种变化主要来自产业结构的变动、消费结构的升级、城市化加速、人口思想观念的变化、政府政策的变化、人口结构的变化、居民收入水平的提高、全球化趋势等方面。例如，居民收入水平提高，私人轿车的拥有量将不断增加，这就会派生出汽车销售、修理、配件、清洁、装潢及二手车交易、陪驾等诸多创业机会。

3. 创造发明

创造发明提供了新产品、新服务，更好地满足了顾客需求，同时也带来了创业机会。在人类发展史上，每次重大创造发明都引起了产业结构的重大变革，产生了无数的创业机会。例如，随着计算机的诞生，计算机维修、软件开发、计算机操作的培训、图文制作、信息服务、网上开店等创业机会随之而来。即使不发明新的产品，也能成为销售和推广新产品的人，从而给自己带来商业机会。

4. 竞争

如果能弥补竞争对手的缺陷和不足，这也能成为你的创业机会。看看你周围的公司，你能比他们更快、更可靠、更便宜地提供产品或服务吗？你能做得更好吗？若能，你也许就找到了创业机会。

5. 新知识、新技术的产生

新知识可以改变人们的消费观念，新技术可以进一步满足人们的需求，甚至使人们产生新的需求，进而引导消费。例如，当生产微型计算机的技术形成后，中国的企业也获得了生产与维护计算机的创业机会，当时的联想等企业就抓住了这个机会。又如，随着健康知识的普及和技术的进步，围绕"水"带来了许多创业机会，上海就有不少创业者加盟"都市清泉"而走上了创业之路。

三、创业机会识别的因素

1. 先前经验

在特定产业中的先前经验有助于创业者识别机会。有调查发现，70%左右的创业机会其实是在复制或修改以前的想法或创意，而不是全新创业机会的发现。

2. 专业知识

拥有在某个领域专业知识的人，会比其他人对该领域内的机会更具有警觉性与敏感性。例如，一位计算机工程师就比一位律师对计算机产业内的机会和需求更为警觉与敏感。

3. 社会关系网络

个人社会关系网络的深度和广度影响着机会识别，这已是不争的事实。通常情况下，建立大量社会关系网络的人会比拥有少量社会关系网络的人更容易得到创业机会。

4. 创造性

从某种程度来讲，创业机会识别实际上是一个创造过程，是不断反复的创造性思维过程。在许多产品、服务和业务的形成过程中，甚至在许多有趣的商业传奇故事中，都能看到有关创造性思维的影子。

5. 创业环境是机会识别的关键

创业环境是创业过程中多种因素的组合，包括政府政策、社会经济条件、创业和管理技能、创业资金和非资金支持等方面。一般来说，如果社会有浓厚的创业氛围，政府有各种渠道的金融支持和完善的创业服务体系，产业有公平、公正的竞争环境，就会鼓励更多的人创业。

四、创业机会识别的一般过程

1. 创业机会识别过程

具有动机的个体在获取初始创意时，创业机会识别过程就开始了，如图 4-1 所示。与创业机会识别过程相关的 8 个要素为：①正式计划；②正式评价；③市场与技术驱动；④细致调查；⑤意外发现；⑥先前职业；⑦创新与改进；⑧信息调查。

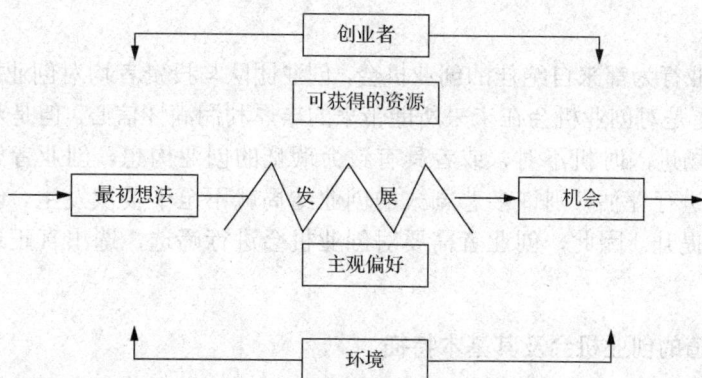

```
            ┌──────────────┐
     ┌─────>│    创业者     │─────┐
     │      └──────────────┘     │
     │      ┌──────────────┐     │
     │      │  可获得的资源  │     │
     │      └──────────────┘     │
     │                           │
┌─────────┐                 ┌────────┐
│ 最初想法 │──发    展──────>│  机会  │───>
└─────────┘                 └────────┘
     │      ┌──────────────┐     │
     │      │  主观偏好     │     │
     │      └──────────────┘     │
     │                           │
     │      ┌──────────────┐     │
     └──────│    环境       │─────┘
            └──────────────┘
```

图 4-1　创业机会识别过程

创业机会识别是把一个一般创意打造成一个具体商业概念的过程。在这一转变过程中，创业者开发必要的资源并引进自己控制的资源。

2. 创业机会开发过程

创业机会识别和必要资源的评估是互相补充的，创业者机会开发的意向也是逐渐产生的。要创业，首先需要一个能够成功或有能力开发可盈利机会的现代企业或组织，只具备富有创意的想法是不够的，直到个体勾勒出创意开发的蓝图才算创业机会被充分挖掘。创业过程总是表现为一个创业机会识别、创业机会评价、决定开始、资源获取、取得结果的连续过程。

建立资源平台是开创企业的一个重要过程。首先，企业必须聚集资源，即根据商业概念确定资源需求及其潜在的供应者；其次，企业必须参与获取必要资源的交易过程；最后，企业必须整合看中的资源，推动商业概念转换成可销售的产品或服务。在这个阶段，创业者拥有的不再是一个商业概念，而是一种现实的产品或服务，它将用于指导企业与消费者的具体交易，从而创造出价值。

3. 创业结果

在描述创业过程时，有必要把创业结果纳入其中，原因有以下两点。

1）可感知的结果是激励创业者创业的要素。它可以是外在的，如增加的收入；也可以是内在的，如自己工作的愿望。期望的薪酬将激励创业者把自己的时间和精力投入到创业机会的识别和开发中。

2）结果是进一步创业的投入。从创业机会定位和追求中获得的经验促成了创业者的个人发展和成长。创造、整合新知识的能力有助于未来创业机会的培育。

专题二 创业机会评价

所有的创业行为都来自绝佳的创业机会，创业团队与投资者均对创业前景有极高的期待，创业者更是对创业机会在未来所能带来的丰厚利润满怀信心。但是对于一些先天条件不好、市场进入时机不对，或者具有致命瑕疵的创业构想，创业者如果能够以比较客观的方式进行评估，则许多悲剧式的创业结局就不至于屡次发生，创业成功的概率也可以大幅提升。因此，创业者需要对创业机会进行筛选，选出真正适合自己的创业机会。

一、识别有价值的创业机会及其基本特征

创业机会有很多，但不是每一个创业机会都具备实施条件和发展潜力。昆仑万维的周亚辉曾说："经过这么多事，我明白了一些特别深刻的道理，有些东西看起来很美，但最多只是个美丽的诱惑而已。"周亚辉认为很多创业机会，真去做时就会发现其实并不是想象中的那样美丽。

（一）识别有价值的创业机会的意义

创业机会识别是创业的开端，也是创业的前提。百森商学院亚洲研究中心总监伍健民说："在中国真正成功抓住机会的人非常少，其中有两个最主要的原因：①只有很少数的企业家知道组成一个真正创业机会的要素是什么；②即使一些企业家在众多机会中识别出了真正的创业机会，但他们中的很多人也不能掌控那些能够将机会转变为利润的特性。"

（二）有价值的创业机会的基本特征

正如上文所述，对创业充满信心，有想法固然重要，但并不是每个大胆的想法或新奇的点子都能转化为创业机会。许多创业者因为仅凭想法去创业而失败了。那么，什么样的创业机会才是真正的、有价值的创业机会呢？或者说，有价值的创业机会应该具有什么样的基本特征呢？

1. 有价值的创业机会具有价值性

对创业机会的识别源自创意的产生，而创意是指具有创业指向且具有创新性的想

法。在创意没有产生之前，创业机会的存在与意义并不大。有价值潜力的创意一般具有以下基本特征。

1）独特、新颖，难以模仿。创业的本质是创新，创意的新颖性既可以是新的技术和新的解决方案，也可以是差异化的解决办法，还可以是更好的措施。另外，新颖性还意味着一定程度的领先性。不少创业者在选择创业机会时会关注国家政策优先支持的领域，即寻找领先性的项目。不具有新颖性的想法不仅不会吸引投资者，对创业者本人也不会有激励作用。新颖性还可以加大模仿的难度。

2）客观、真实，可以操作。有价值的创意绝不是空想，而是要有现实意义，具有实用价值。简单的判断标准是能够开发出可以把握机会的产品或服务，而且市场上存在对这种产品或服务的真实需求，或可以找到让潜在消费者接受这种产品或服务的方法。

另外，有潜力的创意还必须具备对用户的价值与对创业者的价值。好的创意要能给消费者带来真正的价值。创意的价值要靠市场来检验；好的创意需要进行市场测试；好的创意必须给创业者带来价值，这是创业动机产生的前提。

2. 有价值的创业机会具有时效性

创业因创业机会而存在，而创业机会是具有时效性的。纽约大学柯兹纳教授认为，机会就是未明确的市场需求或未充分使用的资源或能力。创业机会具有很强的时效性，甚至瞬间即逝，一旦被别人把握就不存在了。创业机会又总是存在的，一种需求被得到满足，另一种需求又会产生；一类创业机会消失了，另一类创业机会又会产生。大多数创业机会不是显而易见的，需要去发现和挖掘，如果显而易见，就会有人开发，其有利因素很快就不存在了。

创业者对创业机会的评价来自他们的初始判断，而初始判断通常就是假设加简单计算。蒙牛集团创始人牛根生在谈到牛奶的市场潜力时说："民以食为天，食以奶为先，而我国人均喝奶的水平只是美国的几十分之一。"也许这就是他对乳制品创业机会价值的直观判断。这样的判断看起来不可信，但却是有效的。机会总是瞬间即逝，如果都要进行周密的市场调查，就会难以把握创业机会。假设加简单计算只是创业者对创业机会的初始判断，进一步的创业行动还需依靠调查研究，对创业机会的价值做进一步的评价。

3. 有价值的创业机会具有可行性

创业者必须了解已有的创业机会是否具有可行性。首先，创业机会能在当地的商业环境中行得通。例如，在亚热带地区由于气候的原因，羽绒服的销路不一定好，因此，第一次开店的商业选址就显得尤为重要。其次，必须有资源（人、财、物、信息、时间）和技能才能创办业务。

那么，创业者应该怎么办呢？我们可以从确定顾客的偏好入手。确定顾客的偏好通常可以采用市场测试方法，将产品或服务拿到真实的市场中进行检验，市场测试可以说是一种比较特殊的市场调查，是创业者的必修课程。市场测试与市场调查不完全相同，询问一个消费者是否想购买和这个消费者实际是否购买，很多时候是两回事。例如，雀巢咖啡为打开中国市场，选择一些城市向住户投递小袋包装咖啡就是一种市场测试。

总之，创业机会是指那些适合创业的机会（特别是创意）。看到创业机会、产生创意并发展成清晰的商业概念意味着创业者识别到创业机会，至于发展成的商业概念是否值得投入资源开发、是否能成为有价值的创业机会，则还需要进行认真的论证。

二、创业机会评价体系

创业者对创业机会的评价来自他们的初始判断，而初始判断通常就是假设加简单计算。这种直觉的商业判断，有时是简单有效的，但对于一般创业者而言，这种判断显得有些武断，甚至不够科学。因此，对创业机会进行科学、理性、系统的评价，是创业活动成功的起点和基础。创业导师如何评价创业者的项目选择是否正确、是否可行、有多大价值，是创业指导过程中经常遇到且专业的问题。蒂蒙斯创业机会评价体系，为人们提供了一套系统的评价框架和可量化的指标体系。这个工具可以帮助创业导师和创业者科学深入地评价创业项目的可行性及其价值。

1. 蒂蒙斯创业机会评价体系

创业机会的有效识别依赖于客观和主观两个方面：客观上，即良好的评价系统和评价指标；主观上，即创业者能够正确获得信息和感知机会的能力。一些研究中提到了创业者与创业机会识别的个人特性，包括警觉性（alertness）、风险感知（risk perception）、自信（self-confident）、先验知识（prior knowledge）、社会网络（social network）等。

蒂蒙斯总结出一个包含 8 类分类指标的创业机会评价体系，如表 4-1 所示。

表 4-1　蒂蒙斯创业机会评价体系

类别	评价指标
行业与市场	1. 市场容易识别，可以带来持续收入 2. 顾客可以接受产品或服务，愿意为此付费 3. 产品的附加价值高 4. 产品对市场的影响力高 5. 将要开发的产品生命周期长 6. 项目所在的行业是新兴行业，竞争不完善 7. 市场规模大，销售潜力达到 1000 万～10 亿元 8. 市场成长率在 30%～50%，甚至更高 9. 现有厂商的生产能力几乎完全饱和 10. 在五年内能占据市场的领导地位，达到 20%以上 11. 拥有低成本的供货商，具有成本优势

续表

类别	评价指标
经济价值	1. 达到盈亏平衡点所需要的时间在 1.5～2 年以下 2. 盈亏平衡点不会逐渐提高 3. 投资回报率在 25% 以上 4. 项目对资金的要求不是很大，能够获得融资 5. 销售额的年增长率高于 15% 6. 有良好的现金流量，能占到销售额的 20%～30% 7. 能获得持久的毛利，毛利率能达到 40% 以上 8. 能获得持久的税后利润，税后利润率超过 10% 9. 资产集中程度低 10. 运营资金不多，需求量是逐渐增加的 11. 研究开发工作对资金的要求不高
收获条件	1. 项目带来附加价值，具有较高的战略意义 2. 存在现有的或可预料的退出方式 3. 资本市场环境有利，可以实现资本的流动
竞争优势	1. 固定成本和可变成本低 2. 对成本、价格和销售的控制较高 3. 已获得或可以获得对专利所有权的保护 4. 竞争对手尚未觉醒，竞争较弱 5. 拥有专利或具有某种独占性 6. 拥有发展良好的网络关系，容易获得合同 7. 拥有杰出的关键人员和管理团队
管理团队	1. 创业者团队是一个优秀管理者的组合 2. 行业和技术经验达到本行业的最高水平 3. 管理团队的正直廉洁程度达到最高水平 4. 管理团队知道自己缺乏哪方面的知识
致命缺陷	不存在任何致命缺陷
创业者的个人标准	1. 个人目标与创业活动相符合 2. 创业者可以做到在有限的风险下实现成功 3. 创业者能接受薪水减少等损失 4. 创业者渴望进行创业这种生活方式，而不只是为了赚钱 5. 创业者可以承受适当的风险 6. 创业者在压力下状态依然良好
理想与现实的战略性差异	1. 理想与现实情况相吻合 2. 管理团队已经是最好的 3. 在客户服务管理方面有很好的服务理念 4. 所创办的事业顺应时代潮流 5. 所采取的技术具有突破性，不存在许多替代品或竞争对手 6. 具备灵活的适应能力，能够快速地进行取舍 7. 始终在寻找新的机会 8. 定价与市场领先者几乎持平 9. 能够获得销售渠道，或已经拥有现成的网络 10. 能够允许失败

蒂蒙斯创业机会评价体系说明如下。

1）主要适用于具有行业经验的投资人或资深创业者对创业企业的整体评价。

2）该评价表必须运用创业机会评价的定性与定量方法才能得出创业机会的可行性及不同创业机会间的优劣排序。

3）该评价表涉及的项目较多，在实际运用过程中作为参考选项库，可结合使用对象、创业机会所属行业特征及创业机会自身属性等进行重新分类、梳理简化，提高使用效能。

蒂蒙斯认为，现实中有很多适合创业者的特定机会，它们未必能与这个评价体系相契合，但这个评价体系是目前包含评价指标比较完全的一个体系，几乎涵盖了其他一些理论所涉及的全部内容，包括行业与市场、经济价值、收获条件、竞争优势、管理团队、致命缺陷、创业者的个人标准、理想与现实的战略性差异等方面。该评价体系提供了一些量化方式，使创业者能够对行业与市场、经济价值、收获条件、竞争优势、管理团队、致命缺陷等要素，以及这些要素加起来是否可以组成一个有足够吸引力的创业机会作出判断。一些风险投资商、政府基金和创业大赛就是借助该评价体系对创业项目进行评价的。

（1）影响创业机会评价结果的三个重要因素

1）评价主体的个性特征差异。由于评价者在信息处理方式和行为决策风格等方面存在显著差异，不同评价者在评价同一个创业机会时会出现结果差异，为规避个性差异，可采用360度评估模式。

2）评价主体的工作年限。蒂蒙斯在研究中指出，企业工作经验对创业者能否做出正确判断有重要影响，他认为具有至少10年或10年以上的企业工作经验，才能识别出各种商业行为，并获得创造性的预见能力和捕捉商机的能力。因此，工作年限超过10年的创业者的意见比工作年限较短的创业者和管理者的意见更值得重视，评价结果更为可靠。

3）评价主体的管理经验。在进行创业机会评价时，评价者的知识结构、专业技能会起到重要的影响作用。有高管工作经验意味着其可以掌握更多的决策经验和资源控制能力。

（2）评价创业机会的5项基本标准

无论采用何种评价体系和评价方法，都需要考虑创业机会评价的基本标准。有研究指出，评价创业机会至少有以下5项基本标准。

1）产品有明确的市场需求，推出的时机也是恰当的。

2）投资的项目必须能够维持持久的竞争优势。

3）投资必须具有一定的高回报，从而允许一些投资的失误。

4）创业者与创业机会之间必须相互合适。

5）创业机会中不存在致命缺陷。

2. 蒂蒙斯创业机会评价体系的局限性

（1）对评价主体的要求比较高

蒂蒙斯创业机会评价体系是目前最全面的评价体系，其主要是基于风险投资商的风险投资标准建立的，这与创业者的评价标准存在一定的差异。这些评价标准经常被风险投资家使用，创业者可以通过关注这些问题而受益。蒂蒙斯创业机会评价体系的运用，要求使用者具备敏锐的创业嗅觉、清晰的商业认知、丰富的管理经验和系统的行业信息。创业导师自己使用一般问题不大，但如果直接给初次创业者或大学生创业者来做创业机会自评，则效果不太好。即使如此，仍然不影响该评价体系作为创业者的项目选择与评价的参考标准。

（2）评价体系维度有交叉重复问题

该评价体系的各维度划分不尽合理，存在交叉重叠现象。例如，在竞争优势、管理团队、理想与现实的战略性差异这三个维度中，都存在"管理团队"中的评价项目，维度划分标准不够统一。又如，行业与市场维度中的第 11 项"拥有低成本的供货商，具有成本优势"，与竞争优势维度中的第 1 项"固定成本和可变成本低"存在包含关系与重叠问题。这会直接影响使用者的评价难度和考量权重，在一定程度上影响了创业机会评价指标的有效性。

（3）评价体系缺乏主次，定性定量混合，影响效度

该评价体系指标多而全，主次不够清晰；指标内容既有定性评价项目，又有定量评价项目，而且这些项目中有交叉现象。一方面，评价指标太多，使用不够简便；另一方面，在运用其对创业机会进行评价时，实际上难以做到对每个方面的指标进行准确量化并设置科学的权重，实践效果不够理想。

3. 创业机会评价的两种简便方法

蒂蒙斯创业机会评价体系只是一套评价标准，在进行创业机会评价实践时，还需要科学的步骤和专业的评价方法才能操作。下面介绍两种常用且易操作的评价方法。

（1）标准打分矩阵法

标准打分矩阵法，是指将创业机会评价体系的每个指标设定为 3 个打分标准，如"最好" 3 分、"好" 2 分、"一般" 1 分，形成打分矩阵表（表 4-2），在打分后，求出每个指标的加权评价分。这种方法简单易懂、易操作，主要用于不同创业机会的对比评价，其量化结果可直接用于创业机会的优劣排序。如果只用于一个创业机会的评价，则可采用多人打分后进行加权平均。如果加权平均分越高，则说明该创业机会越可能成功。一般来说，高于 100 分的创业机会可进一步规划，低于 100 分的创业机会则可考虑淘汰。

表 4-2 标准打分矩阵

标准	专家打分			加权平均分
	最好（3分）	好（2分）	一般（1分）	
易操作性				
质量和易维护性				
市场接受性				
增加资本能力				
投资回报				
专利权状况				
市场大小				
制造的简单性				
口碑的传播力				
成长潜力				

（2）贝蒂选择因素法

贝蒂选择因素法可以看作是标准打分矩阵法的简化版。评价者通过对创业机会的认识和把握，按照蒂蒙斯创业机会评价体系的各项标准，看创业机会是否符合这些指标要求。如果统计符合指标数少于 30 个，则说明该创业机会存在很大问题与风险；如果统计符合指标数高于 30 个，则说明该创业机会比较有潜力，值得探索与尝试。应用该方法时需要注意的是，如果创业机会存在致命缺陷，则需要一票否决。致命缺陷通常是指法律法规禁止、需要的关键技术不具备、创业者不具备匹配该创业机会的基本资源等方面的系统风险。该方法比较适合于创业者对创业机会进行自评。表 4-3 为贝蒂选择因素法评价指标。

表 4-3 贝蒂选择因素法评价指标

选择因素	是/否	
1. 这个创业机会在现阶段是否只有创业者一个人发现	□是	□否
2. 产品的初始生产成本是否是创业者可以接受的	□是	□否
3. 市场的初始开发成本是否是创业者可以接受的	□是	□否
4. 产品是否具有高利润回报的潜力	□是	□否
5. 是否可以预期产品投放市场和达到盈亏平衡点的时间	□是	□否
6. 潜在的市场是否巨大	□是	□否
7. 产品是否是高速成长的产品家族中的第一个产品	□是	□否
8. 是否拥有一些现成的初始用户	□是	□否
9. 是否可以预期产品的开发成本和开发周期	□是	□否
10. 是否处于一个成长中的行业	□是	□否
11. 金融界是否能够理解企业的产品和消费者对它的需求	□是	□否

注：如果某个创业机会符合其中的 7 个指标甚至更多，则这个创业机会的成功概率相对较高；反之，若创业机会只符合其中的 6 个指标或更少，则这个创业机会不可取。

专题三　"互联网+"与创业机会

一、"互联网+"传统行业革新

对于传统行业来说,"互联网+"是势不可挡的创业机会挖掘的契机,但这也意味着要摒弃熟悉的发展方式,因此充满了挑战。"互联网+"推进传统行业与互联网的融合,能够创造出许许多多的新产业、新业态,越来越多的企业和创业者正在涌入"互联网+"市场。

二、"互联网+"创业机会挖掘

1. 延伸服务

"互联网+"的兴起会衍生一批在政府与企业之间的第三方服务企业,即"互联网+服务商"。它们本身不会从事"互联网+传统企业"的生产、制造及运营工作,但会帮助线上线下双方的协作,从事的是双方的对接工作,其盈利方式是双方对接成功后的服务费用及各种增值服务费用。这些增值服务包罗万象,包括培训、招聘、资源寻找、方案设计、设备引进、车间改造等。初期的"互联网+服务商"是单体,后期则会发展成为复合体,不排除后期会发展成为纯互联网模式的平台型企业。第三方服务涉及的领域有大数据、云计算、电商平台、O2O 服务商、客户关系管理(customer relationship management,CRM)等软件服务商、智能设备商、机器人、3D 打印等。

2. 工业领域

"互联网+工业"即传统制造业企业采用移动互联网、云计算、大数据、物联网等信息通信技术,改造原有产品及研发生产方式,与"工业互联网""工业 4.0"的内涵一致。例如,"移动互联网+工业""云计算+工业""物联网+工业""网络众包+工业"等新型结合形式。

具体来说,借助移动互联网技术,传统制造厂商可以在工业产品上增加网络软硬件模块,实现用户远程操控、数据自动采集分析等功能,极大地改善了工业产品的使用体验。基于云计算技术,一些互联网企业打造了统一的智能产品软件服务平台,为不同厂商生产的智能硬件设备提供统一的软件服务和技术支持,优化用户的使用体验,并实现各产品的互联互通,产生协同价值。从生产上来讲,"物联网+工业"可以缩短生产周期、减少原材料用量和环境负荷、降低工厂成本、提高生产效率。从研发销售上来讲,"移动互联网+工业"可以对市场需求迅速作出反应,深度发掘细分需求。借助移动互联网技术,有利于传统制造厂商实现数据双向流通,通过在产品上增加网络软硬件模块采集用户数据，实现产品个性化、制造服务化，以市场数据驱动技术研发，从而形成自下而上的生产导向。

在互联网的帮助下，企业通过自建或借助现有的"众包"平台，发布研发创意需求，广泛收集客户和外部人员的想法与智慧，大大扩展了创意来源。

3. 金融领域

"互联网+金融"从组织形式上来看，至少有 3 种方式：①互联网公司做金融，如果这种现象大范围发生，并且取代原有的金融企业，就会出现互联网金融的颠覆；②金融机构的互联网化；③互联网公司和金融机构合作。自 2013 年以来，以在线理财、在线支付、电商小贷、P2P、众筹等为代表的细分互联网嫁接金融的模式进入大众视野，互联网金融已成为一个新金融行业，并为普通大众提供更多元化的投资理财选择，如互联网供应链金融、P2P 网络信贷、众筹、互联网银行等形式。

4. 商贸领域

这几年可以看到商贸和互联网的结合，特别是移动互联网对原有商贸行业起到很大的升级换代作用。面对实体零售渠道的变革，即"零售业+互联网"概念的提出，建议以产业链最终环节——零售为切入点，结合国家战略发展思维，发扬"+"时代精神，回归渠道本质，以变革来推进整个产业的提升。

中国互联网络信息中心（CNNIC）在京发布的第 51 次《中国互联网络发展状况统计报告》显示，互联网应用持续发展，短视频增长最为明显，截至 2022 年 12 月，我国短视频的用户规模增长最为明显，达 10.31 亿人，较 2021 年 12 月增长 5586 万人，占网民整体的 96.5%。即时通信用户规模达 10.38 亿人，较 2021 年 12 月增长 3141 万人，占网民整体的 97.2%。网络新闻用户规模达 7.83 亿人，较 2021 年 12 月增长 1216 万人，占网民整体的 73.4%。网络直播用户规模达 7.51 亿人，较 2021 年 12 月增长 4728 万人，占网民整体的 70.3%。互联网医疗用户规模达 3.63 亿人，较 2021 年 12 月增长 6466 万人，占网民整体的 34.0%。

5. 通信领域

随着互联网的发展，来自数据流量业务的收入已经大大超过语音收入。可以看出，互联网的出现并没有彻底颠覆通信行业，反而促进了运营商进行相关业务的变革升级。"互联网+交通"已经在交通运输领域产生了"化学效应"，如大家经常使用的打车软件、网上购买火车票和飞机票、出行导航系统等。从国外的 Uber、Lyft 到国内的移动互联网催生了一批打车拼车专车软件，虽然它们在世界的不同地方仍存在争议，但它们通过把移动互联网和传统的交通出行相结合，改善了人们出行的方式，增加了车辆的使用率，推动了互联网共享经济的发展。

6. 民生领域

如今，我们可以在各级政府的公众账号上享受服务，如某地交警可以在 60 秒内完成罚款收取等，移动电子政务成为推动国家治理体系完善的工具。例如，2014 年 12 月广州率先实现微信城市入口接入，随后深圳、佛山、武汉陆续上线微信城市服务功能，3 个月内有超过 700 万人享受到了该服务。

7. 医疗领域

现实中存在看病难、看病贵等难题，"移动医疗+互联网"有望改善这一医疗生态。具体来讲，互联网将优化传统的诊疗模式，为患者提供一条龙的健康管理服务。在传统的医患模式中，患者普遍存在事前缺乏预防、事中体验差、事后无服务的现象。通过互联网医疗，患者有望从移动医疗数据端监测自身健康数据，做好事前防范；在诊疗服务中，依靠移动医疗实现网上挂号、询诊、购买、支付，节约了时间和经济成本，提升了事中体验；依靠互联网在事后与医生沟通。

百度、腾讯先后进入互联网医疗产业，形成了巨大的产业布局网，它们利用各自的优势，通过不同途径实现改变传统医疗行业模式的梦想。

8. 教育领域

"互联网+教育"将逐步引领教育新常态，"互联网+"加快了"技术支持教与学"时代的到来，从"辅助教学"到"支撑学习"，信息技术的地位逐渐从"工具"走向"环境"，成为现代教学的有机组成部分。在教育领域，面向中小学、大学、职业教育、IT培训等多层次人群开放课程，可以实现足不出户在家上课。"互联网+教育"的结果，将会使未来的一切教学活动都围绕互联网进行，教师在互联网上教，学生在互联网上学，信息在互联网上流动，知识在互联网上成形，线下活动成为线上活动的补充与拓展。

"互联网+教育"不仅给创业者带来机会，还给一些平台创造了就业机会。例如，在线教育平台提供的职业培训就能让一批人实现就业，而平台自身创业又能够解决自己的就业问题。根据中为咨询网观察，"大众创业、万众创新"对于教育而言有着深远的影响。例如，某教育培训产品上线一年多，帮助了 80 多万 IT 从业者提高了职业技能。

📲 **延伸阅读**

鲁班传说与"工匠精神"

鲁班是能工巧匠的代表、民间智慧的化身，被多个行业奉为祖师。2008 年，鲁班传说被列入第二批国家级非物质文化遗产名录。鲁班传说不仅在汉族人民中广泛传播，在壮族、水族、布依族、瑶族、白族、土家族、彝族、苗族等少数民族聚居的西南地区也广为流传。各地鲁班传说的文本内容丰富、艺术形式多样，彰显了对中华传统文化的认同。

鲁班，又名公输般，是春秋战国时期鲁国著名的工匠，技艺高超。鲁班传说的发展，大致分为如下阶段：先秦至汉初，关于鲁班事迹的记载多是他如何发明、制作物件的。汉魏至隋唐，是鲁班传说发展的重要时期，鲁班形象及事迹逐渐传说化，主要体现在鲁班活动范围的扩展，虚构、夸张、神异成分增加。宋元到近代，是鲁班传说大扩散、大发展时期，特别是到了近代，鲁班传说遍及全国各地。在西南少数民族聚居的地区，人们结合本地风俗习惯和生产生活，对鲁班传说进行再创作，赋予其富有特色的审美意识、价值取向和文化情感。

在西南地区流传的鲁班传说中，有不少文本记录了鲁班与各族群众的友好交往。例如，《锯子的来历》（白族）、《鲁班造屋》（水族）、《木马》（布依族）等，讲述了鲁班不远万里到少数民族地区传授木匠手艺的故事；《鲁班的墨斗》《木花柱子》《篾圈圈和小木槌》（白族）、《鲁班造鱼》（水族）、《墨斗和锯齿》《鲁班传富经》（布依族）等，讲述了鲁班帮助人们建造房屋、解决木作难题、摆脱生活困境的故事。

鲁班传说是在匠人们一代代传授技艺的过程中，把鲁班的发明创造、精湛工艺、扶危济困的道德情操和他的生平事迹糅合在一起，编织成一个个故事，既表现了鲁班祖师的巨大创造力，又对一代代匠人传递着行业规范的具体信息，同时也进行着道德教化，表现出人民群众丰富的想象力和向善向美的真挚情感与追求。

（资料来源：作者根据相关资料改编。）

实 训

一、实训目标
1）了解识别创业机会的步骤。
2）学会运用各种方法评估创业机会。

二、实训流程
（1）搜索可能的创意
通过各种途径对可能的创意和灵感展开搜索。

1）关注并研究国家宏观经济政策和行业发展态势，国家鼓励发展什么，限制发展什么，行业未来发展趋势如何，这些都蕴含着很多创业机会。

2）在你所居住的地区或是你想创办企业的地方进行市场调查，收集相关信息，发现可能的创意。

3）通过自己或别人对某些产品或服务的抱怨和不满，发现完善产品或服务的创意。

4）留意大众传媒的信息，发现人们的消费痛点和消费趋势，从中寻找可能的创意。

5）留意国家政策等信息的变化，从中发现可能的创意。

6）从一个你感兴趣又擅长的产品出发，利用头脑风暴法联想相关可能的创意。

7）在个人经验的基础上运用灵感，产生创意。

（2）整理和收集自己的创意

对搜索到的可能创意展开分析，从信息渠道中收集关于行业、竞争者、顾客偏好趋向、产品创新等方面的信息，发现其中的创业机会。

（3）标准化识别

创业机会的识别是思考和探索互动的过程，通过对整体市场环境的分析及一般行业分析来判断该创业机会是否是有利的商业机会。收集市场特征、竞争者等方面的数据和信息，对数据和信息进行评价和分析。

（4）个性化识别

进一步考察对于特定的创业者和投资者来说，这一创业机会是否有价值。结合创业者和投资者的实际情况（包括资金能力、创业者自身素质、资源、团队等）进行全面分析和匹配，判断创业机会是否合适。

（5）深入市场调查

通过现场观察、问卷调查、访谈等形式对产品形式、消费群体、消费群体的购买欲望和购买能力、市场竞争等方面进行深入调查，收集全面系统的信息资料。

（6）决定是否创业

根据市场调查结果，经过反复思考、论证和评价，仔细审查创业机会并分析是否可行，包括技术方案评价、市场潜力评价和成本收益评价等，然后根据评价结果来决定是否要抓住该创业机会来实施创业。

◆ 模块小结 ◆

为了进一步识别和挖掘创业机会，需要创业者从不同视角（结合个人与环境特征）充分发掘创业机会，然后将每个创业机会写出来。排除受严重限制的创业机会，如政策限制、不够环保、易燃易爆、资源紧缺、消费能力过低、缺乏突出优势、需要转变观念、启动资金过大、直接面对强大对手、严重依附他人等。在排除了受到严重限制的创业机会后，可以根据一定的标准，对得到的多个较好的创业机会进行排序。排序时依照的标准：一是市场需求，二是自身优势。

模块五 组建创业团队

案例导读

分 粥

有一个 7 人的小团体，他们要解决每天吃饭的问题，即分一锅粥，却不用器皿。那么，怎样分才是效果最好的呢？

方法一：分粥事宜应指定专人负责。如此操作后大家发现，这位仁兄竟然给自己分了最多的粥。于是又换了一个人，结果总是主持分粥的人碗里的粥最多。

方法二：每个人轮流分粥一天。虽然看起来平等，但每个人一周中只有一天可以吃饱且有剩余，其余 6 天都得挨饿。所有人都认为，这种方式会造成资源浪费。

方法三：每个人选出自己信任的人来主持分粥。一个品德尚可的人，开始还可以公平地分粥，但没过多久，他就开始为自己和溜须拍马的人多分粥了。

方法四：选举产生监督与制约相结合的分粥委员会和监督委员会。这样做，虽然公平基本做到了，但监督委员会总是提出各种各样的提案，而分粥委员会则据理力争，等到分完粥的时候，粥早已冰凉。

方法五：大家轮流值班分粥，分粥的人却要领最后一份粥。令人惊叹的是，7 个碗里的粥，在这个体系下每次分量都不变。

（资料来源：作者根据相关资料改编。）

专题一　创　业　者

一、创业者的含义

对创业者概念的理解，也是随着创业理论发展而不断丰富的。1755 年，法国经济学家坎蒂隆首次在经济学领域引入"创业者"一词。1800 年，法国经济学家萨伊将创业者描述为将经济资源从生产率较低区域转移到生产率较高区域的人，并且认为创业者是经济活动过程中的代理人。对创业者的定义，大部分学者公认的观点是指导并创建新企业，为企业提供生产力的人。我国学者王玉帅和尹继东指出，创业者不仅要满足上述定义的条件，而且是错误决策的风险承担人。

本书定义创业者为：通过学习不断提高能力、识别和掌握市场机会、对业务进行开拓和调整、敢于承担不确定风险，使企业成功创建并持续经营的人。创业者既可以是参与创业活动的核心成员，也可以是创业活动的全部成员，如联合创始人。

创业者在发展事业过程中有诸多影响因素：①个人因素，创业者会受到其个人因素的影响，即每个创业者都带着其自身的独特性进行创业的；②外界环境因素，由于创业活动是一种重要的社会活动，社会身份在创业活动中的重要性应该更加受到重视，即创业者应该关注创业者身份的社会接受度。

二、创业者素质模型

大学生创业者需要掌握一定的技术知识、管理知识及通识类知识。技术知识，主要包括行业发展技术知识、现代科技知识（特别是计算机网络技术知识）；管理知识，主要包括企业战略、生产运营、市场营销、财务管理、人力资源管理、信息管理、法律等方面的知识；通识类知识，主要包括自然科学知识、人文科学知识、社会科学知识。

大学生创业者应具备的能力包括：机会识别与开发能力、资源整合与组织规划能力、战略规划能力、人际沟通能力和影响能力、概念相关能力、承诺相关能力。

创业者应该具备一定的特质，主要包括事业心、风险意识、自信心、情绪稳定、诚信等。

下面以实现现代服务业发展为例，大学生创业者素质量化和科学合理综合测评，在对与从事服务业人员访谈调查的基础上，建立现代服务业大学生创业者素质模型层次递阶结构，如图 5-1 所示。

```
                          ┌─ 技术知识C1
                知识B1 ────┼─ 管理知识C2
                          └─ 通识类知识C3
                          ┌─ 机会识别与开发能力C4
  大                      │─ 资源整合与组织规划能力C5
  学                      │─ 战略规划能力C6
  生                      │
  创       能力B2 ────────┤─ 人际沟通能力和影响能力C7
  业                      │─ 概念相关能力C8
  者                      └─ 承诺相关能力C9
  素                      ┌─ 事业心C10
  质                      │─ 风险意识C11
  A1                      │
                特质B3 ───┤─ 自信C12
                          │─ 情绪稳定C13
                          └─ 诚信C14
```

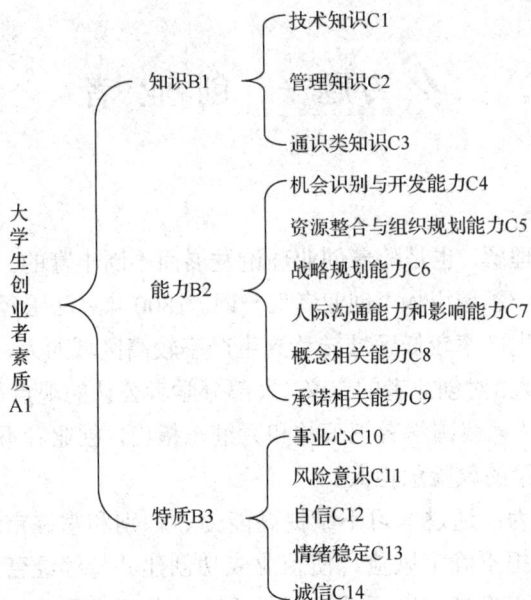

图 5-1　现代服务业大学生创业者素质模型层次递阶结构

在图 5-1 中，现代服务业大学生创业者素质 A1 包括知识 B1、能力 B2 和特质 B3 三个维度（项目）；知识 B1 包括技术知识 C1、管理知识 C2、通识类知识 C3 三个测评因素；能力 B2 包括机会识别与开发能力 C4、资源整合与组织规划能力 C5、战略规划能力 C6、人际沟通能力和影响能力 C7、概念相关能力 C8、承诺相关能力 C9 六个测评因素；特质 B3 包括事业心 C10、风险意识 C11、自信 C12、情绪稳定 C13、诚信 C14 五个测评因素。

三、创业者的创业动机

（一）创业动机的概念

创业动机是指引起和维持个体从事创业活动，并使企业活动朝向某些目标的内部动力。它是鼓励和引导个体为实现创业而行动的内在力量。也就是说，创业动机就是有关创业的原因和目的，即为什么要创业、为何创业的问题。

（二）创业动机的分类

行为心理学认为，需要产生动机，进而导致行为。创业的直接动机就是需要。创业者的创业动机大体上可以从经济需要和社会需要两个层面来进行分析。出于经济需要的创业动机，主要是指创业者为了满足个体生理和安全方面的需要而进行的追求财富的一种创业动机，这是创业者的原始动机和基本动机。出于社会需要的创业动机，主要是指在经济需要得到满足或基本满足后，创业者希望得到社会地位、社会认可、社会赏识、获得成就感、实现自身价值等而进行创业的动机。

（三）创业动机的驱动因素

按照上述创业动机的分类，可以将创业动机驱动因素分为就业驱动型、兴趣驱动型、职业需求型和价值实现型。

1. 就业驱动型

当前，我国的大学生就业形势较严峻，主要表现为毕业生和社会职位之间的供需矛盾。如何释放就业压力成为当务之急。一方面，大学生开始创业，以解决就业问题，并取得更好的经济收入；另一方面，各种鼓励大学生创业的政策纷纷出台，各级政府迫切希望自主创业能成为缓解大学生就业压力的一条有效途径。

2. 兴趣驱动型

兴趣是最好的老师，它可以调动人的潜能，是大学生创业的重要动因之一。如果创业者对一件事物产生了兴趣，就会花时间和精力去了解、去体验，不管遇到什么困难，都会一如既往地坚持下去。因此可以说，兴趣是创业起步的动力源泉。

3. 职业需求型

美国学者奥尔德弗认为，个体存在 3 种需要，即生存的需要、相互关系的需要和成长发展的需要。其中，相互关系的需要是指人们对于保持重要的人际关系的要求；成长发展的需要是指个体谋求发展的内在愿望。创业者随着年龄的增长，对相互关系和成长发展的需要会逐渐强烈。创业者为了自己以后的发展或实现某个目标，会做好经济上和经验上的准备，在条件成熟的情况下会走上创业道路。

4. 价值实现型

心理学研究表明：25～29 岁是创造力最为活跃的时期，这个年龄段的青年正处于创造能力的觉醒时期，对创新充满了渴望和憧憬。另外，由于大学生更容易接触新的发明和学术上的新成果，他们中的一部分人拥有自主知识产权的科研成果。为了能早日实现成功目标，他们中的一部分人开始了自己的创业生涯。

易趣网的创始人邵亦波认为：一个人想成功的话，一定要找到自己最想做的事，当然这也是自己能做的事，这样就能每天热情地去工作。创业的动机很重要，不能赶时髦，但必须要有热情。成功是指个人能实现自己有价值的理想，是一个人对社会起了怎样的作用。当然，创业成功的毕竟是少数，但创业不要只看结果，创业过程本身就是一种成长财富。

总之，创业动机千差万别，但动机的作用是唯一的，它是推动创业者从事创业实践活动所必备的积极的心理状态和动力。

四、创业者应具备的能力

根据现有创业过程中创业者具有的特征，创业者应具备的能力可以从创业者的认知能力、创业者的情感能力、创业者的意志能力和创业者的行为能力四个维度展开。这四个维度是一个有机整体：创业者的认知能力是基础，创业者的情感能力是动力，创业者的意志能力是保证（创业者的内部活动），创业者的行为能力是关键（创业者的外部活动）。因此，坚持内外结合，创业者在创业活动中内化于心、外化于行，有助于创业活动的顺利开展。

1. 创业者的认知能力

在知、情、意、行的统一体中，创业者的认知处于基础性地位。因此，创业者要有计划、有组织地推行创业活动，就必须明确和完善创业者的认知能力。

创业者的认知重在学习创业知识。创业知识是与创业密切相关的知识，包括与创业相关的法律知识、管理知识、经营知识、专业知识等。通过学习有关创业的法律、法规，明确不正当创业的法律后果，学会用法律手段来保护自己的合法权益，这是创业者认知教育中的重中之重。

创业者认知不仅包括知识上的储备，也包括技能上的学习，只有加强对创业技能的认知，才能在今后的行动中采取正确的行为。技能目标可从以下几方面进行努力：①多参加学校的社团，通过社团活动锻炼自己的各种综合能力；②拓展创业的认知途径，书籍、杂志、网站、微博、公众号等都可以成为了解创业知识的渠道；③多关注与创业有关的政策、新闻或成功创业人士的案例，这样既可以丰富视野，又可以更好地理解创业。

2. 创业者的情感能力

情感是与人的社会性需要相联系的主观体验，不同的学科有不同的观点，哲学上分为情欲、情绪和情感；心理学上分为生理层面、心理层面和社会层面的情感；社会学将情感作为社会的敏感测试仪器，重视人的情绪流向、情感氛围。由此可见，情感作为人类精神生活的重要组成部分，是一个不容忽视的教育层面，具有重要的存在价值。所以，在大学生的创业者能力培养过程中要重视创业者情感的维度，这里的创业情感是指在创业过程前、中、后，创业者对外界事物的情绪、心境、态度和主观感受，具体表现为悲伤、自信、乐观、愉悦等。创业有可能产生一系列的情感问题，表现为时间上的压力、不确定性，以及个人的收益和风险与企业命运之间的高关联性等。

马克思主义哲学告诉我们，社会存在决定社会意识，社会意识对社会存在具有能动的反作用，正确的先进的社会意识对社会存在起着积极的促进作用，错误的落后的社会意识对社会存在起着阻碍作用。先前的失败经验能够磨炼创业者的意志，有利于其建构应对失败的心理资本，从而减少后续创业失败可能带来的悲伤。创业者在经历失败后很难表现出乐观情绪，先前的失败经验促使创业者认为自己在未来一个时期仍处于失败的境地，并且倾向于高估类似失败事件的发生概率，而没有经历失败的创业者往往认为自己能够远离类似的消极事件，从而变得更加乐观。创业者经历失败以后，往往从主观上认为自尊丧失、资金紧张和独立性丧失等，进而陷入悲伤。但是，也有学者探讨了失败经验可能产生的正面效应，创业过程具有高复杂性、高动态性等特点，挫折、失败等消极事件所导致的个人情感变化是创业者在创业过程中必须面对的现实问题。对于创业者来说，失败往往意味着损失，会对其情感产生消极影响，进而影响其对特定事件的学习能力。

因此，创业者要有调整自己情绪和情感的能力，胜不骄、败不馁，认清善恶美丑，做出合乎规范的价值判断，发挥正能量情绪对创业的促进作用，将正确的情感体验内化为自身的道德准则，长期积累形成创业者情感，从而约束自己的行为。有了创业者情感的约束，就能从主体内部监控、指挥人的行为，保障道德主体坚持正确的方向，即使离开了法律和舆论的监督，依然能够做出正确的选择和判断，自觉践行创业者的行为准则。

3. 创业者的意志能力

创业者意志与创业者认知、创业者情感等作为创业者的内在心理结构，在创业过程中发挥着重要作用。其中，创业者意志是内在心理转化为外在行为的重要因素。创业者意志就是人们在进行创业活动的过程中所表现出来的自觉克服困难和障碍、做出抉择的顽强毅力和坚持精神。但是，个体的创业者意志不是先天而来的，而是后天培养的结果，在整个创业者能力培养的过程中都发挥着重要作用。

创业是一场马拉松赛，创业过程充满不确定性，只有意志坚定、不屈不挠，才能走向最后的成功。创业者意志能够使创业者自觉地控制自己的行动，依据自身的创业者认知和创业者情感，坚决地按照自己设定的创业目标前进，一旦创业者意志扎根于创业者头脑，就会成为一种稳定的心理状态，成为一种自觉的精神力量，即自重、自省、自警、自励，同时带动他人，践行创业的行为。

提高创业者的意志能力，可从以下几个方面努力。①强化创业者认知和创业者情感。创业者认知和创业者情感是创业者意志产生的基础，人的意志不会无缘无故形成，无意识的本能活动、盲目的冲动或一些习惯动作都不含或很少有意志的成分，只有积累了一定的认知和情感，意志才有可能产生。②注重具体实践。实践是最好的课堂，坚定的意志都要经过实践的历练，实践越丰富，认知越明确，体验就越深刻。大学生的实践活动内容丰富，涉及的范围广泛，活动的过程中会遇到各种困境和阻碍，这就需要他们克服怯懦、懒惰、犹疑、依赖等消极心理，培养勇敢、果断、坚定、独立等优良的意志品质。③运用集体力量。创业者要有一定的独立判断能力，在创业过程中总是单枪匹马容易形成孤僻心理，也容易丧失外界的支持，这就需要创业者融入集体，在集体活动中寻求帮助，寻找归属感。④加强自我培养。创业者意志具有内隐性、稳定性、目的性，其形成不是一蹴而就的，而是一个漫长而又艰辛的过程，这一过程需要个体的努力。

4. 创业者的行为能力

马克思主义哲学告诉我们，认识来源于实践，实践是检验认识正确与否的唯一标准。创业者不仅要在思想观念上转变，更重要的是在行为方式上转变，从观念上的认知到实践上的飞跃是创业者的最终目的。因此，不仅要强调理论的教化、情感的感化、意志的强化，更要着重强调行为实践的重要性，从而推动具体的创业者实践。高校作为大学生创业者能力培养的重要载体，为大学生创业者能力培养提供了平台、营造了氛围，吸引了大学生的积极参与。

当前，大学生创业者行为的养成，需要重点关注以下几点。①借助学校举办的某些课程的角色性、情景性模拟参与到创业实践中。例如，积极参加校内外举办的各类大学生创业大赛、创业计划书大赛、发明专利展赛、工业设计大赛等。②进行合作活动。大学生的创业活动不应局限在校园内，而应走出校园、走向社会，广泛开展活动，获取更多资源，扩大影响范围。利用课余、假期参加兼职打工、求职体验，参与策划、市场调研、试办公司、试申请专利等活动，帮助大学生提升创业的实践能力。③利用企业平台。企业也是进行创业者能力培养的重要场所，大学生可以深入企业进行参观考察，了解企业在经营方面的优势和劣势，有针对性地提出建议。如果对创业的目标行业没有经验积累，最好的方式就是在这一行业的某个企业打工，真正深入其中去了解这一行业，提升自己的创业能力。

创业者能力培养是一项系统工程，遵循着"认知—情感—意志—行为"的发展逻辑。创业者能力培养的认知维度是基础，解决的是知与不知、知多与知少的问题；创业者能力培养的情感维度是动力，解决的是能否接受风险、能否调整正确情绪的问题；创业者能力培养的意志维度是保证，解决的是面对挫折、诱惑，信念坚定还是动摇的问题。总的来说，是知、情、意仍然停留在观念层面，是创业者主体的内部活动。克雷洛夫曾说："现实是此岸，理想是彼岸，中间隔着湍急的河流，行动则是架在川上的桥梁。"所以，创业者能力培养的行为维度是关键，它是外化的实际行动，是知、情、意的转化和升华，是个体创业者素质的外在表现和综合反映，是衡量创业者品质优劣的重要标志。同时，良好的行为习惯养成后，又能加深大学生对创业的认知。因此，在大学生创业者能力培养的过程中，主张开启一种新的整体论思维方式，坚持以内化为主导，形成内化与外化的结合；坚持以外化为常态，实现内化与外化的互补，最终实现创业者能力培养内化于心、外化于行。但需要注意的是，大学生作为有意识的主体，创业者能力培养的四个维度并不存在绝对的前后关系和逻辑顺序，而是要根据实际情况的变化，将四个维度融会贯通，从而提升大学生的创业者素养，实现大学生的全面发展。

延伸阅读

大学生创业避免三大雷区

1. 眼高手低

比尔·盖茨的神话，让 IT 行业、高科技行业成为大学生心目中的创业金矿，以至于很多大学生对于从事服务行业或者科技含量不高的行业，都表示不屑。事实上，高科技创业项目往往需要一笔不小的启动资金，无论是创业风险，还是创业压力，都是十分巨大的。如果大学生对自己的经历和能力没有足够的了解，对自己的创业期望过高，在创业之初就有较高的起点，则创业更容易失败。

2. 纸上谈兵

经验不足是大学生创业的通病，很多大学生创业者不习惯做他们的产品或者项目的市场调查，而是理想化地推论，结果导致创业失败。所以，大学生创业初期一定要在了解行情的基础上做好创业的市场调查，这样才能降低创业失败的风险。

3. 单兵作战

在强调团队协作的今天，仅靠单兵作战想要成功的企业家们，他们的胜算正在大幅度减少。团队精神已经成为创业素质不可或缺的一部分，而有合作能力的创业团队更是风险投资家们在投资时所看重的。现在的大学生普遍个性张扬、自信心强，往往在创业中自以为是、任性而为，这对创业成功造成了影响。所以，对于有创业打算的大学生来说，强强合作，取长补短，积聚创业实力比单枪匹马更容易成功。

专题二 创业团队

团队就是合理地利用每一个成员的知识和技能协同工作、解决问题，达到共同目标的共同体。创业团队，就是由少数具有技能互补的创业者组成，是为了实现共同的创业目标，按照一种能使他们彼此担负责任的程序，共同为达成高品质的结果而努力的集体。

一、创业团队的内涵

国内外很多学者从不同的角度对创业团队进行了定义。

国外的 Kamm、Shuman、Seeger 和 Nurick 认为，创业团队是指两个或两个以上的个人参与企业创立的过程并投入等比例的资金。但是，很多学者否定了等比例资金的观点。Gartner、Shaver、Gatewood 和 Katz 站在成员对企业影响的角度，认为创业团队应该包括对战略选择产生直接影响的个人。

国内的姜彦福等认为，创业团队可以从广义和狭义两个层面来理解：狭义的创业团队是指有共同目的、共享创业收益、共担创业风险的一群经营新成立的营利性组织的人，他们提供一种新的产品或服务，为社会提供新增价值；广义的创业团队不仅包含狭义的创业团队，还包括与创业过程有关的各种利益相关者，如风险投资商、供应商、专家咨询团等。汪良军认为，创业团队是指两个或两个以上的个人联合创建一个企业，并且他们在新创企业中拥有各自股份；创业团队成员可以共同分享的投入或承诺，指的是股份或财务利益，是创业团队成员在创业团队内部对所有权的分享。

综上所述，创业团队是指由那些共同参与企业创立过程、共同分享创业困难和乐趣的成员组成的集体。

创业的确可以由一个人来完成，但一般来说，创业是一件比较复杂的事情，尤其是现代社会背景下的创业，需要多种多样的资源和机会，需要处理各种各样的问题，仅靠一个人的力量往往是不够的。在商业史上，通过组建创业团队而获得创业成功的案例，远远多过单枪匹马创业成功的案例。越来越多的研究表明，创业活动将更多地依靠创业团队而不是依靠一个独立的创业者。

从以上定义可以看出，许多学者认为在构成创业团队这一集体组织形式的基本要素中，最重要的有5个：目标、人、定位、权限和计划。

1）目标。创业团队应该有一个既定的共同目标，为团队成员导航，没有目标，创业团队就没有存在的价值。目标在新创企业的管理中常以新创企业的愿景、战略的形式体现。

2）人。人是构成创业团队的最核心力量。目标是通过人来具体实现的，所以人的选择是创建团队非常重要的一个部分。在一个创业团队中可能需要有人出主意，有人制订计划，有人实施，有人协调不同的人一起去工作，还有人去监督团队工作的进展、评价团队最终的贡献。不同的人通过分工共同完成创业团队的目标，在人的选择方面要考虑人的能力和经验如何、技能是否互补。

3）定位。创业团队的定位包含两层意思：①创业团队的定位，包括创业团队在新创企业中处于什么位置、创业团队最终应对谁负责等；②创业团队成员的定位，包括个体作为成员在创业团队中扮演什么角色等。

4）权限。在创业团队中，主导人物的权限大小与其创业团队的发展阶段和新创企业所处的行业相关。一般来说，创业团队越成熟，主导人物所拥有的权限就越小，而在创业团队发展的初期，主导人物所拥有的权限相对比较集中。

5）计划。计划有两层含义：①创业目标最终的实现需要一系列具体的创业行动方案，可以把计划理解成实现创业目标的具体工作程序；②按计划进行可以保证创业团队的顺利成长，只有按照计划，创业团队才会一步一步地接近创业目标，从而最终实现目标。

二、创业团队的优劣势分析

（一）创业团队的优势

团队创业之所以比个人创业更容易成功，是因为与个人创业相比，团队创业具有多方面的优势，对创业成功起着举足轻重的作用。

1）资源优势。创业团队中的每个成员具有不同的知识结构、成长背景、经验积累、经济社会资源等，这些资源集合在一起要比单个创业者丰富得多，从而可以更有效地解决企业面临的许多问题，增加创业成功的可能性。创业团队也可以解决个人创业在时间、精力上的不足问题，避免创业企业过分地依赖于一个人而导致的缺位损失。

2）创新优势。美籍奥地利经济学家熊彼特在其《经济发展理论》一书中提出，创新包括下列5种具体情况：①开发新产品，或者改良原有产品；②采用新的生产方法；③发现新的市场；④发现新的原料或半成品；⑤创建新的产业组织。不管是哪一种创新，创业团队均可把多种资源优势、技能和知识糅合在一起，从而增加成功的可能性。创业团队内每一位成员具有不同的思维方式、信息获取渠道和机会评价标准，这也使创业团队比个人更有可能发现创新点，为企业赢得更多的商机。

3）决策优势。决策优势体现在以下几方面：①团队成员之间合理分工、各负其责，能更有效地把握具体问题，加快决策速度；②发挥"三个臭皮匠，顶一个诸葛亮"的力量，增加决策的科学性；③通过任务分担，为管理者腾出思考企业战略等问题的时间，为企业重大决策提供时间保证；④避免因一个高管人员的变动而给企业带来致命性的影响，保证创业团队决策的连续性。

4）绩效优势。创业团队形成的合力，使其工作绩效大于所有个体成员独立工作时的绩效之和。团队成员通过团结合作、优势互补、集体效应可以鼓舞士气、增强凝聚力，其产生的群体智慧和能量远远大于个人。曾有研究得出这样的结论：工作群体绩效主要依赖于成员的个人贡献，而团队绩效则基于每一个团队成员的不同角色和能力的乘数效应。许多研究和实践证明，团队工作方式能够有效提高企业绩效。

因此，组建一个团队，一方面能够降低个人的创业风险，另一方面能够通过优势互补、有效管理形成团队合力，在市场竞争中取胜。

（二）创业团队的劣势

与个人创业相比，团队创业也有其劣势，主要表现在：①集体决策时由于共同商讨、统一意见等可能导致增加时间成本，拖延决策速度，不如一个人决策快；②人多就会有利益冲突，当创业团队成员之间不能很好地协调彼此的关系、不能有效地达成共识时，就可能导致分裂和创业团队的解散，这将给创业带来意想不到的危机。

三、组建创业团队的要素

创业团队是创业运营的具体执行者，创业团队的工作效能、团结协作、胆略远见直接决定了创业运营的效果。因此，高效团结的创业团队是实现创业目标的决定性力量。那么，如何组建创业团队，在创业初期就显得尤为重要。

（一）创业团队组织人员结构

创业团队的成员各有所长，足以弥补各自的缺陷，实现人力资源的充分利用和各种优势的互补，发挥 1+1＞2 的作用，从而形成坚强的力量。在一个创业团队中，成员的知识结构越合理，创业的成功率就越大。优势互补的团队能充分发挥其组合潜能，也肯定优于个人创业的单打独斗。在创业团队的成员选择上，必须注意人员的知识结构，管理、技术、销售等各类人才都应具备，应当充分发挥个人的知识和经验优势。一般来讲，一个优秀的创业团队必须包括以下几个方面的人员：一个创新意识非常强的人，负责决定公司发展战略及方向；一个策划能力非常强的人，负责公司规范化管理及长远规划发展设计；一个执行能力强的人，负责公司日常运营及市场拓展；技术型企业还应当有一个核心技术人员，负责公司核心竞争产品的开发。

（二）制度是创业团队稳定的关键

很多创业者在选择合伙人时，总喜欢在自己熟悉的圈子里寻找。由于彼此熟悉，碍于情面，往往在创业初期忽视了必备的制度约束。当企业逐渐成长发展时，合伙人之间因为工作关系引发的矛盾和问题也逐渐显露，有的甚至导致企业步入破产境地。因此，合理的制度规范是统一团队思想，让团队成员具有战斗力的有力保障。每家企业都有一套完善的管理制度，如海尔的 OEC 管理模式、浙江都市网总裁孙德良的"圆心理论"等。为了创业团队的壮大，企业从创办的第一天起，就应该有书面的规章制度用来约束个人行为，如克服懒惰就要规定时间纪律，克服贪婪就要有监督机制。规章制度的好处就是使每个人都处在相同的行为准则下，有着共同目标。

（三）共同愿景是创业团队不断向上的动力

创业目标是创业团队的灵魂，所有团队成员都应为其共同目标而奋斗。因此，创业团队的共同愿景、深入人心的创业目标是创业团队的灵魂和不竭动力。创业团队的共同愿景还表现在对价值追求和评价标准的统一认识，这种认识有助于强化创业团队的凝聚力，加强创业团队成员的交流与沟通，增强彼此间的信任，不断激励创业团队的士气。创业团队激励除了薪酬制度、职务晋升外，还应包含满足员工对工作、生活、身体、心理等方面不同需求的多元激励机制。必须让企业的每一个员工有利可图，这个"利"可能是股权，也可能是很好的薪酬和待遇，还可能是个人的发展前景。企业最核心的是人才，真正有用的人才是企业发展的关键。用共同愿景和良好的激励机制留住人，让员工能安心工作、高效工作，就是创业团队管理的良好状态。

四、创业团队的管理策略和管理技巧

（一）创业团队的管理策略

创业团队对于创业成功具有重要意义，但并非所有的创业团队都能获得成功。因此，创业团队管理非常重要。由于创业团队本身的动态性特征，创业团队管理就是贯穿于创业团队整个生命周期的工作。创业团队管理的重点是在维持团队稳定的前提下发挥团队多样性优势。创业团队管理，要针对具体情况来灵活进行，但也有一些普遍性的原则可以利用。

1）选择。创建团队的第一步就是选择团队成员。这里要解决两个关键问题：①聘用什么样的人；②怎样聘用。对于聘用什么样的人的问题，可以根据企业的具体需求来决定，遵循的原则在组建团队的内容中已经提到，需要考察人员的智力、经验和人际交往能力，不仅要考察其表现出来的能力，还要考察其潜在能力。具体考察策略可以通过正式招聘程序来进行专业评估，也可以通过非正式渠道进行了解。对于怎样聘用问题，可以通过多种渠道来解决，如招聘、猎头公司、非传统渠道等。招聘程序尽量做到严格、正规，有一套完整的招聘流程。最终目的是找到与业务需求相匹配的合适人选。

2）沟通。沟通是有效管理团队的重要内容之一。没有沟通，创业团队就无法运转。①沟通可以使信息保持畅通，实现信息共享，避免因为信息缺失而出现错误的决策与行为。②沟通可以化解矛盾，增强团队成员彼此之间的信任。在长期合作共事的过程中，成员之间难免会有矛盾，缺少沟通可能导致相互猜疑、相互埋怨，矛盾会随着时间的推移越来越大，最后可能导致创业团队的分裂。③沟通可以有效解决认知性冲突，提高创业团队决策的质量，促进决策方案的执行。在企业经营管理过程中，创业团队成员对有关问题会形成不一致的意见、观点和看法，这种论事不论人的分歧称为认知性冲突。优秀的创业团队并不回避不同意见，而是进行充分的沟通和交流，鼓励创造性思维，提高创业团队决策的质量。这也有助于推动创业团队成员对决策方案的理解和执行，提高组织绩效。

3）联络感情。联络感情可以保持创业团队的士气和热情，控制情感性冲突，从而提高创业团队的绩效。没有人喜欢在冷漠、生硬、敌对的创业团队中工作，这就需要做到以下几点。①要尊重每个人，相互了解并体谅他人的难处。②要抽时间共处，这可以通过组织团队活动来实现。通过组织活动来联络团队感情一定要注意适度，太多的联络活动可能会让人疲于应付，也会让团队不堪重负。组织联络活动还要讲究策略，尽可能让更多的人积极参与，获得大家的满意和认可，这样才能起到提高创业团队绩效的作用。③要有丰厚的回报，包括物质回报和精神回报。

4）个人发展。构建一支优秀的、稳定的创业团队的关键因素之一是为个人提供广阔的发展空间。因此，在创业团队管理方面，最重要的一项职责就是要保证创业团队的每一个成员都得到发展，这样才能使成员产生较高的工作满意度，从而激发工作热情，

创造更多的价值。个人的发展，不仅依靠经验的积累，还要借助目标设定、绩效评估及反馈程序等来实现。通过这3个程序，可以激发员工的潜力，使其清醒认识自己的优点和不足，从而改善和提高自身素质，获得更大的发展空间。

5）激励。激励是创业团队管理中极为重要的内容，直接关系到创业企业的生死存亡。如何对创业团队进行有效激励，现在还没有固定的程式可以套用，但可以通过授权、工作设计、薪酬机制等手段来实现。薪酬是实现有效激励最主要的手段，毕竟收益是创业成功的重要表征。在设计薪酬制度时，应考虑差异原则、绩效原则、灵活原则，最终目的是通过合理的薪酬制度让团队成员产生一种公平感，激发和促进创业团队成员的积极性，从而实现对创业团队的有效激励。

（二）创业团队的管理技巧

创业团队组建后，创业者还应采取一定的策略，做好创业团队的管理工作，防止创业团队出现解体的风险，通过创业团队成员的密切配合，确保创业取得成功。在创业团队管理中，价值管理是关键，利益关系明晰是实质，沟通顺畅是基础，创业团队评估表的运用是工具。

1. 创业团队管理的关键是价值管理

创业是基于理想的追求，大多数创业团队成员是多年好友，他们同甘共苦、相互扶持地走过事业发展征途。然而，创业毕竟是事业，而不是交友。在创业过程中产生分歧不可避免，这使团队存在分崩离析的风险。因此，一个好的、有活力的创业团队的维系仅依靠友情、亲情是远远不够的，还必须实现创业团队的价值管理。创业核心人物的价值观必须得到创业团队的认可，深入所有或多数创业成员的内心，并上升为创业团队的价值观，这样才能保证创业企业战略性的优势。

2. 创业团队管理的实质是利益关系明晰

俗话说："亲兄弟，明算账。"利益关系明晰是化解创业团队分歧、防止创业团队解体的主要机制。在涉及权利义务与利益分配问题时，事先一定要说清楚、讲明白，不能感情用事，更不能回避不谈。一定要在创业团队创立初期，以法律文本的形式把最基本的责权利界定清楚，尤其是股权、期权和分红权。此外，还要包括增资、扩股、融资、撤资、人事安排、解散、议事规则、争议解决途径等与创业团队成员利益密切相关的事宜。由于在创业过程中人员会有变动，因此利益分配要有弹性，要能够反映创业团队成员对企业的贡献，同时也要体现差异，如核心成员与一般成员的差异、创始成员与非创始成员的差异等。创始成员、核心成员要拥有比较多的期权比例，这也意味着预期的承诺与契约，有时必须牺牲薪资、福利等短期利益来增加企业的价值。

同时，在组建创业团队时应该考虑好创业团队成员的退出机制，以保障创业团队成员更安心、积极地为企业工作，更好地保障所创立企业的长久发展，不至于因有关成员退出而元气大伤，并使创业团队成员有公平的回报，为其实现当初创业时的梦想提供保障。很多创业团队成员在创业初期能共患难，但成功后由于分利不均，导致不能同甘而发生矛盾甚至反目成仇，还有很多企业因创业团队成员的离开而蒙受巨大损失等，这与退出机制没有解决好有重要关系。

3. 创业团队管理的基础是沟通顺畅

"夫功之成，非成于成之日，盖必有所由起；祸之作，不作于作之日，亦必有所由兆。"在艰苦的创业过程中，创业团队成员大多致力于业务发展和市场开拓，相互交流与沟通的机会大大减少，一旦出了问题就会产生不信任甚至互相猜忌，导致创业团队成员丧失信心，偏离创业目标。信息沟通是把创业团队成员联系起来以实现共同目标的手段。创业团队要实行定期正式沟通（如会议、公告、论坛、拓展训练等）和随时的非正式沟通（如聚餐、散步、谈心、节日贺卡等），形成畅所欲言、信息流畅的创业文化。

4. 学会运用创业团队评估表

学会运用创业团队评估表，可以通过以下 10 项指标评估创业团队成员的总体效应：与个人目标的契合程度、机会成本、失败的底线、个人偏好、风险承受度、负荷承受度、诚信正直的人格、法治法律观念、事业坦诚度、产业经验与专业背景。表 5-1 为创业团队评估表。

表 5-1　创业团队评估表

指标	评分			
	成员 1	成员 2	...	成员 n
与个人目标的契合程度				
机会成本				
失败的底线				
个人偏好				
风险承受度				
负荷承受度				
诚实正直的人格				
法治法律观念				
事业坦诚度				
产业经验与专业背景				
总分				

在表 5-1 中，每个指标按照"好"（5 分）、"较好"（4 分）、"一般"（3 分）、"较差"（2 分）和"差"（1 分）5 个等级进行评分，根据创业团队成员的判断取适当的分值，并计算综合得分。该表可以独立使用，也可以将创业团队成员各自评分综合后使用。但要注意，创业团队评估表应因时因人因事，灵活运用，不可机械固守评估结果。

延伸阅读

刘邦的神奇创业团队

在明太祖朱元璋之前，中国历代皇帝中最神奇的"创业奇迹"当属汉高祖刘邦，他的"草根"创业团队经常被人吐槽，那他的"创业班子"草根到底有多少呢？东汉王符在其著作《潜夫论·本政》中云："高祖所以共取天下者，缯肆、狗屠也；骊山之徒，钜野之盗，皆为名将。"尤其是最早与刘邦一起"创业"的那几个成员，以屠狗为事的樊哙，为沛厩司御的夏侯婴，以贩缯为业的灌婴，以织薄曲为生、常为办丧事的人家吹箫奏挽歌的周勃。即使是"级别"稍高的萧何，在县衙里也不过是一个小吏。然而，等到刘邦扯旗造反，开始逐鹿中原的大业之后，他们却一个个"华丽转身"，不仅屡建奇功，而且在战火纷飞的年代，在西汉开国之后，俨然成为栋梁之材。

据《史记》记载，在汉初刘邦册封的功臣中，有超过80%的人是社会底层出身。刘邦的"草根"英雄们，更是个个封侯拜将。这样的奇景，让后辈们啧啧称奇：为什么刘邦的"草根"英雄们突然有了"治国平天下"的本领？刘邦识人能力强是第一个原因。

刘邦文化水平虽然不高，但他的识人能力非常强。对这些在他年轻时结识的草根朋友们，他不仅知根知底，更是了如指掌。公元前195年，汉高祖刘邦临终时，有条不紊地布置：继萧何之后，可由曹参代为丞相；曹参之后，王陵也能胜任，但王陵"少憨"，必须得有陈平辅佐。这是因为：王陵"少憨"，很难胜任；陈平聪明有余，独木难支。因为"安刘之士必勃也"，所以"重厚少文"的周勃最为重要。尽管如此，这些"草根"英雄们的软肋也是显而易见的。虽然团队成员各有其不足，但团队的战略决策永远高出对手一筹，这是刘邦成功的第二个原因。

在楚汉之争中，刘邦在项羽的骁勇善战面前，虽屡遭败绩，但刘邦运筹帷幄，始终先声夺人：被项羽困于汉中蜀地之时，凭借"暗度陈仓"的神来之笔，在关中平原上速战速决；楚汉中原冲撞之际，更是一边与项羽正面交锋，一边以迂回的策略铲除项羽的羽翼，依靠关中平原的根据地和强大的后勤保障，最终在乌江边上将曾经百战的西楚霸王项羽逼上了绝路。

在这场较量中，尽管项羽麾下名将云集，兵强马壮，但纵观整个大局，却处处受到掣肘。刘邦团队成员并无多少奇思妙想，而是以最大合力，做好自己分内之事，运筹帷幄。

刘邦建立西汉后，萧何、韩信、张良三人居功至伟。因为与其他草根朋友相比，让刘邦团队建立起强大战略优势的正是这三个人的存在。

最后一个很重要的原因是，知人善任的刘邦作为团队的掌舵人，纠错能力很强。失误是在所难免的，当团队面临的形势发生变化，需要调整战略方向时，刘邦也曾不止一次地失误过：第一次冲击咸阳后，他就开始纵酒寻欢的生活；取彭城后，始歌舞升平，后遭项羽突袭。但刘邦纠错的速度很快：为防止项羽疑神疑鬼，他立即放弃了咸阳，屯兵于兵霸之上。彭城遭受重创后，他在最短的时间内迅速筑起了荥阳防线，稳住阵脚。

综合来看，遇上一帮才华横溢的"草根"朋友，并不是刘邦的命好，而是他领导了一个懂得高效纠错、确立正确战略方向、能够形成合力、成就事业辉煌的团队。

（资料来源：作者根据相关资料改编。）

实　训

实训一：模拟组建创业团队

根据所学的创业者和创业团队管理的内容，模拟组建创业团队，明确创业团队成员角色组成及分工。

要求：确立创业团队名称、口号，绘制创业团队吉祥物，并进行创业团队风采展示。

实训二：迷失丛林活动

形式：先以个人形式，之后再以小组形式完成。

类型：团队建设。

时间：30 分钟。

材料及场地：迷失丛林游戏统计表（表 5-2）、教室及会议室。

表 5-2　迷失丛林游戏统计表

序号	供应品清单	个人排序（写数字）	小组排序（写数字）	专家排序	个人与专家比较（绝对值）	小组与专家比较（绝对值）
A	药箱					
B	手提收音机					
C	打火机					
D	三支高尔夫球杆					
E	七个大的环保垃圾袋					
F	指南针					
G	蜡烛					
H	游戏用手枪					
I	一瓶驱虫剂					
J	游戏用大砍刀					
K	治疗蛇咬伤的药品					
L	一份轻便食物					
M	一张防水毯					
N	一个热水瓶（空的）					
	绝对值总计					

适用对象：所有学生。

活动目的：通过具体活动来说明团队的智慧高于个人智慧的平均组合。只要学会运用团队工作方法，就可以达到更好的效果。

操作程序如下。

1）教师把迷失丛林游戏统计表发给每一位学生，然后讲下面一段故事：

假如你是一名飞行员，但你驾驶的飞机在飞越非洲丛林上空时突然失事，这时你必须跳伞。与你一起落在非洲丛林中的有14样物品，这时你必须为生存作出一些决定。

2）个人先把14样物品按重要顺序排列，然后把答案写在统计表的"个人排序（写数字）"栏。

3）当大家都完成之后，分小组进行讨论，以小组的形式将14样物品重新按重要顺序排列，把答案写在统计表的"小组排序（写数字）"栏，讨论时间为20分钟。

4）当小组完成之后，教师将专家意见发给每个小组，小组成员将专家意见填入统计表的"专家排序"栏。

5）用"专家排序"栏减"个人排序（写数字）"栏，取绝对值得出"个人与专家比较（绝对值）"栏，用"专家排序"栏减"小组排序（写数字）"栏得出"小组与专家比较（绝对值）"栏，将"个人与专家比较（绝对值）"栏累计起来得出一个个人得分，"小组与专家比较（绝对值）"栏累计起来得出小组得分。

6）教师将每个小组的分数情况记录在白板上，用于分析小组个人得分、团队得分、平均分。

◆ 模块小结 ◆

创业从来不是一个人的事，企业在发展阶段会面临团队成员变更，创业者永远希望自己的团队能够合拍，当团队成员决定走到一起时，就如同要牵手一生的"夫妻"，如果婚姻是"愿得一人心，白首不相离"，那么创业者希望的团队也许是"不管是顺境还是逆境，只愿彼此共迎挑战、共担风险"。

模块六 挖掘创业资源

◆【学习目标和任务】

1. 了解创业资源的内涵。
2. 掌握创业资源的种类。
3. 掌握创业资源整合过程中应注意的问题。
4. 了解创业资源的获取途径。

挖掘创业资源

◆【课程思政教学目标】

培养学生与他人进行合作、分享、共赢的做事原则与方法技巧，注重与他人进行沟通，敢于创业，善于挖掘创业资源。

案例导读

勺子课堂：资源整合的缔造者

市场上最缺少的资源就是创业者深挖资源大做文章的机遇，做餐饮人的职业教育课——勺子课堂就是这样做的。2017年7月，北京某高端自助餐厅关上了最后一家店的大门，宣告倒闭，餐饮界一片哗然。几十年的老字号也会因疏于经营管理被社会无情淘汰。餐饮业问题重重，若得不到解决，也是餐饮企业老板的风险和危机。疏于管理的背后，意味着餐饮业缺乏具备专业素养的人力资源，餐饮企业老板急需提升"企业家才能"，加强餐饮从业者的素质刻不容缓。

勺子课堂创始人宋宣发现餐饮市场急需训练有素的人力资源。他分析，餐饮业是一个综合性很强的行业，上到供应链对接，下到堂食、外卖物流。也就是说，餐饮品牌创始人需要了解诸多领域。餐饮是潜力巨大的消费领域，每年都会成就很多优质品牌，也会成就很多创业者，但竞争也是残酷的。市场中能够让从业者系统学习餐饮经营技能的平台寥寥无几。因此，勺子课堂专注于"餐饮培训"，通过"线上+线下"的培训、咨询服务、定制化服务等模式盈利。

勺子课堂创始人团队成员曾就职于搜狐、德克士、威斯汀酒店等媒体及知名餐饮企业，在餐饮服务业有着多年的积淀。通过初创公司自身的人力资源与技术资源整合，充分发挥专业优势，以保证线上平台课程的优质与增量、咨询服务业务井然有序地开展。

勺子课堂内容研发团队由来自百盛中国、汤城小厨、咖啡之翼、德克士等知名连锁餐饮品牌组成。目前，勺子课堂已拥有营运、营销、战略、支持、人才五大门类、600 余节线上课程，且每年课程迭代率达 50%。据悉，2018 年 8 月，获得 3000 万元 A+轮投资后，勺子课堂会进行内部多重业务合并，并加速推进企业级教育服务、人才营运工具等业务线。

一个创业公司资源整合自身的人力资源、技术资源，进入细分市场，切入行业现有的从业者，填补了餐饮职业培训市场空白，帮助一个行业做人力资源升级。勺子课堂的创始团队在一段时间的摸索后用数据证明了其商业模式的可持续性。随着行业分工的不断加剧，专注于人才升级的勺子课堂必将迎来新的发展机遇。

（资料来源：作者根据相关资料改编。）

专题一 创业资源概述

一、创业资源的内涵

创业资源是指创业企业所拥有、控制或整合的各种有形、无形的要素与要素组合。亦即创业企业在创业过程中先后投入和利用的各种物质、能量和信息的总称。它作为一种特殊的资源，既有所有资源都具备的利用价值、能为企业创造价值、体现企业竞争力等共性特征，也具有一个突出的个性特征，即它是创业者捕捉创业机会与制定创业战略的基础。

二、创业资源的形成机制

梳理已有的创业研究理论和成果可以发现，不少学者把关注点转向了创业资源的形成机制，并普遍认为创业过程的规律性及市场配置资源的基础作用，影响并决定着创业企业创业资源的内在功能与形成方式。创业资源的形成机制如下。

（一）"试错—纠正—学习"机制

创业企业的创业过程是一个不断探索与学习的过程，也是对其内外部各种资源与机制调整与整合的过程。该过程质量的高低往往决定创业能否成功，即创业企业的发展速度、高度及稳定性。在企业创业的发展过程中，相伴的学习过程往往难以事先做出周密筹划及分工合作，需要创业者经常试错式地大胆尝试，从失败与探索中积累经验并减少错误，逐步逼近创业目标，这样无疑就提高了创业者的"试错—纠正—学习"能力及综合能力，并以这种能力来弥补其他方面的不足。当然，在"试错—纠正—学习"的过程中，需要注重风险的规避，以及正确的战略方向与市场的把握。

（二）示范机制

创业企业的成功经验能够产生很好的示范作用，如在所选用的技术类型、所采取的创业战略及方向、市场营销、生产组织及人才培养等方面提供了一个直观的标杆，后建的创业企业在初期及以后的经营中，可根据所设立的标杆来衡量自身的实力，并通过对已成功创业企业的某些战略与战术模仿及定点超越而实现低风险的发展。

（三）溢出机制

创业成功的企业往往较充分地积累了各种资源，其中某些富余资源会出于牟利目的产生寻租行为而引起资源的溢出，这些实施寻租的创业资源在市场化环境中通常会以各种正式公开的形式实现其市场价值，而在非市场化环境中往往以一种地下非公开、非正式的形式实现其市场价值。

（四）带动机制

创业企业往往会派生出各种生产资料与生活资料的需求，这给提供这些创业资源供给的产业领域带来诸多机会，提供方往往提供原料、零配件、专业人才等生产要素，创业资源需求方相应地定点进行资金、人才及技术的扶持与援助，这种方式带动了创业资源的流动，确保创业企业获取创业资源。

（五）分享机制

创业资源富余地区为提供创业组织所需的各种资源，往往会设立各种专业化机构并大力扩张，这使得这些机构的供给能力逐渐大于市场的需求能力，生产组织、原材料供给组织及人才培养机构能提供各种创业资源与专业高效的服务，从而使创业企业能够享受资源分享，获取优质的低于市场平均价值的创业资源，使创业企业在初期只需付出极少的变动成本就可免去固定资产开支。

（六）磁场机制

良好的创业环境与创业企业不仅能从组织外部吸引物质、资金及人才等创业资源，而且可以如磁石般地产生磁化作用，使每一个磁场中的分子都被磁化，较容易实现创业资源的最佳与最高形式的聚集，即不论是有形的创业资源还是无形的创业资源，都将被汇聚与整合起来。

（七）共生机制

由于市场的高效运作以及创业企业间协作关系的逐步密切，各种形式、规模及专业化的创业企业通过合理分工、紧密协作而在一个共同的经济体中共生与发展，这使得创业资源能实现良好的配置与极大优化，并最终促进专业化、高效化的创业企业持续地萌生与顺利成长，从而在整个创业过程中实现较高的成功率。

⫽ 专题二　创业资源的种类

为了进一步认识创业资源，我们可以将创业资源进行如下分类。

一、根据资源要素在企业战略规划过程中的参与程度进行分类

按照资源要素在企业战略规划过程中的参与程度，创业资源可分为直接资源和间接资源。直接资源又可细分为财务资源、市场资源、人才资源、管理资源。科技资源、政策资源、信息资源这 3 类资源对于创业成长的影响更多的是提供便利和支持，非直接参与创业战略的制定和执行，它们是间接资源。因此，对企业战略规划起间接作用的资源，可以把它们定义为间接资源。根据上述分析，创业资源的概念模型如图 6-1 所示。

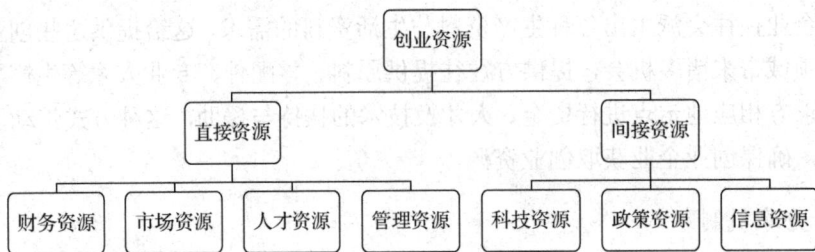

图 6-1　创业资源的概念模型

1）财务资源：是否有足够的创业项目启动资金，是否有资金支持创业企业最初几个月的亏损，是否有一个完整的规范财务工作的制度体系。

2）市场资源：是否拥有与市场密切相关的资源要素，包括营销网络与客户资源、行业经验资源、人脉关系、有利的经营许可权、企业现有各种品牌、企业现有销售渠道、企业现有顾客以及他们对企业产品或服务的忠诚度等。

3）人才资源：是否有合适的专业化人才来完成企业的工作任务，是否能够科学、合理地使用人才，充分发挥人才的作用，以推动创业企业的迅速发展。

4）管理资源：是否有能力把先进的管理技术、方法、手段应用于生产经营管理实践。

5）科技资源：有什么科技含量高的产品在市场上参与竞争，为社会提供什么样的产品和服务，核心科技在哪里，如何利用好现有的科技资源。

6）政策资源：为支持大学生创业，国家和各级政府出台了许多优惠政策，涉及融资、开业、税收、创业培训、创业指导等方面。可以利用这些有利的政策资源来推动创业，如某些准入政策、鼓励政策、扶持政策或者优惠等。

7）信息资源：需要什么信息，在创业时依靠什么信息来进行科学决策，从哪里获得决策所需的信息，怎样获得有关创业资源的信息。

二、根据 Bamey 分类法进行分类

在创业资源中，创业时期的资源最初主要为财务资源和少量的厂房、设备等。根据 Bamey 分类法，细分后的创业资源经过重新归纳，主要分为以下几种：①人力和技术资源，包括创业者及其团队的能力、经验、社会关系及掌握的关键技术等；②财务资源，即以货币形式存在的资源；③生产和经营资源，即在企业新创过程中所需的厂房、设施设备、原材料等。根据 Bamey 分类法进行分类的创业资源如图 6-2 所示。

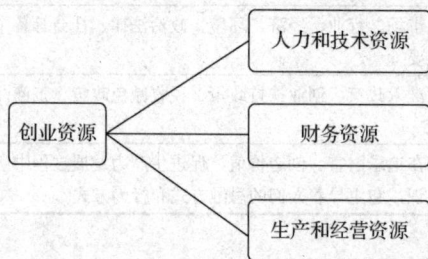

图 6-2　Bamey 分类法的创业资源

三、根据创业资源的形态进行分类

根据创业资源的形态，创业资源可以分为有形资源和无形资源。

有形资源是指具有物质形态、其价值可用货币度量的资源，是一种简单资源，以有形实物为主要特征，主要包括实物资产和资金。

无形资源是指具有非物质形态、价值难以用货币精准度量的一种复杂资源，以非有形实物为主要特征，主要包括社会资本、技术及专业人才、品牌等。

四、根据创业资源在创业中的作用、来源及影响力进行分类

根据创业资源在创业中的作用、来源及影响力，创业资源可以分为必备资源、支撑资源和外围资源，如表 6-1 所示。

表 6-1　创业资源的分类与内容

资源类型	资源名称	资源内容
必备资源	资金资源	自有资金、亲戚朋友的借款、政策性低息贷款、各种政策与资助扶持的创新基金或者科技基金、风险投资、天使投资，以及写字楼或者孵化器所提供的便宜租金等
	场地资源	自有产权房屋、可以租借到的经营场所、科技园或工业园提供的低价场地、各种孵化器或者创业园提供的廉租屋等
	人才资源	创业者自身素质、高效的创业团队建设、可以聘请到的管理人才及营销人才、专家顾问团队、优秀的员工等

续表

资源类型	资源名称	资源内容
必备资源	管理资源	企业诊断、市场营销策划、制度化和正规化企业管理的咨询
	客户资源	现实的顾客和潜在的客户
	技术资源	对口的研究所和高校科研力量的帮助、与企业产品相关的科技成果，以及进行产品开发时所需用到的专业化的科技试验平台
	信息资源	完成创业所需的信息，包括技术、行业、市场及政策信息
	产品资源	创新性产品、具有市场发展前景的产品等
支撑资源	营销渠道	已有的营销网络、可以使用或租借的营销渠道、营销渠道的效率和效果与产品匹配
	关系网络	个人关系网络，如亲朋好友、老师同学、战友同事等；社会关系网络，如创业前的业务合作伙伴，即可以进行利益共享的交换群体、具有弱连接的社会关系等
外围资源	创业环境	涉及市场、行业、经济、环境、政治法律、社会等各个方面，创业环境对创业者来说至关重要
	创业政策	行业准入政策、创业扶持政策、税收减免政策、工商注册支持政策、确保创业者利益的政策
	创业文化	人们在追求财富、创造价值、促进生产力发展过程中所形成的思想观念、价值体系和心理意识，它主导着人们的思维方式和行为方式

专题三 创业资源的整合

对于创业者来说，整合创业资源需要注意以下几点。

一、资源有限，节约为先

创业资源的有限性决定了我们必须节约资源。大学生创业者通常没有足够的开办企业所需要的资金，没有足够的信用历史和个人资产，所以难以从银行或投资者那里筹措到大量资金。大量有关初创资金来源的报告显示，创业者的初创资金主要来自创业者个人或家庭成员、朋友的资助。传统的外部资金来源（如银行贷款）很难成为多数创业者的选择。即使是风险投资，也只是青睐少数成长潜力大的企业。在这种情况下，必须追求更经济的做事方法，尽可能争取在有限资源的约束下获得满意的收益，包括在资源受限的情况下寻找实现创业目标的途径、最大限度地降低对外部资源的依赖、最大限度地发挥创业者投在企业内部的资源的作用。

节约资源意味着降低资源的使用量，但过分强调降低成本会影响产品和服务质量，甚至会制约创业的发展。例如，为了求生存和发展，有的创业者不注重环境保护，或者盗用别人的知识产权，甚至以次充好。这样的创业活动尽管短期内可能获取利润，但从长期而言，其发展潜力有限。所以节约资源是有前提的，就是明确创业使命，在能够实现创业使命的可行路径中，应选择成本最小的。例如，创业往往需要有办公场所，这时在不影响创业使命的情况下，可以通过申请政府或高校创立的创业园或创业孵化器，享受那里的免费或低价办公室，与其他创业者共享办公设备等，也可以利用兼职人员、实习生。创业者完全可以相信自己能够想出很好的创意，用极低的成本获取相当的收益。

节约不仅是资源受限的必需策略，而且可以帮助创业者更好地掌控企业的所有权和管理权。外部融资基本上都会降低创业者对企业所有权的份额，从而减少创业者所享有的企业所创造的财富和利润。同时，节约还可以在一定程度上降低创业者需要承担的风险，增加企业的柔韧度，提升创业者控制与管理的能力。只要运用得当，不谨小慎微、事无巨细，节约则是创业者在进行资源整合时，应该持有的一个基本理念。

二、资源无限，连接一切

对于创业者来说，其所拥有的资源是有限的。但换一个角度来说，当创业者在资源与资源之间建立起连接，资源利用的可能性就被无限扩充了。

很多资源看上去是无用的、废弃的，但创业者可以通过自己独有的经验和技巧，对其进行整合和再造。现实中，很多高新技术企业的创业者并不是科班出身，他们可能是出于兴趣或其他原因，对某个领域的技术略知一二，但却凭借这略知的一二，敏锐地发现了机会，并迅速实现了相关资源的整合。

创业者应该善于用发现的眼光，洞悉身边各种资源的属性，将它们创造性地连接起来。这种整合很多时候不是事前仔细计划好的，往往是具体情况具体分析、摸着石头过河，甚至是"灵光一现"的产物。这正体现了创业的不确定性，并考验了创业者的资源整合能力。

三、充分利用，杠杆显效

如何用尽可能少的付出获取尽可能多的收益？古希腊科学家阿基米德给我们的答案是：假如给我一个支点，我就能撬动地球。这句名言说的就是杠杆原理。杠杆原理启示我们：也许你现有的资源还没有被充分地开发和利用，只要找到合适的"支点"，就能把其利用得更充分，使其显现出更大效用。这可能体现在：更加长期地使用现有资源，更加充分地利用别人没有意识到的资源，利用他人或者其他企业的资源来完成自己的创业目的，利用一种资源获得另一种资源，等等。

在创业过程中，容易产生杠杆效应的资源，主要包括人力资本和社会资本等非物质资源。创业者的人力资本由一般人力资本和特殊人力资本构成。一般人力资本包括受教育背景、以往的工作经验及个性品质特征等。特殊人力资本包括产业人力资本（与特定产业相关的知识、技能和经验）和创业人力资本（如先前的创业经验或创业背景）。调查显示，特殊人力资本会直接作用于资源获取，有产业相关经验和先前创业经验的创业者能够更快地整合资源，更快地实施市场交易行为，而一般人力资本使创业者具有知识、技能、资格认证、名誉等资源，也提供了同窗、校友、教师及其他连带的社会资本。

相比之下，社会资本有别于物质资本、人力资本，是社会成员从不同的社会结构中获得的利益，是一种根植于社会关系网络的优势。在个体分析层面，社会资本是嵌入、来自并浮现在个体关系网络中的真实或潜在资源的总和，它有助于个体开展目的性行动，并为个体带来行为优势。外部联系人之间社会交往频繁的创业者所获取的相关商业信息更加丰裕，有助于提升创业者对特定商业活动的深入认识和理解，使创业者更容易识别出常规商业活动中难以被其他人发现的顾客需求，进而更容易地获得财务和物质资源，这正是杠杆作用所在。

四、资源共享，利益共赢

现代商业已经不再是"单打独斗"的商业，创业者必须学会"抱团取暖"，把一定的资源进行共享往往能够吸引广泛的资源共享者，共同创造更大的收益，实现两方或多方共赢。如果有利益影响或驱动，实现共赢就变得轻而易举。所以，如何设置资源共享中的利益机制，是采用这种方法进行资源整合的重点。

整合资源需要关注有利益关系的组织或个人，要尽可能多地找到利益相关者。同时，分析清楚这些组织或个人和自己的创业活动有何利益关系，利益关系的强度和远近怎样，整合到的资源可能性有多大。利益相关者之间的利益关系有时是直接的，有时是间接的，有时是显性的，有时是隐性的，有时甚至需要在没有的情况下创造出来。另外，有利益关系也并不意味着能够实现资源整合，还需要找到或发展共同的利益或者利益共同点。为此，识别到利益相关者后，逐一认真分析每一个利益相关者所关注的利益非常重要，在多数情况下，将相对弱的利益关系变强，会更有利于资源整合。

资源整合是多方面的合作，切实的合作需要有各方面利益真正能够实现的预期加以保证，这就要求寻找和设计出多方共赢的机制。对于在长期合作中获益、彼此建立信任关系的合作，双赢和共赢的机制已经形成，进步的合作并不难。但对于首次合作，建立共赢机制尤其需要智慧，要让对方看到潜在收益，为了获取收益而愿意投入资源。因此，创业者在设计共赢机制时，既要帮助对方扩大收益，也要帮助对方降低风险，降低风险也是扩大收益。在此基础上，还需要考虑如何建立稳定的信任关系，并加以维护和管理。

✎ 专题四　创业资源的获取途径

是否拥有上述创业资源就可以创业？是否没有这些创业资源就不能创业？答案是不一定。创业的关键在于发现机会，有效地利用和整合这些自己拥有或者别人拥有且自己可以设法去支配的资源，从而将各种资源为我所用，可以发挥资源的效力。

从创业过程来看，多数人不清楚自己到底想要干什么，难以描述项目的具体内容，至于这个项目到底需要什么知识，未来的发展前景如何，更是一头雾水。这就需要创业者在大量考察和分析的基础上，选定一个或几个可能的项目，进行深入调研和考察之后选定一个作为主攻方向，进而研究创业项目的具体内容。至于需要哪些资源，这就需要根据具体项目而定。

如果是实业创业（如开发某项产品），除了要熟悉产品本身需要的技术之外，还要熟悉产品设计、工艺设计、包装设计等。

如果是服务创业，如成立大学生家教、市场调研等智力类咨询公司的话，就得了解从事这行需要什么样的知识，如何才能做好服务工作等。

如果是高科技创业，在创业实践中，许多技术创业者自己拥有某项技术，将技术投入市场进行二次开发直至产品面世。越来越多的"海归"选择技术创业之路。如果创业者自己没有相关技术，只是看好某个方面的技术和市场，通常会通过直接购买或联合开发来获取技术。这里，一个重要的前提是，他们对此项技术的内容操作和前景相当熟悉，唯有如此，才能开展以技术为主要依托的创业工作。

无论从事何种创业，创业者必须对创业有一个大概的了解，并且知道创业所需要的关键性资源。这些均需要创业者具备与创业项目相关的知识、技术和技能，分析市场前景及发展趋势。尽管创业者本人未必是此领域的专家，但至少应熟悉和了解这个项目、倾心这个项目，否则创业难以成功。

（一）获取技术资源的途径

获取项目所依赖的技术资源的途径如下。

1）吸引技术持有者加入创业团队。

2）购买他人的成熟技术，并进行技术市场寿命分析等。

3）购买他人的前景型技术，通过后续的完善开发，使之达到商业化要求。

4）购买技术的同时引进技术持有者。

5）自己研发，但这种方式需要的时间长、耗资大。

创业者可以随时关注各高校实验室、教师或者学生的研发成果，定期去国家专利局查阅各种申请专利，养成及时关注科技信息、浏览各种科技报道、留意科技成果的习惯，以从中发现具有巨大商机的技术。政府机构、同行业创业者或同行业企业、专业信息机构、图书馆、大学研究机构、新闻媒体、会议及互联网等，都是获取这些信息的渠道，创业者可以根据自己的实际情况与各种方式的特点，选择一种或多种方式，尽可能获取有效的信息。

（二）获取人力资源的途径

这里的人力资源不是指创业企业成立后需要招聘的员工，而是指创业者及其团队拥有的知识、技能、经验、人际关系、商务网络等。

创业前，如果有可能，大学生可以在学习期间做一些产品的校园代理或地区代理，不管是热水袋、拖鞋、牛奶、化妆品，还是手机卡、数码产品等，都可以去尝试。在这个过程中，既能赚钱、增长关于市场的知识，又能锻炼组织能力，因为往往要组织2～3人的小团队（不超过 5 个）；也可以考虑进入一个企业进行实习，通过实习经历学习行业知识，建立客户资源渠道，了解企业运作的经验，学习开拓市场的方法，认识盈利模式。

（三）获取营销网络的途径

营销网络将帮助新创企业的产品或者服务走向市场，换回用户的"货币选票"。一般情况下，新创企业可通过以下途径获取未来的营销网络。

1）借用他人已有的营销网络，使用公共流通渠道。

2）自建营销网络与借用他人营销网络相结合，扬长避短，使营销网络更适应新创企业的要求。

（四）获取外部资金的途径

对于外部资金，一般可通过以下 5 种途径获得。

1）依靠父母及亲朋好友筹集资金，双方形成债权债务关系。

2）抵押贷款、银行贷款或企业贷款。

3）争取政府某个计划的资金支持。

4）所有权融资，包括吸引新的拥有资金的创业同盟者加入创业团队，吸引现有企业以股东身份向新企业投资、参与创业活动，以及吸引企业孵化器或创业投资者的股权资金投入等。

5）拟订一个详尽可行的创业计划，以吸引大学生创业基金甚至风险投资基金的目光。

（五）获取专家资源的途径

1. 书籍和研讨会

好的商业书籍或研讨会能够启发和指导创业者，并能把创业者从因缺乏经验而导致的失误中解救出来。这些资源可以提供基本的商业原则和案例，还可以提供一般的咨询建议，如撰写商业计划书、创业项目的选择和评估等。

2. 商业教练

自助资源可以提供一般性的建议，而商业教练可以针对企业的问题提供一对一的指导服务。商业教练一般按月收取固定费用，服务项目包括固定的咨询时间和特定的项目计划。好的商业教练拥有多年经验，他们能够分析企业的业务模式，找出缺点，提供改进建议，发现日常问题并给予解决，以及对销售、营销、招聘和团队管理等领域进行调整。

最好选择当地的商业教练，因为当地人可以直接观察公司的运营，提供培训支持，并且可以随叫随到。要确保商业教练和企业的关系融洽，以使其专业知识和方法论能充分帮助到企业。这类合作一般是长期的合作关系，需要良好的沟通和相互尊重。在选择商业教练时，应注意要选择背景丰富的商业教练，而不是仅仅懂得企业所在行业的人。要想创造性地解决问题，商业教练必须摆脱企业所在行业固有观念的束缚。

3. 咨询顾问

对于策略性问题，如建立会计系统或突破产品制造瓶颈等，要求助于具备相关知识的咨询顾问。咨询顾问通常按小时收费，并会提前告诉企业要花多少钱。

在寻找咨询顾问时，应尽可能从类似项目的客户那里得到推荐或者介绍，并且准确估计工作时间，还要让咨询顾问提供相关文档，以备日后解决类似问题时参考或避免重复他们的工作。

📖 **延伸阅读**

整合创业资源 新农村走出致富路

20 世纪 90 年代，刘庄村依靠种植大蒜发展深加工产业，让全村人走上了致富之路。"俺村富得早，家家二层小楼，马路宽敞明亮，绿化搞得也好，在当地小有名气。"刘庄村党支部书记刘长忠介绍。村里还有一处水上公园，平时来垂钓的人也很多。外出考察学习之后，刘长忠觉得村里有发展旅游业的潜力，值得搞"二次创业"。

2019 年，刘庄村成立东昌府区民富林果农民专业合作社，发展了 500 亩①果园，种上了桃树、梨树、苹果树等果树。2021 年，刘庄村举办首届赏花节，日客流量达到了 10 000人以上。"粉红的桃花与洁白的梨花竞相开放、争奇斗艳，非常好看，来赏花的人挤满了东西大街和果园，热闹无比。"那时的场面让刘长忠至今仍记忆深刻。

除了赏花，每年的 9～12 月，果园还能搞采摘。"采摘季，园里每天客流量能达到1000 多人，去年仅这一项，村集体就收入 150 万元。"刘长忠说。

为了进一步丰富村里的旅游项目，2022 年刘庄村升级改造了村里的中央公园，供游客游览休憩，同时在旁边建了乡村记忆馆，游客游览完中央公园，就可以到旁边的乡村记忆馆参观。

刘庄村旅游业的发展，也带富了村民。村里在果园前的东西大街上专门划出 600 米长的路，供村民们摆摊。"人多的时候，小摊一天就能赚七八百元。"在街上卖小吃的村民刘景雷说。

下一步，刘长忠打算把村里占地 50 亩的水上公园好好修整一下，把整个村的旅游资源整合规划成一条线。

（资料来源：作者根据相关资料改编。）

---

① 1 亩≈666.67 平方米，下同。

实 训

实训一：开设一家奶茶店

根据所学的获取创业资源的内容，模拟开设一家奶茶店，你认为需要配备哪些创业资源？

要求：列举创业资源的种类和获取途径。

实训二：风险投掷游戏

1. 游戏说明

1）投掷序号。活动前，让参与者报数，参与者所报数字就是他们正式投掷时的比赛序号（游戏人数不超过 16 人）。

2）站位要求。参与者站位基本与地面垂直，不能过度前倾，这样可以保证科学的投掷距离，体现比赛的公平性。

3）熟悉游戏。正式投掷前，每位参与者可进行 3 次试投，不计成绩，以判断自己的手感。

4）记分规则。记分时，结合"站位"进行。例如，张三比赛投掷时，三次站位分别为 5、6、7，结果只有第一次投中，记录成绩组合为（5,5）、（6,0）、（7,0），积 5 分。

2. 准备工作

1）一个篮子，一把尺子，粉笔若干，一个弹力球。

2）投掷得分汇总表。

3）若干奖品。

3. 操作步骤

操作步骤如下。

1）在教室空地放好篮子的位置，组织游戏参与者标号投掷序号。

2）确定投掷位。最远投掷位和篮子之间的距离约为 3 米。在最远投掷位和篮子之间分 10 个等距。每个等距为一个投掷位（共 10 个投掷位），用粉笔在地面上画横线来表示每个投掷位，并标出分数（从离篮子最近的投掷位开始依次从 1 到 10），如图 6-3 所示。

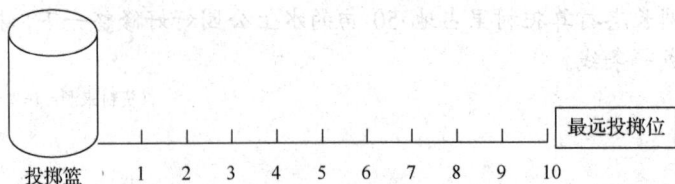

图 6-3 投掷操作示意图

3）主持人宣布游戏规则和奖品。

4）游戏开始，每个参与者可以投掷 3 次，可以自行选择离目标物不同距离的投掷位。请一个工作人员作为记录员，依次完整记录投掷者每次投掷（球进篮中）的分数，投掷失败记"0"分。

5）参与者根据第一轮实践，进行第二轮投掷。两次得分总和即为参与者的最后得分。给分数最高的参与者颁发奖品。

表 6-2 为投掷得分汇总数。

表 6-2　投掷得分汇总表

序号	站位	得分	总分	序号	站位	得分	总分	序号	站位	得分	总分	序号	站位	得分	总分
1				5				9				13			
2				6				10				14			
3				7				11				15			
4				8				12				16			

4. 游戏结果评估总结

1）得分最高的参与者有哪些成功的做法？例如，怎样使风险最小化？承担风险前收集了哪些信息，做了哪些准备？最大目标实现了吗？没有实现的最大障碍是什么？

2）得分较低的参与者的问题出在什么地方？例如，这个目标值得去冒险吗？决定承担风险前，需要收集哪些信息？

3）得分居中的参与者对于游戏中的风险采用了什么方法来应对？

4）如果进行第二轮游戏，参与者做了哪些调整来提高比赛成绩？为什么？

通过游戏，不难发现获胜的是两类人：一类是投掷技巧娴熟的"艺高胆大"者；另一类是善于搜集信息的"知彼知己"者。这两类人在自己试投时，善于评估自己的投掷实力，确定投掷风险；在别人投掷时，注意他们的试投表现，收集对方信息；在"知彼知己"的基础上，确定自己的投掷目标；在正式投掷比赛中，实施备选方案。

模块小结

　　创业者能否成功地开发出创业机会，进而推动创业活动向前发展，通常取决于他们掌握和能整合到的资源，以及对资源的利用能力。许多创业者早期所能获取与利用的资源相当匮乏，而优秀的创业者在创业过程中所体现出的卓越创业技能之一，就是创造性地整合和运用资源，尤其是那种能够创造竞争优势并能带来持续竞争优势的战略资源。

模块七 设计"互联网+"商业模式

◆【学习目标和任务】

1. 了解商业模式的概念。
2. 掌握如何设计商业模式。
3. 掌握如何创新商业模式。
4. 引导学生参与运作真实商业模式的使命感，激发学生的主动性。

设计"互联网+"
商业模式

◆【课程思政教学目标】

在追求经济利益的同时，要关心社会利益，专注社会发展和和谐社会建设；参与运作真实商业模式，从全局的角度看待问题和分析问题。

案例导读

中粮模式：一起玩转产业链

中粮集团作为国内龙头农业产业集团，已经从单一的粮油贸易延伸到全产业链。通过对涉及农业的各领域，包括技术、信息、金融服务、网络、渠道、终端等进行投资和整合，对产业链的各个环节进行全方位的投资与服务开发，在米、面、油、糖、肉、奶、玉米深加工产品、番茄酱、葡萄酒等方面均在国内有了一定的市场规模和影响力。

"全球约 1/10 的人口（8.11 亿人）去年面临断粮窘境。"这一数据揭示了当前不容乐观的国际粮食安全形势。在联合国发布的《世界粮食安全与营养状况》报告中，联合国有关机构负责人说，全球正处在一个"危急关头"。这种饥饿感严重的现状，给人类社会提了个醒。近年来，世界粮食供应不断受到冲击，其中包括极端气候、经济衰退、地缘冲突等复杂因素。推动全球农业粮食体系转型，维护全球粮食安全，是新常态下的当务之急。

作为从中国走出去的国际大粮商，中粮集团近年来坚持以"负责任的方式"满足世界粮食需求、开展优势资源布局、携手供应链上下游共克时艰、携手国际粮商共促发展，着力保障粮食供给，推动打造更具韧性的全球粮食体系，彰显了中国粮食大国和中国粮食企业应尽的责任和义务。

1. 精准施策，畅通供应链

近几年，全球海运费大幅上涨，甚至有预测认为，全球海运紧张的局面可能会延续几年之久。中粮集团及时密切跟踪全球海运市场动态，依托自身与大型现代化船队共同构建的国际物流网络优势，并测算对比各项要素的风险成本，有的放矢地拿出措施，坚持 24 小时工作制，为粮食流通提供了有力保障。

中粮集团也加快了各项数字化改革，以确保整个供应链的通畅。在南锥体地区，中粮率先推出手机 App 电子交易平台，农产品的报价出售、合同执行、物流协调等事项，都可以由当地农民在手机上完成，在交易效率大幅提升的同时，显著降低了交易成本。同时，还运用远程监控系统、自动化操作系统等工厂码头技术解决方案，使作业效率不断提高。中粮集团还对全球粮食供求动态进行密切跟踪，确保对市场紧缺状况做出及时反应，促进农产品流通。

2. 合作共赢，提升价值链

从长远来看，维护粮食安全的关键是确保粮食供应链的可持续运转。为此，中粮集团坚持以负责任的方式，在畅通供应链的同时，为满足世界粮食需求，实现生态环保与企业优质发展的双赢。

中粮集团建立了农产品可持续供应链，增强农产品可追溯能力。在巴西，中粮集团把解决环境问题作为一大重点，确保其在巴西收购的农产品符合可持续发展标准，不涉及破坏环境的问题，阻断不符合环境标准的农产品流入市场，通过建立农产品追溯到农场的系统，监测农场的环境风险。为及时掌握生产和生态情况，中粮集团还与国际金融公司利用遥感卫星拍摄的土地动态影像，扩大对供货商农场的监控范围。同时，加强对农民和供应商的技能培训，让他们不用去砍伐雨林，盲目扩大耕种面积，就能通过提高每亩单产提高大豆单产。在这样的理念下，中粮集团近年来在巴西进行了多项教育和技能培训的可持续发展课程。目前，当地森林受损程度在中粮集团的推动下已经明显减轻，粮食产业链运转良好。中粮集团已成为中巴经贸关系深入发展的企业代表，通过与当地农民、供应商等建立良好的合作关系，赢得当地良好的信誉。

（资料来源：作者根据相关资料改编。）

专题一　商业模式的开发

彼得·德鲁克认为，当今企业之间的竞争，不仅是产品与服务层面的竞争，更是商业模式的竞争。研究表明，超过 60% 的成功创新是商业模式的创新，而不仅仅是技术的创新。一项高新技术如果离开了商业模式，是没有意义的。以强健生命力度过金融危机的企业，往往是有着非常健全的商业模式的企业，而不是以出色的产品或者特色服务等优势为主的企业。由此可以看出，商业模式不仅是企业成长期必须要明确的问题，更是企业能否承受重大危机的关键性因素。

一、商业模式的概念

商业模式的概念最早出现在信息管理领域。20 世纪 90 年代，互联网兴起以后，商业模式成为企业界的流行术语，并引起了理论界的关注，其内涵也扩大到企业管理领域的广阔空间。

商业模式又称为商务模式，对于其含义，理论界没有形成统一的权威解释，归纳起来大致可以分为三类：盈利模式论、价值创造模式论和体系模式论。

1. 盈利模式论

盈利模式的定义仅仅将商业模式描述为企业的经济模式，其本质内涵是为企业获取利润。拉帕认为，商业模式就其最基本的意义而言，是指做生意的方法，是一个公司赖以生存的模式、一种能够为企业带来收益的模式。他认为，商业模式规定了公司在价值链中的位置，并指导其如何赚钱。斯图尔特等认为，商业模式是企业能够获得并保持其收益流的逻辑陈述。阿法阿等认为，商业模式是企业获取并使用资源，为顾客创造比竞争对手更多的价值以赚取利润的方法。商业模式详细说明了企业目前的利润获取方式，未来的长期获利规划，以及能够持续优于竞争对手和获得竞争优势的途径。马哈德万认为，商业模式是企业与商业伙伴及买方之间的价值流（value stream）、收入流（revenue stream）和物流（logistic stream）的特定组合。

2. 价值创造模式论

商业模式是企业为了进行价值创造、价值营销和价值提供所形成的企业结构及其合作伙伴网络，以产生有利可图且得以维持收益流的客户关系资本。阿福亚赫和图西提出，应当把商业模式看成公司运作的秩序，以及公司为自己、供应商、合作伙伴及客户创造价值的决定性来源，公司依据它使用其资源、超越竞争者和向客户提供更大的价值。

3. 体系模式论

蒂蒙斯认为，商业模式是产品、服务和信息流的架构，内容包含对不同商业参与主体（business actors）及其作用、潜在利益和获利来源的描述。巴林格和爱尔兰认为，商业模式是企业如何竞争，如何使用资源，如何构建关系，如何与顾客互动的计划或示意图。罗珉、曾涛和周思伟认为，商业模式是一个组织在明确外部假设条件、内部资源和能力的前提下，用于整合组织、顾客、供应链伙伴、员工、股东或利益相关者，以获取超额利润的一种战略创新意图和可实现的结构体系及制度安排的集合。为此，商业模式可以概括为一个系统，它由不同部分、各部分之间的联系及其互动机制组成。商业模式是指企业能为客户提供价值，同时企业和其他参与者又能分享利益的有机体系。它包括产品及服务流、信息流和资金流的结构，包括对不同商业参与者及其角色的描述，还包括不同商业参与者收益及其分配的划分。

基于以上理论，本书认为商业模式是一个企业从研发、制造、销售，直至售后服务的具体的并区别于其他企业的可盈利的流程结构。

二、商业模式的功能

商业模式要指明各参与者及其角色、潜在利益和收入来源。

商业模式必须明确：向客户提供什么样的价值、向哪些客户提供价值、如何为提供的价值定价、如何提供价值，以及如何在提供的价值中保持竞争优势。

商业模式应该解决以下问题：谁是客户？客户的价值是什么？如何用这种商业模式赚钱？将这种价值以合适的成本交付给客户的根本经济逻辑是什么？

商业模式是连接技术开发和经济价值创造的媒介。

由此我们认为，商业模式应该具有如下功能。

1）发现渴望得到需求满足的客户群。

2）建立与上游企业的合作，以合适的成本生产出定价符合市场需求的产品和服务。

3）将产品和服务在恰当的时间和地点传递到客户手中。

4）持续地为客户提供价值提升，提高企业的持续经营能力和竞争优势。

《孙子兵法》的"虚实篇"中有"水因地而制流，兵因敌而制胜。故兵无常势，水无常形。能因敌变化而取胜者，谓之神。"这样的语句，用它来形容商业模式的千变万化再恰当不过了。成功的优秀企业必定能够依据所在行业的背景和企业自身具有的资源、特性来确立自己独特的商业模式。虽然商业模式不可复制，但构成商业模式的基本要素是具有共性的，这也决定了商业模式是可以被模仿的。

三、成功商业模式的共性

1. 有效性

1）能够较好地识别并满足客户的需求，做到让客户满意，不断挖掘并提升客户的价值。

2）通过商业模式的运行能够提高自身和合作伙伴的价值，创造良好的经济效益。

3）商业模式包含具有超越竞争者的、体现在竞争全过程的竞争优势，即商业模式应该有效地平衡企业、客户、合作伙伴和竞争者之间的关系，既要关注客户，又要企业盈利，还要比竞争对手更好地满足市场需求。

2. 整体性

好的商业模式至少应满足两个必要条件：①必须是一个整体；②各组成部分之间必须有内在联系，这个内在联系把各组成部分有机地联系起来。戴尔公司的直销模式之所以成功，其主要原因之一是戴尔公司低于4天的存货周期，这种高周转率直接带来了低资金占用率和低成本效率，使得戴尔公司的产品价格低，具有竞争优势。戴尔公司的低库存、高周转率正是来自其核心生态系统内的采购、产品设计、订货和存货管理、制造商及服务支持所产生的协同作用，这是其真正的核心竞争力所在。

3. 差异性

商业模式的差异性是指既具有不同于原有模式的特点，又不容易被竞争对手复制或模仿，保持差异，取得竞争优势。这就要求商业模式必须具有相对于竞争对手而言较为独特的价值取向，以及不易被其他竞争对手在短期内复制或模仿的创新特性。例如，美国西南航空公司的商业模式所选择的特定服务航线和目标顾客，使得竞争对手只能模仿其中某一个环节而无法模仿全部。差异性的存在，使得试图学习戴尔公司和美国西南航空公司的企业从未成功过。

4. 适应性

商业模式的适应性是指其应对变化多端的客户需求、宏观环境变化及市场竞争环境的能力。商业模式是一个动态的概念，今天的模式也许明天就会不适用，甚至会成为企业发展的障碍。好的商业模式必须始终保持必要的灵活性和应变能力，具有动态匹配的商业模式的企业才能获得成功。

5. 可持续性

企业的商业模式不仅要难以被其他竞争对手在短期内复制或模仿，还要能保持一定的持续性。商业模式的相对稳定性对维持竞争优势十分重要，频繁调整和更新不仅会增加企业的成本，还会造成客户和组织的混乱。

6. 生命周期特性

任何商业模式都有其适合生存的环境，都有一个形成、成长、成熟和衰退的过程。企业在规划自身的商业模式时，应充分考虑所采用的商业模式处在什么样的生命周期，对于目前的市场是否仍具有盈利性。

专题二　商业模式的设计

一、商业模式设计原则

一个好的商业模式能使企业的经营达到事半功倍的效果，更容易在激烈的市场竞争中生存下来；而不好的商业模式则往往让企业事倍功半，最后被市场所淘汰。因此，设计一个适合企业生存和发展的商业模式具有非常重要的意义。

企业在设计商业模式时，应该遵循以下原则。

1. 以价值创新为灵魂的原则

价值创新是商业模式的灵魂。企业必须借助商业模式进行价值创造、价值维护和价值提供，从而使企业创造的价值最大化。企业在增强自身创新能力时，应该注重3点：企业软实力、构造企业价值网络、为广义的顾客创造价值。

2. 以占领顾客为中心的原则

在设计商业模式时必须始终以顾客为中心，由以企业为主转变为以顾客为主，由占领市场转向占领顾客，最终为顾客创造最大价值。实施以顾客为中心的主张，要注重3个要点：精心研究顾客的需求、实施顾客的互动管理、为顾客创造新的附加值。

3. 以伙伴联盟为载体的原则

目前，企业必须以联盟为载体，发展联盟经济。通过彼此合作，企业能够获得核心竞争力的互补，以创造出更大的价值和形成更强大的群体竞争力。例如，沃尔玛百货有限公司和宝洁公司在零售连锁与日化用品生产上的协同商务模式降低了彼此的经营成本，增强了双方的盈利能力。

4. 以应变能力为关键的原则

如果商业模式决定了企业的成败，那么企业的应变能力则是商业模式能否成功的关键。应变能力是企业面对当前复杂多变的市场的适应能力和应变策略，是企业竞争力的基础。企业应该注重以下3点来增强自身的应变能力：注重时间观念、随需而变、产品或服务的个性化定制。

5. 以信息网络为平台的原则

在如今的信息时代，新的商业模式必须重视信息网络的力量。企业应该做到以信息网络为平台，加快商务电子化、构造虚拟经济的竞争力及推动流程再造。

二、商业模式设计步骤

在实际的市场环境中,企业应当结合所处的实际情况,灵活应用上述 5 个基本原则,设计一个适合企业自身发展的商业模式。下面介绍企业设计商业模式的主要步骤。

1. 确定业务范围并寻求产品在市场中的最佳定位

企业战略是企业构建一个成功商业模式的起点。企业在设计商业模式时首先要明确企业的业务范围是什么及锁定目标顾客。很多经营实践表明,企业业务范围的确定及目标市场的定位是设计一个优秀商业模式的第一步。

确定企业的业务范围是成功进行价值定位最为重要的一步,因为通过业务定位,企业可以对收集到的信息进行过滤,它将告诉企业的决策层哪些机会应该抓住,哪些应该放弃。此外,企业还可以通过确定业务范围来界定自己的顾客和合作伙伴、竞争对手这些利益相关者,以及应该掌握的资源和核心竞争力等。

2. 考察、分析和把握顾客需求以锁定目标顾客

首先,企业必须明确为哪部分人或哪个地区的人服务,要锁定一个相对狭窄的市场,进行相应的市场调研和顾客消费心理研究,把有限的资源用在刀刃上;其次,企业要研究这部分目标顾客目前存在什么问题,需要哪些产品和服务;最后,企业必须把顾客需求进行分层,根据不同的顾客需求定制不同的产品和服务。

3. 建立企业独特的业务系统,增加竞争对手模仿的难度

业务系统是指企业将一系列业务活动按照一定组合构建的系统和网络,它表示企业与内外利益相关者(顾客、伙伴和对手)之间的交易关系。构建业务系统是企业在设计商业模式时需要重点考虑的环节,因为业务系统的独特造就了企业商业模式的与众不同和难以模仿。所以,企业在构建独特业务系统时可以参考两个选择:①确定企业的核心竞争力,将没有竞争优势的企业业务外包;②加强伙伴联盟的管理,如苹果公司构建的"苹果生态联盟系统"。业务系统中各利益相关者之间形成了一套复杂的关系网络,深嵌于企业价值链中,因此不易被对手模仿。

4. 发掘企业的关键资源能力,以形成核心竞争优势

关键资源能力是指企业商业模式运转时所需要的相对重要的资源和能力。要形成核心竞争力,企业必须发掘和运用自身的关键资源能力,从而获得相对于竞争对手的竞争优势,最终在激烈的市场竞争中有所发展。

确定商业模式中关键资源能力的方法有两种:①根据商业模式的其他构成要素的要求来确定,如不同业务系统需要的关键资源能力就不相同,不同盈利模式需要的关键资源能力也不一样;②以企业的关键资源能力为核心来构建整个商业模式。常见的方法有

两种：①以企业某个能力要素为中心，寻找和构造能与该能力要素相结合的其他利益相关者；②整合企业自身价值链上的各个能力要素，以创造更具有竞争力的价值链产出。

5. 构建独特的盈利模式

盈利模式是企业获得利润的方式。即使是相同行业的企业，由于各自定位和业务系统的不同，企业的盈利模式也不相同。甚至定位和业务系统相同的企业，其盈利模式也可能千差万别。目前，我国的传统盈利模式是指市场份额的扩大及企业收入的增加，很多实例证明，这种盈利模式已经无法适应瞬息万变的市场环境。传统盈利模式特征性不强，导致同行企业相互模仿，盈利模式趋于同质化。市场竞争很多时候是低端的价格战，往往使企业获取的利润越来越少，甚至使很多中小企业亏本。例如，当前家电制造行业经过多次惨烈竞争，主要剩下几家规模较大的品牌家电企业，但这些企业的主营业务利润率、净资产收益率仍然普遍低下，公司的股票价值低于账面净资产价值。因此，构建一个科学合理且独特的盈利模式对企业的长久发展具有重要的战略意义。

6. 根据市场变化不断调整和完善自身商业模式

企业面对的是一个瞬息万变、市场信息不可能完全获得且不确定性极高的市场，没有一个商业模式能保证企业一定能获得利润或者一直能获得利润。因此，企业应该不断关注市场，根据市场的需求变化适时地调整商业模式，使其在激烈的市场竞争中立于不败之地。

三、绘制商业画布

奥斯特瓦德从战略的角度去审视一个企业的商业模式所处的环境。他建议把商业环境分为四个主要领域：市场影响因素、行业影响因素、重要趋势、宏观经济影响因素。通过假设市场力量、行业因素、关键趋势和宏观经济影响力的发展轨迹，获得设计未来商业模式的选项和原型的"设计空间"，即商业模式画布，如图 7-1 所示。

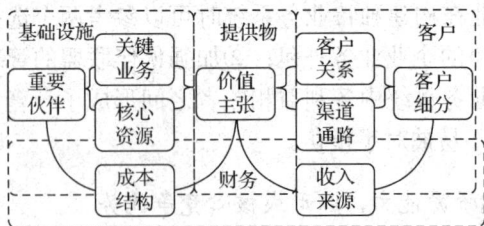

图 7-1　商业模式画布

1. 客户细分

客户细分（customer segments，CS）用来描绘一个企业想要接触和服务的不同人群或组织。客户构成了商业模式的核心。没有客户，企业就无法长久生存。企业可以把客户细分成不同的类别，每个细分类别中的客户都具有共同的需求、共同的行为和共同的属性。到底应该服务于哪些客户细分群体，应该忽略哪些客户细分群体，企业一旦做出决策，就可以凭借对特定客户群体需求的深刻理解，仔细设计相应的商业模式。

2. 价值主张

价值主张（value propositions，VP）用来描绘为特定客户细分创造价值的系列产品和服务。它解决了客户困扰或者满足了客户需求，是客户选择你而非别人的重要原因。每个价值主张都包含可选系列产品或服务，以迎合特定客户细分群体的需求。从这个意义上来说，价值主张是企业提供给客户的受益集合或受益系列。价值主张可分为两类：一类是创新的，并表现为一个全新的或破坏性的提供物（产品或服务）；另一类是与现存市场提供物（产品或服务）类似，只是增加了功能和特性。

3. 渠道通路

渠道通路（channels，CH）构成了企业相对于客户的接口界面。渠道通路是客户接触点，它在客户体验中扮演着重要角色。渠道通路包含以下功能：提升企业产品和服务在客户中的认知；协助客户购买特定产品和服务；向客户传递价值主张；提供售后客户支持。

4. 客户关系

客户关系（customer relationships，CR）用来描绘企业与特定客户细分群体建立的关系类型，企业应该弄清楚其希望和每个客户细分群体建立的关系类型，它可以被以下几个动机所驱动：客户获取、客户维系、销售额提升（追加销售）。例如，不少移动网络运营商的客户关系是由积极的客户获取策略所驱动，包括入网赠送免费移动电话或者进行补贴。当市场饱和后，运营商转而聚焦客户保留及提升每个用户的平均收入值。

5. 收入来源

收入来源（revenue streams，RS）用来描绘企业从客户群体中获取的现金收入。如果客户是商业模式的"心脏"，那么收入来源就是"动脉"。企业必须问自己，什么样的价值能够让各客户细分群体真正愿意付款？只有回答了这个问题，企业才能在各客户细分群体中发掘一个或多个收入来源。每个收入来源的定价机制可能不同，如固定标价、谈判议价、拍卖定价、市场定价、数量定价或收益管理定价等。一个商业模式可以包含几种不同类型的收入来源：①通过客户一次性支付获得的交易收入；②经常性收入来自客户为获得价值主张与售后服务而持续支付的费用；③转移支付。

6. 核心资源

核心资源（key resources，KR）用来描绘让商业模式有效运转所必需的最重要因素。每个商业模式都需要核心资源，核心资源使企业、组织能够创造和提供价值主张、接触市场、与客户细分群体建立关系并赚取收入。不同的商业模式所需要的核心资源也有所不同。例如，微芯片制造商需要资本密集型的生产设施和固定资产投入，而芯片设计商则需要更加关注高精尖的人才资源。核心资源可以是实体资产、金融资产、知识资产、人力资源等。核心资源既可以是自有的，也可以是企业租借或从重要伙伴那里获得的。

7. 关键业务

关键业务（key activities，KA）用来描绘为了确保其商业模式可行，企业必须做的最重要的事情。任何商业模式都需要多种关键业务活动，这些业务是企业得以成功运营所必须实施的动作。正如核心资源一样，关键业务也是创造和提供价值主张、接触市场、维系客户关系并获取渠道通路，用来描绘企业如何沟通、接触其细分客户，传递其价值主张和销售收入的基础。关键业务因商业模式的不同而有所区别。例如，对于微软公司等软件制造商而言，其关键业务是软件开发；对于戴尔公司等计算机制造商而言，其关键业务是供应链管理；对于麦肯锡公司等咨询企业而言，其关键业务主要是问题求解。

8. 重要伙伴

重要伙伴（key partnerships，KP）用来描述让商业模式有效运作所需的供应商与合作伙伴的网络。企业会基于多种原因打造合作关系，合作关系日益成为许多商业模式的基石。很多企业采取创建联盟的策略来优化其商业模式、降低风险或获取资源。通常，可以把合作关系分为以下4种类型：①在非竞争者之间的战略联盟关系；②在竞争者之间的战略合作关系；③为开发新业务而构建的合作关系；④为确保可靠供应链而构建的"购买方—供应商"关系。

9. 成本结构

成本结构（cost structure，CS）用来描绘运营一个商业模式所引发的所有成本。创建价值和提供价值、维系客户关系及产生收入都会引发成本投入。这些成本在确定关键资源、关键业务与重要合作后可以相对容易地计算出来。然而，有些商业模式相比其他商业模式更多的是由成本驱动的。例如，那些号称"不提供非必要服务"的航空公司，就是围绕低成本结构来构建其商业模式的。

✏ 专题三 商业模式的创新

失败的企业大致相同，成功的企业却各有各的道路。没有一种商业模式适合所有企业，也没有一种商业模式永不过时，只要环境是变化的，所有企业都需要对商业模式进行创新。商业模式的创新就是为实现企业持续发展并有效盈利，而将内外部资源合理调配和利用，以便能够为购买者或消费者提供更为准确的价值的过程。

一、价值链延展型商业模式创新

价值链延展型商业模式创新是在原有价值链的基础上，通过延长其两端的价值活动（按战略管理的说法是纵向一体化），即向行业价值链两端的供应商价值链、渠道价值链和顾客价值链延伸，或者在某些价值活动的横截面上延展同类价值活动，使企业价值链涵盖更多的价值活动，如并购同类企业以实现产品的相关多元化，从而获得成本领先和差异化优势。因此，又可以将价值链延展型商业模式创新分为：纵向延展型商业模式创新、横向延展型商业模式创新和混合延展型商业模式创新。

二、价值链分拆型商业模式创新

价值链分拆型商业模式创新是将企业价值链缩短，只保留核心价值活动（具有核心竞争力且难以被模仿的价值活动）和相对优势价值活动，并在此基础上对价值活动的各利益方（尤其是伙伴关系）进行重新整合，形成有效的制度安排。在价值链分拆型商业模式创新中，最具代表性的是贴牌生产方式。

三、价值创新型商业模式创新

价值创新既包括技术层面的创新，也包括组织结构、制度安排、价值理念和企业文化层面的创新，这是其他企业难以模仿的。这种价值创新形成的商业模式可以产生很强的协同效应，不仅能够提高企业的运营效率，而且可以降低企业的运营成本，增强企业的核心竞争力。

四、价值链延展与分拆相结合的商业模式创新

价值链延展与分拆相结合的商业模式创新，既对企业基础价值活动进行分拆外包，又把企业以外的其他价值活动纳入企业价值体系中，然后对价值活动、利益方关系进行优化整合，因此它兼具了前两类商业模式创新的优点。

五、混合创新型商业模式创新

混合创新型商业模式创新是现实中存在数量最多、最常见的一类商业模式创新。新创企业要想在激烈的市场竞争中长期保持一定的竞争优势，就必须不断地根据自身优势进行创新。一方面，通过价值链的延展、分拆，获得成本领先和管理协同，实现优势互补和灵活反应；另一方面，通过价值活动的创新，增强企业的核心竞争力，提高企业的差异化经营能力，为企业和顾客创造更多的价值。

延伸阅读

侯毅：盒马鲜生新零售商业模式

什么是盒马模式的核心呢？盒马模式的核心是不断满足客户的消费需求，仍然是商

业的本质。

侯毅认为，盒马鲜生重新设计了一个消费价值观，它基于当前消费的需求特点，体现在以下几方面。①我们觉得每天吃的东西都是新鲜的，才是新的生活方式。盒马鲜生今日买今日吃，将所有商品设计成小包装，不追求原来所谓的大批量、大包装。②当你因上班而来不及买菜的时候，可以在盒马鲜生下单，若在下班的路上下单，商品会和你同步到家。盒马鲜生提供的线上商品与线下商品品质完全相同，价格也完全相同。③一站式的购物模式。我们有 B2C 渠道，利用互联网技术把盒马鲜生这个品类做大。盒马鲜生有铺位，但面积有限，为满足稀有商品的消费需求，延长了绿色通道，如原来在超市买不到的野生黄花鱼在盒马鲜生就能买到，针对消费者的各种需求推出多种预售商品。④让做饭成为一种乐趣。为此，盒马鲜生不断推出让消费者参与的各种活动，如将大量的做饭体验进行分享、自己动手做（do it yourself，DIY）等设置在店内。

盒马模式的关键是新零售模式改变了传统零售模式。

侯毅表示：盒马鲜生是一种新零售，它和传统商超有本质不同，体现在以下几方面。①传统商超定位是以卖场规模和人群来划分，定位为传统精品超市、社区超市和便利店，而盒马鲜生则是围绕吃这一场景，定位为打造商品品类，而且盒马鲜生商品品类的构成远远超过传统商超。②盒马鲜生的模式，在商品结构上改变了传统商超的品类组合原则，使品类组合的整体更浅、层次更齐。盒马鲜生追求的是：提供给顾客的不是简单的商品，而是期望把以前在家庭完成的东西放在店里去完成的一种生活方式，提供给顾客的是成品和半成品。③餐饮和超市的融合形成盒马鲜生现有的商业模式。餐饮带给消费者黏性的不仅仅是盒马鲜生的体验中心，更重要的是流量中心。④盒马鲜生模式已经形成了强大的"商超功能+餐饮功能+物流功能+商家与粉丝互动的运营功能"的复合型功能体，已不是单纯的商超模式了。⑤新的门店组织架构，以餐饮副经理、物流副经理、线上运营副经理为基础，奠定线上线下高度融合的盒马鲜生。⑥盒马鲜生的最大特点是配送速度快，通常30分钟送达，最长不超过1小时，在店面附近3～5千米范围内。

（资料来源：作者根据相关资料改编。）

实　训

商业画布的展示

1）收集一些知名企业的商业模式案例，运用所学知识，分析其成功的秘诀。从经典商业画布案例中总结几个常见的商业画布模板。

2）如果你是某互联网创业公司的 CEO，请你结合创业项目实际与所学知识，完成如图 7-2 所示的商业画布设计。

KP	KA		VP	CR		CS
	KR			CH		
CS				RS		

图 7-2　商业画布设计

3）完善商业模式。请通过以下 7 个问题，分析评估小组所设计的创业项目商业模式存在的问题与风险。

问题 1：客户的"转移成本"有多高？

转移成本是指客户从一个产品或服务转移到另一个产品或服务所需的时间、精力或者金钱。转移成本越高，客户就越忠实于某项产品或服务，不会轻易离开去选择竞争对手的产品或服务。

将转移成本融入商业模式中的一个很成功的例子就是苹果的 iPod 产品。这是一个专注于存储的产品创新，也是一个商业模式策略，让消费者将音乐复制进 iTunes 和 iPod 里，这种方式会让用户一旦使用了这个产品后就很难再用其他竞争对手的数字音乐播放器。仅仅是用户这一点选择偏好，就为苹果后来强大的音乐中心和创新打下坚实的基础。

问题 2：商业模式的扩展性怎样？

扩展性是指在没有增加基本成本的情况下，能够很容易地拓展商业模式，赢得商业利润。例如，互联网平台类的企业，一般只用几千个程序员就可以为亿万用户创造价值。

问题 3：能否产生可循环的经济价值？

通过一个例子可以很好地解释循环价值。对于报纸，可以通过在报摊销售赚取销售费用，另外的价值可以通过订阅和广告进行循环。循环价值有两个主要优势：①对于重复销售，成本只产生一次；②可以有更多更好的想法来构想未来怎样赚钱。

还有另外一种循环价值形式：从之前的销售中获取增值收入。例如，买一台打印机，就需要持续购买墨盒。

问题 4：是否可以在投入之前就赚钱？

毫无疑问，每个商人都希望在投入之前就获得收入。戴尔公司把这种模式运用到计算机硬件设备制造的市场上，通过直销建立的装配订单来避免硬件市场的库存积压成本。

问题 5：怎样让用户为你工作？

例如，宜家家居（IKEA）让消费者自己组装在它那里购买的家具，消费者干活儿，宜家家居在赚钱。在互联网领域，如某短视频平台公司，让用户自己制作视频内容并进行上传，短视频公司只提供平台，却赚得盆满钵满。

问题 6：是否具有高壁垒，以防止竞争对手模仿？

一个好的商业模式可以保持长时间的竞争优势，而不是仅仅提供一个优秀的产品。

苹果公司主要的竞争优势来自其商业模式而不是单纯的产品创新。对于三星公司来说，模仿苹果公司的产品比建一个像苹果公司那样的应用商店生态系统要容易得多。所以，三星公司无论将产品做得多么炫，都很难撼动苹果公司的地位。

问题7：是否建立在改变成本结构的基础上？

降低成本是商业实践中的长期追求，有的商业模式不仅能降低成本，而且能创造一个与以往完全不同的成本结构。

巴帝电信——印度最大的移动运营商，一直通过摆脱网络和IT的束缚来完善它的成本结构。该公司通过与网络装备制造商爱立信和IBM合作，购买宽带容量来降低成本，现在已经能够提供全球价格最低的移动电话服务。

当然，没有一个商业模式设计能一一对应以上7个问题并得到完美的10分，但有的可能会在市场上成功。对创业者而言，时刻用这7个问题提醒自己，有助于保持长久的竞争力。

◆ 模块小结 ◆

创业资源的有效获取对于成功创业而言至关重要，同时商业模式作为一种创新形态，在实施过程中会遭遇来自组织内外部的多重阻力，只有当创新的动力冲破阻力时，商业模式的创新才能启动。商业模式创新是一项系统工程，其创新路径因创业者的视角不同而不同。随着实践和研究的深入，商业模式的创新路径可分为组成要素创新、系统创新、价值链创新、战略创新4种。商业模式画布是一种描绘创新商业模式的可视化工具。

模块八 撰写"互联网+"创业计划书

案例导读

宠爱家的创业计划简介

杭州有宠网络科技有限公司是一家由在校大学生创办的，利用信息技术向用户提供优质宠物服务信息的互联网公司，其主要产品"宠爱家"是国内首个 C2C 宠物服务技能交易平台，该平台将掌握宠物服务技能的个人或商家与有需求的养宠用户直接连接起来，产品形态包括 App、网站、微信公众号等。创业初期，团队成员与苏河汇、投哪儿等天使投资机构进行初步接洽，数名投资人对该项目表示出浓厚兴趣。目前，宠爱家已经和线下 40 多家专业宠物店、宠物医院、驯犬学校达成合作，结合线上招募的 100 多名有经验的养宠达人，服务范围覆盖整个杭州市。

结合以上背景进行创业计划的设计，主要从以下几方面展开。

一、公司概要

二、公司描述

1. 公司名称

2. 公司宗旨

3. 公司性质

4. 创新理念

5. 产品介绍

6. 创业可行性

7. 公司初始资本需求

8. 融资计划

9. 资本结构

三、服务介绍

1. 服务主旨

2. 消费群体

3. App 主要功能介绍

4. 服务研发

5. 盈利模式

四、市场分析

1. 市场描述

2. 竞争分析

3. 市场风险

4. 法律纠纷风险

5. 市场营销

五、发展愿景

1. 公司成立初期计划

2. 公司中期发展计划

3. 公司长期设想

六、项目影响和效益

结合创业计划书，从各个方面充分展示有宠科技始终坚持"让养宠更科学，让养宠更方便"的理念，将"宠物服务提供者"与"宠物服务需求者"紧密联系起来。

✏ 专题一　创业计划及创业计划书

一、创业计划

1. 创业计划的概念

创业计划，又称为商业计划，是创业活动的重要组成部分。它用来描述与特定商业活动相关的所有内部要素及外部条件，是对特定商业活动详尽筹划后的系统描述。它主要用于向投资方和创业投资者说明企业未来发展战略与实施计划，展示企业实现战略和为投资者带来回报的能力，从而取得投资方或创业投资者的支持。

创业计划不仅要建立未来的目标，还应该列出创业企业达成目标所需的战略战术行为、人力资源与财务资源等。创业计划的价值在于对决策的影响，创业计划将促使创业项目的开展具有计划性、针对性和条理性，增加创业项目成功的概率。通常情况下，创业计划是各项职能计划（如市场营销、财务、生产、人力资源计划）的综合，为创业经营过程中制定决策提供依据和指导方针，也为衡量业务进展情况提供标准。

一般来说，以任何形式融资的创业者都需要制订创业计划。因为商业理念本身对于任何一个有能力和有经验的商人来说或许是可行的，但对于一个初露头角的创业者来说，则需要考虑以下问题：自己是否真正具备取得成功所不可或缺的技能？自己有没有相关产品或服务的背景知识？是否了解市场？有没有销售经验？懂不懂得怎样管理员工，如何授权？是否具备会计记账和信用控制所必需的财务技能？等等。创业计划不仅可以作为向风险投资家游说以取得创业投资的依据，也可以让创业者比较客观地分析创业的主要影响因素及自己所具备的条件，使创业者保持清醒的头脑，并成为创业者的创业指南或行动大纲。只有有了合理的创业计划，才能明确创业方向，吸引创业资源，凝聚创业团队，甚至获取政府的支持。

2. 创业计划的作用

创业活动在促进社会经济不断创新与成长过程中扮演着关键角色。但新创事业的风险性往往很高，如何预知创业成败的影响，进而事先加以有效规划与控制来提升创业成功的概率呢？创业计划书可以为新创企业制定比较具体的方向和重点，从而使创业团队成员了解企业的目标，并激励他们为共同目标而努力。更重要的是，它可以使风险投资者、供货商、销售商等了解企业的状况和目标，说服风险投资者为新创企业提供资金。

具体来说，创业计划有以下重要作用。

1）制订创业计划是使创业者集中精力思考问题的一个有效方法。经历了这个过程之后，创业者能够明确目标，并对自己组建经营企业的能力进行评估；同时，创业者在进行大规模投资之前也可以利用制订创业计划这一过程检验创业项目的可行性。企业在创建或兼并之前都要准备创业计划。

2）创业者通过制订创业计划，确定具体的目标和参数，并以此为尺度衡量业务的进展与营利性。创业计划是创建或兼并企业应事先做的工作，而且构成了企业可持续经营过程的一部分。

3）资金对于一个企业的成长和发展来说尤为重要，但由于能够完全自筹资金的创业者相对较少，大多数创业者面临的一个问题就是外部融资。对于创业者来说，是否有一份好的创业计划就决定了新创企业的未来。

二、创业计划书

1. 创业计划书的概念

创业计划书是将有关创业的许多想法，借由白纸黑字最后落实的载体。创业计划书是一份全方位的商业计划，除了明确创业者自身想法和阶段性目标外，还要给投资者看，便于投资者做出判断而使项目获得投融资资金。创业计划书用来描述拟创办企业或项目的内外部环境，从而为项目的长期发展提供指导或作为衡量业务发展的一把标尺。

2. 创业计划书的内容及用途

创业计划书的质量直接影响创业者是否能找到优秀的合作伙伴、资金及其他人力、物力、财力等的支持。所以，写好创业计划书，还要依照其主要用途来划分重点，且要有所侧重。例如，明确创业计划书是给投资者看的还是用来进行银行贷款的。通常情况下，一份完整的创业计划书应包含以下内容：事业描述、产品或服务、目标市场概况、相关竞争、管理方式、人事制度、财务需求与应用、相关风险评估、成长与发展等。

3. 创业计划书的类型

创业计划书可以从不同角度区分为不同的类型，下面按创业计划书的编写目的和创业计划书的结构及篇幅来对创业计划书进行分类。

（1）按创业计划书的编写目的分类

争取风险投资类的创业计划书通常包括以下几部分内容：创业计划概述；产业背景和公司概述；市场调查和分析；公司战略，项目总体进度安排；关键风险和问题；管理团队组成；企业经营状况；财务预测；公司能够提供的利益。

争取他人合伙的创业计划书通常包括以下几部分内容：创业机会及其商业价值描述；新创企业拟提供的产品或服务及可能的用户群；可能的市场竞争与拟采取的市场策略；可能的市场收益；可能遇到的风险及对策；希望别人以怎样的方式参与；将给新进入者带来哪些利益。

争取政府支持的创业计划书一般包括以下几部分内容：总论；团队情况；产品的市场需求预测；项目的技术可行性；项目实施方案；投资估算与资金筹措；项目效益分析；项目风险及不确定性分析；关于项目可行性的综合结论；希望政府给予的具体支持。

（2）按创业计划书的结构及篇幅分类

1）简略式创业计划书。简略式创业计划书包括企业的重要信息、发展方向及少部分重要的辅助性材料，是一种比较简略、短小的计划书。简略式创业计划书的篇幅通常为10~15页。一般来说，简略式创业计划书主要适用以下几种情况：①申请银行贷款；②创业者享有盛名；③试探投资者的兴趣；④竞争激烈、时间紧迫。

2）详细式创业计划书。在详细式创业计划书中，创业者必须对整个创业思想作一个比较全面的阐述，尤其能够对创业计划中的关键部分进行较为详细的论述。详细式创业计划书的篇幅一般为30~40页，通常会附有10~20页的辅助性材料。详细式创业计划书主要适用以下两种情况：①详细解释和探索企业的关键问题；②寻求大额的风险投资。

专题二　创业市场调研

市场调研是指对产品从生产、流通到消费领域所做的调研，调研内容包括消费者调研，产品的定价、包装、运输、销售环境、销售渠道、广告调研等。

一、创业市场调研的内容

进行创业市场调研，主要是为了弄清楚以下问题：消费者对拟提供产品或服务的需求程度、各种类型消费者消费的可能性、消费者对拟提供产品或服务的价格的敏感程度、替代和互补产品或服务的市场供给状况、消费者对同类产品或服务的认知渠道和消费依据等。

二、创业项目市场调研的作用

创业项目市场调研是为创业项目的相关决策提供依据或者为验证创业决策中的相关推断和策划而进行的各种市场信息的收集、整理、分析和应用的过程。因此，市场调研对创业项目的前期规划和设计有关键性的支持作用。

市场需求的多样性及市场竞争的多变性要求创业者必须通过科学有效的市场调研来获得真实的市场信息。

市场调研对创业的支持作用体现在如下几个方面。

1. 激发创意或推动创新

无论是创意还是定向开发模式下的技术创新的思想来源，都必须建立在大量信息和经验的基础上。因此，对于那些还没有明确的创业项目，甚至还没有明确行业定位的创业者来说，市场调研是他们发现商业机会最有效的手段。

2. 验证和完善创业项目初步规划

即使是在某行业从业多年的人，对该行业的了解也是有限的。他所选择的创业项目及其初步规划可能与实际情况存在一定偏差，这种偏差需要通过市场调研来加以验证和完善。

3. 创业项目可行性论证

在创业项目的商业策划和可行性研究中，都需要对创业项目未来的财务状况进行分析和预测，其中就会用到预期销售量、价格、成本等相关数据。对于一个没有实施的创业项目而言，只能通过市场调研的方式来获得这些数据。

4. 营销策划决策依据

与成熟企业及其产品或服务的营销活动相比，创业项目的市场营销存在更大的难度，并且可以使用的资源（资金、渠道等）也相对较少。在这种情况下，就对市场营销的策划提出了更高的要求。因此，对市场调研的要求也就提高了。如果没有全面准确的市场调研，营销策划将面临更大的风险。

5. 宣传作用

宣传不是创业项目市场调研的根本目的，甚至也没有人会把市场调研当作一种市场宣传手段，但却不能否认市场调研在一定程度上所起的宣传作用。也就是说，创业项目市场调研可能使潜在的顾客对创业项目的独特产品或服务或创新业务模式提前有所了解。

三、创业项目市场调研的类型

根据调研的目的和功能，创业项目市场调研可分为以下 4 种类型。

1. 探索性调研

探索性调研是指在没有特定结构和非正式方法下收集数据资料的市场研究。它主要用于收集初步数据，借以启示研究问题的真正性质，并可能提出若干假设或新构思。探索性调研经常被用于定义问题，也可用于进行追踪调查以寻找市场机会。探索性调研的目的在于发现而不在于证明，一般通过对问题的假设和对二手资料的调研及经验判断等，提炼、厘清下一步要调研的主要问题和调研方向，使调研人员对问题思路更清晰。在预调研阶段，调研问题往往需要借助于探索性调研来界定。但是，一般情况下探索性调研不能提供全面、清楚的决策所需要的信息。

2. 描述性调研

描述性调研是一种常见的项目调研，是指对所面临的不同因素、不同方面现状的调查研究，其资料数据的采集和记录，着重于客观事实的静态描述。描述性调研的目的在于解决以下问题：什么、如何、什么时候、什么地方、有多少等。例如，调查某品牌的市场占有率、购买频率、不同年龄和收入的人对某品牌的消费量等，可采用的方法有抽样调查法。

3. 因果性调研

因果性调研是对市场上出现的各种现象之间或问题之间的因果关系进行调研，其目的是找出问题的原因和结果，也就是专门调查"为什么"的问题。因果性调研在于确定某一变量和另一变量之间的因果关系，如价格的下调如何影响销量的变化、广告对某品牌知名度的影响等。因果关系一般用实验的方法来确定，常见的方法有实验法。

4. 预测性调研

预测性调研是在取得过去和现在各种市场情报资料的基础上，经过分析研究，运用科学的方法和手段，估计未来一定时期内市场对某种产品的需求量及其变化趋势的调查。预测性调研着眼于未来，如市场潜在需求、市场销售变化、消费者购买行为变化趋势等。

四、创业市场调研的阶段

创业市场调研是一项具体、复杂、细致的工作，为了提高调研活动的质量和效率，必须明确市场调研工作的阶段和任务。

一般来说，在调研之前要明确问题所需的信息，然后设计收集信息的方法，接着检测和执行数据收集的过程，最后分析结果，并把调查中的发现总结成结论。

1. 预调研阶段

首先，应明确创业类型，确立调研的范围和问题。明确调研问题对于指导调研的正确方向起着重要作用。假设某公司准备经营一个零售店，为了选址，需要对某个商业街（区）的客流量进行调查，那么对客流量的调查就成为这次调研的问题之一。

其次，通过既存资料的收集和分析，明确缺什么资料，应该重点调查哪些事项。例如，在客流量的调查中，通过对过去商业街（区）的调查资料，了解客流量最多和最少的地方。

2. 调研设计阶段

调研设计是用来确认收集和分析所需信息的方法和程序，它是调研行动计划的基本框架，其主要任务是调研类型设计和市场调研方法设计。通过以下两点可以获取较准确的结果：首先确定抽样方法，决定如何选择调查对象；其次，根据调查课题选择调查方法和调查主体。调查主体就是由谁来进行调查，可采取自行调查、委托外部专门组织调查、二者并用3种方法。一般来说，小企业由于受资金的限制，多采取自行调查的方式。调查方法和调查主体确定以后，应该设计调查计划表，包括调查顺序、日程规划、必要的费用及负责调查人员的名单等。

3. 调研展开阶段

调研设计一旦正式确立，接下来就要采集资料和收集数据，这也是调研展开阶段的主要任务。本阶段应注意以下问题。

1）需要准备调查工具。例如，照相机、秒表、计数表、记录工具、小型录音机等。在商店选址调查中，还需准备商业街布局图、地区地图及地区商店一览表等。

2）要注意调查时间、地点等问题。例如，在调查客流量时，不仅要调查白天的客流量，还要调查傍晚和夜间的客流量；不仅要调查平日的客流量，还要调查节假日的客流量。

3）需要采集的资料。需要采集的资料包括第一手资料（统计学所称的原始资料，一般是由实地调研获取的资料）和第二手资料（也称次级资料，是经过整理的资料），还包括历史资料（已发生过的市场营销活动过程资料，也称描述性资料）和有关营销活动发展动向和发展趋势的资料（也称预测性资料）。

4）形成结论阶段。本阶段对调研材料进行综合分析整理，并根据调研目的写出一份调研报告，得出调研结论，确定创建企业或开展营销活动的可行性。值得注意的是，调查人员不应把调研报告看作市场调研的结束，而应继续关注市场情况的变化，以检验调研结果的准确度，并发现市场新的趋势，为改进以后的调研打好基础。

五、创业市场调研应注意的事项

1）在利用科学方法开展调研时，要配合调查实际情况，采取抽样理论等科学方法，以获得精确的调查结果，决不能持随便态度，以偏概全。

2）应使用多种调研方法。调研时使用一种以上方法，相互印证调研资料的准确性，以免导致判断错误。虽然使用多种方法将导致调研成本增加，但会增加调研结果的可靠性。

3）发挥创造力。展开市场调研后，必须发挥创造力，不断探求可能产生的问题，找出能诱使被调查人说出准确答案的方法。

4）提供客观科学的结论和建议。市场调研的结论和建议要切中要点，能为企业的经营决策提供必需的参考信息。

5）调研成本的合理性。市场调研成本与成果价值比较，必须合理。因此，开展各项市场调研时应自问：为了更多的市场信息而花费更多的额外费用是否值得。

✏ 专题三　撰写与展示创业计划书

一、撰写创业计划书

（一）制订创业计划的步骤

1. 可行性研究

可行性研究的首要工作是进行市场调查，了解行情，明确目标市场，分析竞争对手，找出自己的优势，确定创业的经营思想和策略，得出是否可以创业的结论。

2. 撰写中小企业发展计划

按照一定的格式写出整个企业发展的实施计划，以帮助经营管理者更准确地实施自己的创业思想。如果计划只是作为个人使用，那么内容只需长期计划就可以了。研究表明：大多数中小企业主只有在寻求财政支持、开设新的企业及扩大现有企业经营规模的时候才编制完整的企业发展计划。不管目的如何，一份内容翔实、数据精准、体系完整的企业发展计划书对宣传落实自己的经营思路是非常有价值的。完整的书面企业发展计划书应该是篇幅适中、能给人留下深刻印象的文件。因为，企业发展计划书必须反映企业的实际情况，必须能够详尽地表述管理者的经营思想和经营策略。

（二）创业计划书的格式

1. 标题页

标题页要能给人留下良好的第一印象、显示创业者对计划的重视。

2. 目录

目录应该列出主要内容及页码。如果计划需要保密，可在末尾显著位置写明保密声明。例如，可以这样行文："本计划为保密材料，目的是征求公司所有者对企业发展计划所包含的建议，不得转阅他人。"

3. 执行摘要

执行摘要应力求简明扼要，篇幅最好不超过 1 页，主要说明以下内容。

1）对企业基本情况的介绍。说明企业的类型（零售业、批发业、服务性行业、生产性行业），介绍企业提供什么样的产品或服务及企业的远景目标。

2）所涉及的企业的主要方面。写出直接参与企业的所有者、主管人的信息。

3）企业的经营目标。

4）企业计划开展的项目同现存状况有哪些不同。

5）企业计划开展的项目所需资金及预计从何处获取。

4. 业务概况

1）描述所确定的企业短期、中期和长期目标，以及准备实现这些目标的期限。

2）说明有关项目的想法，以便让投资者来判断这个想法的新颖程度。

3）说明将要采取何种企业组织形式，是私营企业还是合作企业。

4）介绍企业主要管理人员及他们的背景材料，这样可以使投资者对企业的成功更有信心。

5）说明企业经营过程中最具商业价值的因素。

5. 经营性计划

经营性计划主要是介绍企业如何经营。不同的行业对其经营性计划有不同的要求。

1）生产企业。介绍工厂的位置及生产过程中的每个细节。

2）零售企业。介绍所选择的供货商、进货控制政策，并交代对供货商和客户的甄别条件；还可以介绍为了实现最佳销售额对销售商店的布局所做的考虑。

3）服务企业。要考虑如何排定各项工作的时间及用多少资金来实现日常业务。例如，需要的员工人数、对他们资历的要求、他们将从事的工作、所需的服务人员等。在公司概况的最后提出影响企业经营发展的关键因素，把这些因素写进创业计划书，就会向人显示管理者对公司的事务进行了深入考虑，不但找到了公司事务中的关键因素，而且制定了处理这些因素的策略。

6. 销售计划

销售计划除了要向投资者说明公司发展的现状、将来可能出现的竞争外，还需要提供如下信息。

1）对市场的调查与分析结果。

2）对竞争对手情况的分析，包括竞争对手数量、经营多长时间、市场占有率大小、产品内容等。

3）确定目标市场。希望参与企业并与企业订立长期合同的客户的详细情况；促销及企业订立长期合同的客户的详细情况；促销及广告策略，即企业将在什么时候采取什么措施。

4）说明企业具备哪些竞争优势。

5）有关现有市场的范围、人数、销售额，以及市场性质、形势的详细情况。

6）将提供哪些产品和服务。

7）公司业务的周期性和业务性，这将揭示各种趋势和季节因素对公司业务的影响。

8）有关获得销售方式的详细情况。

9）公司的地址、费用情况，阐明选址的原因等。这条内容对零售企业尤为重要。

10）举例说明价格政策。

11）未来的市场走势及机遇。

7. 财务计划

1）所需的固定资金、固定财产的详细情况。

2）所需的流动资金及计算资金数额的方法。

3）向公司投入的经费。

4）其他资金来源。

5）资金周转预测。

6）盈亏预测。

对以上内容做出评价，指出积极的方面，列出资金需求的证据，通过资金周转情况，分析证明自己有能力满足未来借款的偿还要求。同时，应对企业的经营收支做平衡分析，这样可以证明你已经考虑可能发生的最坏情况，能做出满足短期资金需求的计划。同本行业的平均水平进行比较，也可提高数据的可信度。在什么时候以何种方式对企业的财务情况进行监测和评价，所应支付的税金在财务计划里也应做出说明。

8. 法律要求

将国家、地方的有关法律法规及对许可证、注册和特别资格要求的相关文件的复印件放在计划后面。

9. 企业创业者的计划

1）经营企业的好处与风险。

2）对企业自身的优势与劣势进行比较、分析、评价。

3）如何管理企业（包括如何管理时间、如何应对外来压力等）。

4）个人目标。

5）培训计划。可将你所参加的社会团体和专业协会的名称列出来，还可以提供本人和合伙人的财务情况报告。

10. 附录

1）有关经历、技能简历及资格证书的复印件。

2）意向书。

3）保险报价。

4）国家、地方有关本行业的政策法规。

5）有关供货商的协议和条件。

6）有关银行或其他渠道出具的贷款证明及信件。

7）调查问卷的复印件及调查结果。

信息的准确性和计划内容的简洁性是制订企业计划时的两个重要因素。创业计划书的行文应当语言平实，专业期刊、文献、图书和有关机构新闻的发布可以提供本行业的最新信息，有关数字信息要准确、要有依据。

二、创业计划书的常见问题与对策

（一）创业计划书中存在的常见问题

对于大学生而言，生活阅历和工作经验相对匮乏。由于缺少经验，在创业初期往往步履维艰，这也体现在大学生的创业计划书中。不论是企业或团队管理经验，还是对市场变化或发展的把握经验，以及把控风险的意识方面，都显得相对稚嫩。常见的问题主要有以下几点。

1. 目标不明确

很多大学生在创业计划书中想法很多、踌躇满志，但没有根据可行性进行分析和取舍，导致目标不明确。

2. 对市场前景估计过于美好化

由于大学生缺乏实际工作经验，他们的创业计划书中对创业项目的市场前景想得过于美好，对市场的风险性估计不足，过于乐观，这就导致无法客观地评估创业项目。

3. 盈利模式不清晰

大学生往往在创业计划书中大篇幅地描述想做的事业或项目的现状及美好前景，忽略了对项目本身盈利模式的探索和构建，而盈利模式直接关系到创业项目能否成功。

（二）如何写好创业计划书

1. 明确目标，直奔主题

通常情况下，投资人拿到创业计划书后会在短时间内完成阅读。为了在短时间内吸引投资人的关注，为自己的创业项目赢得更多的机会，建议在创业计划书开篇就直奔主题，明确要做的事情及目标是什么，没有必要为了说服投资人而进行大篇幅的铺垫，如大篇幅描述相关市场之大，要知道能拿到这份创业计划书的投资人对行业肯定都有基本或专业的认识，而创业者需要做的就是用最直接的方式表述自己项目的整体逻辑。

2. 对产品简单全面的描述

对产品简单全面的描述是创业计划书中的重要部分。它一般包含以下几点要素。

1）简单明了地介绍产品，少说空话。

2）介绍目前产品所处的阶段，如研发状况或生产状况等。

3）明确项目所处的阶段，由于投资者或投资机构不同，对项目的评判标准也不相同。

4）用数据说话。投资人会非常关注用户数量、日活跃用户数量及相关增长的一系列数据。

5）与同类产品的对比。找到和项目所处阶段相近的项目或产品进行对比，做到评价客观。

3. 项目发展历程、融资情况及盈利模式

1）做一个项目或产品的发展历程时间表，要突出关键的时间点。例如，何时立项、何时组建团队、何时推出产品、预计何时盈利等。

2）明确融资需求。它包括过往的融资情况，如投资方是谁、股份是多少等。对于将要融得的资金怎样使用，如多少用于产品研发、多少用于市场推广等，要体现出资金使用的合理性。

3）对于盈利模式，一定要基于现有情况对未来做一个理性的逻辑判断。投资人倾向于盈利模式清晰可见或已具有盈利能力的项目。

4. 对团队的描述

对于早期的项目，与其说是投资项目，不如说是投资人才，所以对项目核心团队的介绍就显得尤为重要。投资者非常关注团队如何分工及配合的默契程度。在核心团队的介绍中，很多创业者会忽略介绍股权结构，这是非常致命的一个失误。投资者非常关注创业公司有没有健康的股权结构，核心团队的持股比例要足且必须全职，这涉及创业者能否全身心地投入项目中去，甚至关系到项目的成功与否。

5. 结合实际，认真对待

大学生的创业计划书往往过于强调项目的美好愿景而忽略了与现实的结合。对于创业计划书，必须结合实际，认真分析，这不但是创业者对商业模式的一次梳理，更是一份关系到创业成功与否的蓝图。

三、创业计划书的展示

当一份创业计划书写完之后，为了能够很好地发挥其作用，接下来需要做的就是找到所需要的资金、专门的技术人员和市场进入方式，并向投资者或合作伙伴展示你的创业计划书，以引起他们的兴趣，愿意为你的企业提供资金或其他支持。

1. 展示前的准备工作

（1）熟悉创业计划书

在展示创业计划书之前，必须熟悉创业计划书的内容，做到胸有成竹，以便顺利回答投资者的各种问题。这里，不仅要熟悉创业计划书中所写的内容，而且要熟悉创业计划书中的一些判断或预测的依据和证明材料，这样才能说服投资者。

（2）创业计划书展示演练

在正式展示创业计划书之前，团队应该进行多次演练，尽可能找不同的人来做听众，让他们从不同的角度提出合理性建议或意见，这样不断地进行演练和改进，不仅有利于展示效果，而且有利于提高团队的自信心。

（3）准备合适的展示方式

最常用的展示创业计划书的方式是播放幻灯片，对于销售预测、财务报表等数据性的内容，使用表格、柱状图、饼状图、曲线图等方式来呈现更加直观有效。当然，也可以通过简短的音频或视频来展示。

（4）合理安排团队成员及分工

为了更加有效地展示创业计划书，可以通过团队的方式来合作展示，人数一般为 3 人左右，一人主讲、一人辅助、一人辅助协调，这样才能体现出团队的合作精神。

（5）充分了解你要会见的对象的信息

在展示创业计划书之前，应尽可能地通过各种渠道搜集你要会见的对象的信息，最好能收集到他在各种场合讲话的内容或者他写的文章，进一步了解他的思想，从而更好地说服他，让他对你的创业项目产生兴趣。

2. 向投资者陈述创业计划书

陈述一般是由创业者或主讲人按照幻灯片演示文件的方式向投资者介绍项目情况。一般来说，对一份创业计划书做介绍通常为 15～20 分钟，还要预留 10～15 分钟来回答投资者的问题。通常情况下，在介绍时重点阐述创业计划书的关键要点。陈述的过程既是宣传创意的机会，也是展示自我的机会，所以应该充分展示自己的创业计划。演讲时，要充满激情，语言要充满感染力。演讲的开头很重要，一定要选择合适的形式来开场以引起投资者的兴趣，演讲过程中要适当运用肢体语言和音量的变化来吸引投资者的注意力，演讲的结尾要让投资者关注项目创新点，树立投资者的信心。

📖 延伸阅读

专利产品 国内空白：一年节电 100 亿 kW·h

1. 公司简介

我公司成立于 2005 年 8 月，从事节能节电业务，拥有自己的专利技术与知识产权，包括电机节电器技术、发酵罐排放气流压差发电等多项专利。

2. 项目简介

项目名称是"发酵罐排放气流压差发电与能量回收"。发酵罐是药厂与化工企业普遍使用的生产工具，用量非常大，如华北制药集团、石药集团、哈药集团等，每家企业使用的大型（150t 以上）发酵罐均在 200 台以上。因生产需要，发酵罐前端需要压气机给罐内压气，压气机功率一般为 2000～10 000kW，必须 24h 运转，为了满足发酵罐生产，就需要多台压气机工作。所以，压气机耗电通常是这些企业很大的一项费用支出。经发酵罐排放的气流仍含有大量的压力能，浪费在减压阀上。如果安装我公司研制的"发酵罐排放气流压差发电与能量回收"装置，可以回收压气机耗费电能的 1/3 左右。

3. 同行简介

目前，该技术国际统称 TRT，应用于钢厂的高炉煤气压力能量回收，主要的供货商有日本的川崎重工、三井造船，德国的 GHH，国内的陕西鼓风机厂，年销售额达 20 亿元以上。

4. 项目进展简介

本项目关键技术成熟，我公司已经与某制药集团达成购买试装与推广协议，项目完成时，预计可以在该集团完成 5000 万元以上的销售额。

5. 项目优势简介

1）我公司已申请该项目的多项专利。

2）市场中先行一步，属市场空白阶段。

3）符合国家产业政策，该项目属于节能减排项目。

4）各地方政府有节能奖励。例如，三电办有 1/3 的投资补贴，制药集团可获得约 1600 万元的政府补贴。

5）可以申请联合国的清洁发展机制（clean development mechanism，CDM）项目资金（每减排 1t 二氧化碳可以申请 10 美元国际资金，连续支付 5 年）。制药集团每年可节能 6000 万 kW·h，减排二氧化碳 60 000t，可获得国际资金供给 300 万美元。

6. 用户利益

1）减少电力费用支出，以某制药集团为例，如果全部安装该装置，一年可以节约电费 3000 万～36 000 万元，收回投资少于 2 年。

2）很少维护，无须增加人员，寿命在 30 年以上，可以为用户创造投资 15 倍以上价值。

3）降低原有噪声 20dB 以上，符合环保要求。

4）其他政府奖励。

7. 目标用户与市场前景

本项目目前主要针对国内药厂、化工厂。从与某集团达成的初步协议来看，集团内需求量为 100 多套，而全国存在同样状况的有多家药厂，再加上许多化工企业也采用相同或相似的生产工艺，均为我公司的目标市场，总市场销售额预计达 100 亿元以上。

（资料来源：作者根据相关资料改编。）

实 训

实训一：创业计划可行性评估

当你确定自己适合创业后，不要急着去创业，而是要先评估一下你的创业计划是否可行。

1）你能否用语言清晰地描述出你的创业构想？你应该用简练的文字将你的想法描述出来。

2）你真正了解你所从事的行业吗？许多行业都要求选用从事过这个行业的人，并对该行业的方方面面有所了解；否则，就得花很多时间和精力去调研诸如价格、销售、管理费用、行业标准、竞争优势等。

3）你看过别人使用这种经营方法吗？一般来说，一些经营红火的公司的经营方法比那些特殊的想法更具有现实性。

4）你的想法经得起时间的考验吗？当未来的企业家的某项计划真正得以实施时，他会感到由衷的兴奋。但过了一个星期、一个月甚至半年后，将是什么情况？它还是那么令人兴奋吗？

5）你的设想是为自己还是为别人？你是否打算在今后 5 年或更长时间内，全身心地投入这个计划的实施中？

6）你有没有一个好的商业网络？开始创办企业的过程，实际上就是一个组织供应商、承包商、咨询专家、雇员的过程。为了找到合适的人选，你应该有一个服务于你的可靠的个人关系网；否则，可能陷入不可靠的人或滥竽充数的人之中。

7）你明白什么是潜在回报吗？每个人投资创业，其主要目的是赚最多的钱。可是，在尽快致富的设想中隐含的不仅仅是钱，还要考虑成就感、爱、价值感等潜在回报。

实训二：撰写一页纸的创业计划书

1）要求在所学的创业基础知识，即识别创业机会与风险、挖掘创业资源与创业融资，结合创业企业的营销管理、财务管理、客户管理等方面的知识，撰写一页纸的创业计划书。

2）要求学生结合所学知识提炼创业项目的主要内容及优势分析。

3）要求文字通顺，条理清晰，详略得当。

4）以小组的形式完成，以自己项目或实际创业案例为内容完成撰写。

5）根据一页纸创业计划书，进行创业路演 PPT 的制作，并进行项目路演汇报。

◆ 模块小结 ◆

作为创业者，必须要有大局观，对企业的发展和创业项目的生命周期有一个清晰的规划。这不是写一个商业计划书那么简单，在实际推进的过程中会遇到各种问题，这些问题可能会打断原有的发展计划，这就需要调整方案、重新规划，而不是继续埋头苦干、闭门造车。

模块九 寻找创业融资

案例导读

大学生创业团队融资案例

半客商贸有限公司（以下简称"半客商贸"）于 2014 年 11 月成立，该创业团队为大学生创业团队，主打线上下单、线下自提的 O2O 模式净菜销售服务，兼具网站开发设计等产品服务。

一、半客商贸创业融资方案的选择

1. 政策基金

2016 年年初，政府开始发布新一年度的创业扶持资金，最低 2 万元、最高 20 万元，由于半客商贸在创业经验上不足，会计账目和运营收支没有记录和报税显示，导致在公司经营审核上无法显示公司是否已正常运行，因此只能申请最高额为 3 万～5 万元的扶持资金。

2. 风险投资

风险投资不同于天使投资人，由投资者通过股权占有来主导企业和资金的发展，由于半客商贸带有便民性的特点，不希望净菜商品的定价过高，还是以亲民路线为主。

二、结论及优化方案

通过 SWOT 分析和融资渠道分析后，我们大致了解公司的现实发展处境和各类融资渠道的利弊，将这些因素结合在一起，选择一种较为合适的方案成为难题，我们通过了解半客商贸的资本结构得出一种较为优良的方案。

1. 不足

首先，产品项目缺乏技术性和科技含量，难以获得风险投资者的青睐，半客商贸的净菜产品多为服务性O2O项目，虽然具有网络开发内容，但实质上还是农产品的销售。其次，由于大学生团队经验不足，缺乏完备的计划和统筹，导致银行贷款审批困难，在没有充分盈利的情况下，难以说服银行进行贷款。再次，融资渠道结构较为单一，半客商贸融资以两方面为主，虽然充分看到合伙融资和无息贷款的优越性，但忽略了其存在的缺点，并且被其严重约束。最后，由于整体构架的不完善，可以获得的政府扶持资金的具体数额无法完全确定，使得政府扶持资金无法超过10万元。

2. 优化方案

首先，总结当前经验，跟进财务账目的标准化和透明化，以加快银行贷款的审批时间。其次，增进亲友与天使投资人接触，优化融资结构，不要太看重股份，把精力放在如何使公司更好地运作上来。再次，加大线上技术O2O的投入和宣传，加快线下产品的深加工技术和产品开发，突出其经济效益和未来带动劳动力市场的社会效益，并申请相关的净菜技术认证。最后，通过创业孵化器的指导来完善不足之处，优化整体渠道和项目人员的管理模式，进一步加快产品向市场的输出，加快对市场的占有，以获取先机来吸引投资者的进入。

（资料来源：作者根据相关资料改编。）

专题一　测算创业资金需求量的方法

一、创业资金的财务规划

创业者在创业行动中，预先对未来的创业资金使用量进行测算，是给未来的创业活动画一条基准线，创业活动中资金使用和列支是围绕它波动的。有了这条基准线，创业者就能知道每件事情应该做到什么程度，当做得跟它有偏差时，企业就需要做校准。这个校准的过程，就是朝基准线不断靠拢的过程，实际就是一种控制。测算创业项目资金需要量，主要就是做好财务规划。

财务规划一般包括以下内容：创业计划书的条件假设、预计的损益表、预计的资产负债表、盈亏平衡点分析、现金流量表和资金来源及使用说明等。其中，主要包括现金流量表、资产负债表及损益表的编制。流动资金是企业的生命线，因此企业在初创时，对流动资金需要有预先周详的计划和过程中的严格控制。损益表反映的是企业的盈利状况，它是企业在一段时间运作后的经营结果。资产负债表反映在某一时刻的企业状况，投资者可以用资产负债表中的数据得到的比率指标来衡量企业的经营状况及可能的投资回报率。

一份创业计划书概括地提出了在筹资过程中创业者需要做的事情，而财务规划是对创业计划书的支持和说明。因此，一个好的财务规划对评估创业企业所需的资金数量、提高创业企业抗风险能力来说是十分重要的。财务规划需要花费较多的精力来做具体分析。

创业企业制订好财务规划后，需要做好以下几方面的工作。

1. 了解创业企业的市场特点

企业的财务规划应保证与创业计划书的假设相一致。一般来说，创业项目对创业者是一个新企业，但对于市场而言，不外乎两种情形：①为一个新市场创造一个新产品；②进入一个财务信息较多的已有市场。着眼于一项新技术或创新产品的创业项目，没有现有市场的数据、价格和营销方式可供借鉴，因此需要预测所进入市场的成长速度和可能获得的净利润，并把它的设想、管理队伍和财务模型在项目计划中进行深入研究。

财务规划和创业项目的生产计划、人力资源计划、营销计划等是密不可分的，要完成财务规划，必须要明确下列问题。

1）产品在每一个期间的销售量预测。

2）开始产品生产扩张时间。

3）单位产品的生产费用。

4）单位产品的定价（售价）。

5）预期的成本和利润。

6）雇用员工类型、雇用时间、工资预算等。

2. 创业中涉及的成本测算

创业成本是指创业过程中所发生的花费，包括创业前发生的费用，创业后初期的运营成本（最低投入）。创业项目在投入资金之前，一定要了解创业成本。因此，能否准确测算创业成本是成功的关键。低估所需的创业成本，在企业盈利前可能用光了钱；高估了创业成本，将会提高创业项目推进预期难度，难以将企业建立起来。

简单来说，创业成本可分为固定成本和变动成本两部分，它是测算盈亏平衡点的基础。

（1）固定成本

固定成本是指成本总额在一定时期、一定业务量范围内，不受业务量增减变动影响而保持不变的成本。通常，把管理人员的工资、办公费、财产保险费、房地产税、按直线法计提固定资产折旧费、职工教育培训费、广告费等看作固定成本。固定成本又分为酌量性固定成本和约束性固定成本。酌量性固定成本是指创业团队的决策可以影响其数额的固定成本，如广告费、职工教育培训费等。约束性固定成本是指创业团队无法决定其数额的固定成本，如厂房及机器设备按直线法计提的折旧费、房屋及设备租金、房地产税、财产保险费、照明费、行政管理人员薪金等。但是，相对于单位业务量而言，在成本总额固定的情况下，单位业务量所承担的固定成本与业务量的增减呈反方向变动，即：若业务量小，则单位业务量所负担的固定成本就高；若业务量大，则单位业务量所负担的固定成本就低。

（2）变动成本

变动成本是指在一定时期、一定业务量范围内，其总额随业务量的变动而成正比例变动的成本。例如，直接材料费、产品包装费、按件计酬的工人薪金、推销员酬金，以及按加工量计算的固定资产折旧费等。变动成本又分为酌量性变动成本和约束性变动成本。按产量计酬的工人薪金、按销售收入一定比例计算的销售佣金、与销售量挂钩的技术转让费等可看作是酌量性变动成本。约束性变动成本通常表现为企业所生产产品的直接物耗成本，以直接材料成本最为典型，但单位业务量的成本保持不变。

（3）盈亏平衡点的计算分析

盈亏平衡点计算对于创业者来说是很重要的。盈亏平衡点，又称为零利润点、保本点、盈亏临界点、损益分歧点、收益转折点等，通常是指全部销售收入等于全部成本时（销售收入线与总成本线的交点）的产量。当销售收入高于盈亏平衡点时，企业盈利；反之，则企业亏损。盈亏平衡点的基本算法：假定利润为零（或设定为目标利润）时，先分别测算原材料保本采购价格（或保利采购价格），再分别测算产品保本销售价格（或保利销售价格）。

3．利润及效益的测算

（1）利润的计算

利润的计算公式如下：

$$利润=收入-费用（固定成本+变动成本）$$
$$净利润=利润-所得税费用$$

（2）预计利润表

1）估算销售量。销售量通常是通过市场调查分析并考虑相关影响因素得到的。通常需要根据季节、区域特点来估算销售量。

2）预估收入。根据产品的销售单价估算出每期收入，也可以根据同行业的平均水平预估平均单价，然后预估收入。在创业项目财务分析中，至少要估算三年的收入，预测三年的利润。

3）估算各期利润。利用销售量的预估和已产生的生产和营运成本，至少估算三年的利润。需要重点说明主要的几项风险。

（3）预估资产负债表

创业者也应关注项目的资产负债表，因为通过资产负债表可以知道资产的预期增长情况。如果缺乏财务预测方面的经验，可以向有关专业人士请教，也可以考虑把具有这方面经验的人士加入到创业团队中来。

（4）现金流量表

现金流量表比资产负债表和利润表更为重要，在阶段性时间节点，创业者会有多少现金是关系到创业项目能否生存的基础数据。第一年按月做一次统计，以后两年至少每个季度做一次统计。现金流入流出的时间和数据的详细描述，决定追加投资的时间及对营运资本的需求。例如，自有资金、银行贷款、银行短期信用或其他，说明哪些项目需要偿还及如何偿还这笔资金。

（5）盈亏平衡点

计算盈亏平衡点。盈亏平衡点分析利用成本的固定性质和可变性质来确定获利所必需的产量范围。盈亏平衡点分析很重要，它使管理者能够获悉产量变化或准备采取的行动路线将怎样影响利润。

二、测算创业所需的资金

良好的资金测算可以在保证创业成功所必须资金的同时，最大化地提高资金使用效率，减少因资金不足对创业活动产生的不利影响。因此，对创业项目的资金总量进行测算，一旦资金不足时，可以有时间和空间通过融资等方式来弥补，是创业者取得成功的重要基础工作。

（1）根据创业计划制定中短期创业目标

创业者在创业之初，往往都有远大的战略规划，但创业活动是需要脚踏实地、一步步地把理想变为现实。创业者必须综合分析当前形势、行业现状、企业运营等情况，确定创业项目未来一年的短期目标。切实可行的短期目标有助于创业者合理使用有限的资金资源，更好地实现创业蓝图。

（2）由年度创业目标确定企业的成本预算

一般来说，创业者在详尽列举各项开支后，最好使用三步流程来测算。首先，估算企业开业所需的一次性成本；其次，制定开业六个月甚至第一年所需的营运预算；最后，汇总为创业初期的总支出成本。

（3）通过财务规划评估创业资金需求的经济总量

由销售预测确定生产预算、人工预算、销售预算等成本支出，并由销售预测计算未来的收入，进而做具体的现金流预算。现金流预算对创业企业非常重要，一般来说，企业要预留出盈亏平衡实现前所需要的基本创业资金；如果对盈亏平衡不好预估，也得留足 6～12 个月的资金储备。

（4）将各项预算的执行具体到个人，并制定相应的绩效考核标准

一般创业公司都没有系统的绩效考核体系，其实只需制定一个粗略的奖励机制即可，奖励机制可以粗略但一定要明确。如果考核跟资金使用规划没有联系，则预算就会被边缘化。没有绩效考核的预算只是数字游戏，失去了指导意义。

（5）创业资金预算的贯彻执行及修订

预算在具体执行过程中与制定的预算目标有出入甚至有很大出入时是非常正常的，但不能因此说预算没用就把制订的预算方案放弃。创业者应首先分析原因，及时做出调整，并按照调整的预算方案执行。

专题二　创业融资分析和渠道

一、创业融资分析

创业融资是指创业企业从自身生产经营及资金运用情况出发，根据企业未来经营发展的需要，通过一定的渠道或方式筹集资金，以满足后续经营发展需要的一种经济行为。

创业企业筹集资金的基本目的在于满足企业扩张或还债的需要。在筹集资金时应该遵循一定的原则，通过一定的渠道和方式去进行。

二、寻找恰当的融资渠道

创业融资的渠道是指创业者筹集资金的方向与通道，体现资本的来源和流量，主要由社会资本提供者的数量及分布决定。目前，中国社会资本的提供者众多，数量分布广泛，为创业融资提供了广泛的资本来源。具体来说，创业融资的渠道主要有以下几种。

（一）私人资本融资

1. 个人积蓄

创业者的个人积蓄是创业融资的根本来源。几乎所有的创业者都向他们新创办的企业投入了个人积蓄。个人积蓄的投入对于创业企业来说具有以下重要意义。

1）创业者个人积蓄的投入表明了创业者对于项目前景的看法，只有当创业者对未来的项目充满信心时，创业者才会毫无保留地向企业投入个人积蓄。

2）将个人积蓄投入企业，是创业者日后继续向企业投入时间和精力的保证，向企业投入的个人积蓄越多，创业者就越会在生产经营过程中对企业更加关注。

3）个人积蓄的投入有利于创业者分享投资成功的喜悦。因此，准备创业的人应将自己收入的一部分储存起来，作为创业储备资金。

4）个人积蓄的投入是对债权人债权的保障。在企业破产清算时，债权人的权益优于投资者的权益，所以企业能够融到的债务资金一般以投资者的投入为限，创业者投入企业的初始资金是对债权人债权的基本保障。

对于许多创业者来说，个人积蓄的投入虽然是新企业融资的一种途径，但并不是根本性的解决方案。一般来说，创业者的个人积蓄对于创业企业而言是十分有限的，特别是对于新创办的大规模企业或资本密集型的企业来说，几乎是杯水车薪。

2. 向亲友融资

向亲友融资也是创业融资的重要渠道。特别是在中国，以家庭为中心形成的亲缘、地缘、商缘等为经纬的社会网络关系，对包括创业融资在内的许多创业活动产生重要影响。

在向亲友融资时，创业者必须按照市场经济的规则、契约原则和法律形式来规范融资行为，保障各方利益，减少不必要的纠纷。具体需要注意以下几个方面。

1）创业者要明确所融资金的性质，并据此确定彼此的权利和义务。若所融资金属于亲友对企业的投资，则属于股权融资；若所融资金属于亲友借给创业者或创业企业的，则属于债权融资。由于股权资本的特性，创业者对于亲友投入的资金没有必要承诺日后的分红比例和具体的分红时间；但对于从亲友处借入的款项，一定要明确约定借款的利率和具体的还款时间。

2）无论是借款还是投资款项，创业者最好能以书面形式将双方约定的事项确定下来，避免将来可能出现的矛盾和纠纷。

3）创业者在向亲友融资之前，要将日后可能产生的有利和不利方面告诉亲友，尤其是创业风险，以便将未来可能出现问题时对亲友的不利影响降到最低。

（二）机构融资

1. 向银行借款

创业者向银行借款的形式主要有抵押贷款和担保贷款两种。既缺乏经营经验，又缺乏信用积累的创业者，比较难以获得银行的信用贷款。

1）抵押贷款是指借款人以其所拥有的财产作抵押，作为获得银行贷款的担保。在抵押期间，借款人可以继续使用其用于抵押的财产。抵押贷款有动产抵押贷款和不动产抵押贷款两种。动产抵押贷款是指以股票、国债、企业债券等银行承认的有价证券及金银珠宝首饰等动产作抵押，从银行获取贷款。不动产抵押贷款是指以土地、房屋等不动产作抵押，从银行获取贷款。

2）担保贷款是指借款人向银行提供符合法定条件的第三方保证人作为还款保证的借款方式。当借款方不能履约还款时，银行有权按照约定要求保证人履行或承担清偿贷款连带责任。其中，较适合创业者的担保贷款形式有自然人担保贷款和专业公司担保贷款两种。自然人担保贷款是指自然人提供担保取得贷款。专业公司担保贷款是指由担保公司提供担保取得贷款。

尽管银行贷款需要创业者提供相关的抵押、担保或保证，这对于刚毕业的大学生来说条件有些苛刻，但如果创业者能够提供银行规定的资料，能提供合适的抵押，则得到贷款并不困难。

2. 向非银行金融机构借款

非银行金融机构是指以发行股票和债券、接受信用委托、提供保险等形式筹集资金，并将所筹资金用于长期投资。根据法律规定，非银行金融机构包括经国家金融监督管理总局批准设立的信托公司、境外非银行金融机构驻华代表处、农村和城市信用合作社、典当行、保险公司、小额贷款公司等机构。创业者可以从这些非银行金融机构取得借款，筹集生产经营所需的资金。

3. 中小企业间的互助机构贷款

中小企业间的互助机构是指中小企业在向银行融资的过程中，根据合同约定，由依法设立的担保机构以保证的方式为债务人提供担保，在债务人不能依约履行债务时，由担保机构承担合同约定的偿还责任，从而保障银行债权实现的一种金融支持制度。信用担保可以为中小企业的创业和融资提供便利，分散金融机构的信贷风险，推进银行与企业进行合作。

4. 交易信贷

交易信贷是指企业在正常的经营活动和商品交易中，由于延期付款或预收货款所形成的企业间常见的信贷关系，通常也称为商业信用。企业在筹办期及生产经营过程中，均可通过交易信贷筹集部分资金。例如，企业在购置设备或原材料的过程中，可以通过延期付款的方式，在一定时期内免费使用供应商提供的部分资金。

5. 融资租赁

融资租赁是指实质上转移与资产所有权有关的全部或绝大部分风险和报酬的租赁。融资租赁是集融资与融物、贸易与技术更新于一体的新型金融业务。由于其融资与融物相结合的特点，出现问题时租赁公司可以回收、处理租赁物，因而在办理融资时对企业资信和担保的要求不高，所以非常适合中小企业融资。此外，融资租赁属于表外融资，不体现在企业财务报表的负债项目中，不影响企业的资信状况，对需要多渠道融资的中小企业非常有利。

企业在筹建期，通过融资租赁的方式可以取得急需设备的使用权，解决部分资金需求，获得相当于租赁资产全部价值的债务信用。一方面，可以使企业按期开业，顺利开始生产经营活动；另一方面，可以解决创业初期资金紧张的局面，节约创业初期的资金支出，将用于购买设备的资金用于主营业务的经营，提高企业现金流量的创造能力，同时融资租赁分期付款的性质可以使企业保持较高的偿付能力，维持财务信誉。

（三）风险投资

风险投资又称为创业投资，是指由专业机构提供的投资于极具增长潜力的创业企业并参与其管理的权益资本。从投资行为的角度来讲，风险投资是具备资金实力的投资机构或投资家，对具有专门技术并具备良好市场发展前景，但缺乏充足资金的创业型企业进行资助，以此帮助其实现创业计划，并相应承担该阶段投资可能失败的风险的投资行为；从运作方式来讲，风险投资是由专业化人才管理的投资中介向具有较大潜力，但同时蕴藏失败风险的创新型企业投入风险资本的过程，也是协调风险投资家、技术专家、投资者的关系，利益共享、风险共担的一种投资方式。

风险投资的主要特征如下。

1）投资对象多为处于创业期的中小企业，且多为高新技术企业或现代服务企业。

2）投资期限通常为3～5年，投资方式为股权投资，一般会占被投资企业15%～30%的股权，既不要求控股权，也不需要任何担保或抵押，但可能会对被投资企业以后各阶段的融资提出一定的权利。

3）投资决策建立在高度专业化的基础之上。

4）风险投资人一般积极参与被投资企业的经营管理，提供增值服务。

5）由于投资目的是追求超额回报，当被投资企业增值后，风险投资人会通过上市、收购、兼并或其他股权转让方式撤出资本，以实现增值后的回收。

6）风险投资人顺利退出投资时往往能够获得原始投资额5倍以上的资本升值，但也有可能投资失败。

（四）天使投资

天使投资是一种非组织化的创业投资形式，是指自由投资者（个人）或非正式风险投资机构（团体）对有发展前景的原创项目构思或初创期小企业进行早期权益性资本投资，以帮助这些企业迅速启动的一种民间投资方式。可以说，天使投资人是年轻的公司甚至处于起步阶段公司的最佳融资对象，他们是创业企业的早期乃至第一批投资人，在创业企业的产品和业务成型之前就把资金投入进来。这种融资方式最早出现在19世纪百老汇喜剧发展之中，20世纪80年代在西方国家逐渐兴起，如今在美国、加拿大、英国等金融投资市场发达的国家，天使投资是创业企业在起步和成长阶段最主要的融资方式之一。目前，我国天使投资的规模非常有限，相应的制度环境也不健全。

天使投资的主要特征如下。

1）天使投资的金额一般较小，而且是一次性投入，它对创业企业的审查也并不严格。它更多的是基于投资人的主观判断或者个人好恶决定的。通常，天使投资是由一个人投资，是个体或者小型的商业行为。

2）很多天使投资人本身是企业家，了解创业者的难处。他们不一定是百万富翁或高收入人士，但可能是您的邻居、家庭成员、朋友、公司伙伴、供应商或任何愿意投资公司的人士。

3）天使投资人不但可以带来资金，也可能带来一定的资源网络。如果他们是知名人士，还可以提高公司的信誉和影响力。

专题三　创业融资实务

一、创业融资的策略

创业者无论通过哪种渠道进行融资，都不外乎两类：股权融资和债权融资。

1. 股权融资

股权融资是指企业的股东愿意让出部分企业所有权，通过企业增资的方式引进新的股东的融资方式。股权融资所获得的资金，企业无须还本付息，但新股东将与老股东同样分享企业的盈利与增长。股权融资的特点决定了其用途的广泛性，既可以充实企业的营运资金，又可以用于企业的投资活动。广义上的股权融资包括内部股权融资和外部股权融资。内部股权融资主要是企业的内部积累。外部股权融资包括个人积蓄、亲友投入、合伙人资金和天使投资等。

创业企业在创建的启动阶段和较早的发展阶段，其内部积累极为重要。内部积累的资金来源主要是企业在经营过程中赚取的利润，采用内部积累方式融资符合融资优序理论的要求，也是很多创业者的必然选择。鉴于创业企业在资金实力、经营规模、信誉保证、还款能力等方面的限制，创业企业往往会通过不分红或少分红的方式，将企业的经营利润尽可能地通过未分配利润的形式留存下来，然后投入到再生产过程中，为企业的持续经营或扩大经营提供必要的资金支持。

2. 债权融资

债权融资是指企业通过借钱的方式进行融资，对于债权融资所获得的资金，企业首先要承担资金的利息，另外在借款到期后要向债权人偿还资金的本金。向亲友借款、向银行借款、向非银行金融机构借款、向其他企业借款等都是常用的债权融资方式。债权融资的特点决定了其用途主要是解决企业营运资金短缺的问题，而不是用于资本项下的开支。

二、创业融资的过程

一般来说，创业融资的过程包括以下几个阶段。

1. 做好融资前的准备

尽管创业企业融资较为困难，但创业融资却是创业企业顺利成长的关键。因此，创业者一定要在融资之前做好充分的准备工作：对融资过程有一定的了解，建立和经营个人信用，积累自己的人脉资源，学习估算创业所需资金的方法，了解各种融资渠道，熟悉创业计划书的结构和编写策略，提高自己的谈判技巧等，以提高融资成功的概率。

2. 计算创业所需资金

世上没有免费的午餐，也没有零成本的资金。创业者必须明白，企业所使用的资金都是具有一定成本的。这并不是说筹集的资金越少越好，因为任何一家顺利经营的企业都需要基本的周转资金，如果筹集的资金不足以支持企业的日常运转，则企业会面临资金断流，进而陷入破产清算的境地，但也不意味着筹集的资金越多越好。资金都是具有成本的，如果在资金使用过程中不能创造出高于其成本的收益，则企业会发生亏损。因此，创业者在筹集资金之前，要运用科学的方法准确地计算资金需求量。

3. 编写创业计划书

创业企业对于资金的需求，需要通盘考虑企业创办和发展的方方面面，需要对企业有一个全面的筹划。编写创业计划书是一种很好的对企业进行规划的方式。在创业计划书中，创业者需要预估企业未来的销售状况，为实现销售需要配备的资源，并进而计算出所需要的资金数额。

4. 确定融资渠道

确定了创业企业需要的资金数额之后，创业者需要进一步了解各种融资渠道的优缺点，根据筹资机会的大小及创业者对企业未来的所有权规划，充分权衡利弊，确定所要采用的融资渠道。

5. 展开融资谈判

选定拟采取的融资渠道之后，创业者需要与潜在的投资者进行融资谈判。创业者首先要对自己的创业项目非常熟悉，充满信心，并对潜在投资者可能提出的问题做出猜想，事先准备相应的答案。在谈判时，要抓住时机陈述重点，做到条理清晰，还应向有经验的人士进行咨询，以提高谈判成功的概率。

三、创业融资实战

（一）融资前的准备工作

融资前的准备工作有：①制订融资计划；②选择合适的投资商。

1. 制订融资计划

要制订一个成功的融资计划，必须要知道融资的途径有哪些，以及制订融资计划要考虑哪些因素。

（1）融资途径

创业融资是一个耗时耗力的工作。也许企业的产品还没有经过市场的检验，也许资本市场低迷，投资人只看成熟项目，只肯给很低的估价。所以，新创企业除了要考虑股权融资之外，还应该从企业全局战略高度考虑各种融资途径。

对于一个有良好信用、经营状况良好的企业来说，可以向银行、客户、供应商或其他战略伙伴请求帮助，可以采取的融资手段有：①银行贷款；②流动资金融资（包括往来账户透支额度、供应商赊货、应收票据贴现和以货易货）；③抵押贷款或抵押赊货；④卖方信贷；⑤债券；⑥租赁；⑦政府补贴（科研基金、环保补贴）；⑧夹层融资；⑨股权融资。

（2）融资的战略考虑

企业发展要有战略考虑，而作为企业发展的一个环节，融资也要有战略考虑。在融资战略的策划和实施过程中，需要认真考虑的问题有：①在什么时机融资；②所需资金的数量；③股权融资和债权融资的分配；④增资扩股还是设立新公司；⑤向什么样的投资者融资。

一般来说，早融资可以让创业者放下包袱迅速开拓市场，而若等到企业的前景比较明朗时再开始融资就可以在获得同样资金额的同时少出让一些股份。这是由于：①新创企业很难获得创业投资；②企业发展一段时间后创业者用事实可以证明自己的经营能力，从而说服投资商做出投资决定。

创业者应根据企业的不同发展阶段，对所需资金的数量和资金投入的时机进行分析。分阶段融资既可以避免融资过少而影响公司战略的实施，又可以防止由于融资过量导致资金过剩、出让股权过多。

如果企业的业务单一，专注于投资方投资的项目，则可以采取增资扩股的形式融资；如果企业的业务方向不止一个且业务之间的相关性不强，则可以采取设立新企业的方式进行融资。

2. 选择合适的投资商

在选择投资商之前，创业者应先对资本市场（特别是创业投资资本市场）做充分的调研，对自己的企业进行分析，并据此做好企业内部建设。

（1）考虑内部因素

刚开始时可以选择几个投资商，向他们递交投资建议书。至于选择哪些投资商，应该考虑以下几点。

1）企业发展所处的阶段和对投资商的要求。

2）企业所处的行业。

3）企业所需的资金量。

4）企业所处的地域。

（2）选择投资商

投资商与创业者之间的关系可能是长期的，很多创业者在接受投资后，投资商成为企业的长期咨询顾问，为企业的发展战略和重大经营决策提供重要意见。还有的创业者在新创企业成功上市或出售后加入了投资商的团队而成为投资家。因此，融资不仅仅是寻求资金，还要寻求资金之外的价值。

值得指出的是，每一个投资商都会根据自身的意愿或者专业背景决定其投资领域、投资阶段及每一次投资的金额。专注于某一两个领域的投资商一般会为被投资企业带来更多的战略资源，专注于投资早期企业的投资公司可以预计到企业在发展中可能遇到的各种困难，并可以依据其丰富的经验帮助被投资企业渡过难关。有的投资商专注于收购亏损或临近破产的企业，也有的投资商擅长债务重组和并购。为了避免浪费时间和精力，可以选择那些匹配自身企业发展战略的投资商。

（3）做好尽职调查

投资商与创业者之间不是一次性买卖关系，而是长期合作关系。双方在签订长期合作协议之前必须充分互相了解。和投资商在做投资决定前一样，企业在选择投资商前也应该做充分的调查。

投资商在其公司简介中会介绍他们愿意在某领域投资，并能提供良好服务，但仅凭公司简介是不够的。例如，投资商说他们可以提供管理咨询，那就请他们介绍成功的实例和投资商的管理经验。创业者还应该从各方面打听投资商的实际情况，特别是向他们曾经投资过的企业询问，这种询问获得的信息往往最为可靠。

（二）企业价值评估

企业价值评估应从以下两方面进行：企业价值的内涵、企业价值评估的方法。

1. 企业价值的内涵

企业价值往往被理解成企业所能创造的价值，其关注点为企业未来的盈利水平。企业通过某种途径（如提高企业的管理水平、应用先进的科学技术以提高企业的生产能力、培训员工以提高员工素质等），可以提高企业现在和将来的获利能力。这样，企业的生产能力、获利能力、企业在市场中的地位及企业在其所在行业中的影响力等因素就成为衡量企业价值时考虑的因素。

在财务管理学中，企业价值通常表述成企业全部资产的市场价值。财务管理中对企业价值的描述与企业价值评估中对企业价值的描述非常接近。事实上，企业价值评估中现金流量的评估方法所应用的原理就来源于此。一方面，这种从定量的角度来表述企业价值有助于更科学、合理地评价企业价值；另一方面，由于这种评估现金流量的方法是以较为准确的预测为前提的，所以现金流量折现法虽然在理论上较为科学合理，但在实际的企业价值评估实务中却有一定的局限性，需要其他评估方法作补充。

2. 企业价值评估的方法

企业价值评估的方法有多种，本书主要介绍以下 3 种常用方法。

（1）现金流量折现法

现金流量折现法是通过评估企业投资或资产收益（即净现金流量）来评估企业价值的一种方法。其基本原理是：一项资产的价值应该等于该资产在未来所产生的全部现金流的现值总和。

根据现金流和折现率的具体含义，可将企业价值评估的思路归纳为两种：①将企业的价值等同于股东权益的价值，即对企业的股权资本进行估价；②企业价值包括股东权益、债权、优先股的价值，即评估的是整个企业的价值。相应的，不同的现金流要对应不同的折现率，否则评估出来的企业价值就不同。

（2）创业投资法

对于投资者来说，创业投资是为了将来退出时的资本增值，所以企业价值的计算基础是退出时的价值和投资者的投资回报率。

创业投资法的计算步骤：①计算新创企业在将来某一时间投资者准备套现时的净利润；②用预计的投资回报率乘以套现时的净利润计算出企业的期终价值；③计算企业的净现值；④计算投资者的股份比率。

（3）未来收益法

应用未来收益法是把可预测的将来若干年的利润和最后一年的终值进行折现，这样就计算出了企业的净现值。这种方法的优点是简单易懂，缺点是账面利润不等于分红或净现金流量，而且终值的计算也有很大的随意性。

（三）开始融资谈判

在进入融资谈判环节时，针对谈判的准备工作和谈判技巧是不可缺少的。

1. 谈判前的准备

在谈判前要准备好投递项目的介绍资料，并在谈判前要复习一下商业计划书并准备一个电梯演讲。

（1）投递项目介绍资料

做好商业计划书后就要与投资者进行接洽的工作了。创业者将创业计划书或创业计划书摘要发给几家合适的投资者后，在一个星期或一个月内收到反馈，反馈信息可能如下。

1）拒绝（一般情况下，没有收到反馈信息意味着拒绝）。

2）提出简单的问题，获取更详细的信息。

3）约时间面谈。

根据投资者的反馈意见，要么需要修改商业计划书，要么需要加强团队实力，要么需要做更深入的市场调查并调整经营战略。

从投资者看到商业计划书到收到投资者的投资，一般需要一个月到一年的时间，最常见的周期是 3~6 个月。融资谈判的准备工作做得越充分、越专业，则融资的进程就会越快。

（2）面谈前的准备

如果投资者对项目感兴趣，创业者就要为第一次正式会面做好充分准备。创业者要对准备工作予以充分重视，这样在见面时才能更好地向投资者介绍自己的商业计划，才能打动投资者。

1）再次熟悉商业计划书。与投资者接洽之前，要再检查一遍商业计划书与项目摘要，尽量做到对商业计划书了然于胸，必要时根据市场变化和业务进展状况对商业计划书做必要的补充、调整或修改。

2）准备电梯演讲。准备一个 30~60 秒的电梯演讲，用最简洁的语言说明市场需求和你的解决方案。

- 准备一个简短的幻灯演示。一个精心准备的幻灯演示可以帮助你清晰描述口头语言难以描述清楚的内容，引发投资者的好奇心，加深投资者对项目的印象。
- 带动团队的其他成员。保证主要的团队成员都充分了解商业计划书的内容，并能有说服力地陈述其中的思想。
- 充分了解要会见的投资者。利用各种渠道了解要会见的投资者，只有这样才能掌握协商和讨价还价的筹码。

2. 融资谈判技巧

融资谈判要求参与者具备的素质有：①熟悉政策法规；②了解投资环境；③清楚项目状况；④具备谈判所需要的策略与艺术。因此，谈判无论规模大小、层次高低，参与者都要严肃认真对待，不能草率从事。

（1）确定谈判原则

一切融资活动都是以项目为基础，以谈判、签约为先导的。谈判、签约的水平如何，既关系经济利益又关系政治影响，所以必须坚持以下原则。

1）有备而谈的原则。谈判前要做好以下准备工作：①谈判人员的组成，即谁主谈、谁配合、谁翻译、谁做顾问等人员要齐备，并且要有明确的分工和职责；②方案准备，包括政策法规、投资环境概况、项目的具体情况、合作条件；③合同、协约文本及相关资料的准备；④承诺与保证措施。只有做到有备无患，才能赢得谈判的主动权，达到预期的效果。

2）利益原则。融资合作的目的是促进企业发展，所以必须根据实际情况计算核定合理的利益标准。

3）平等原则。投资者可能是不同国家、地区、制度、体制背景下的人，意识形态有差别，贫富有差距，但作为合作者，双方在法律地位上是平等的，谈判时要不卑不亢，进退自如，有礼有节。

4）讲究策略原则。融资不是乞讨、求人，与资金方打交道也不仅仅是资金技术问题，所以不仅要讲政策，而且要讲策略。在谈判中，谈判的策略是原则性和灵活性相统一的表现。事先要筹谋，遇到特殊情况要随机应变，注意方式、方法，做到有礼、有理、有节，这才是谈判的最高水准。

（2）选择引入时机

很多企业都急于寻找战略投资者，急于向资金方推销自己的项目和商业计划，但引资有个时机选择问题。那么，如何选择时机，需注意以下几方面。

1）政策利益出现，即新出台的政策给企业带来重大商机。例如，身份证统一更换政策的出台，医疗垃圾集中处理政策，国家鼓励节能的小排量汽车，国家鼓励农业产业化龙头企业的发展，国家鼓励企业信息化水平的提高，等等。凡与这些政策有关的企业在融资过程中比较有利。

2）企业获得重大订单，在资金市场上，上市公司经常会发布获得政府采购或中标消息，这对股价会有一定的刺激作用。对于非上市企业，获得订单对未来现金流和引资等都比较有利。

3）企业获得专利证书或重要不动产的产权证。

4）融资资料已经齐备，在融资资料（主要是融资计划书）准备完善以后，才是与资金方接触的良机。

（3）维护企业的利益

1）商业秘密的保护。在企业提供创业计划书和沟通的过程中，肯定会涉及企业的商业计划、市场、技术和策略等商业秘密内容。这就需要企业对创业计划书内容的把握及对投资者身份的判断，也可以用保密协议等方式进行约束。

2）事先确定融资方式与策略，有备无患，这样可以避免在谈判过程中没有准备而仓促决策。

3）无形资产价值的合理确定。很多中小企业（尤其是技术密集型企业）在引资过程中会面临这一问题，这主要取决于企业和资金方的协商定价能力。

4）请外部专家提供支持。企业一般重视实物投资的价值，对智力和外脑的价值不太重视，这是很多中小企业应该改善的地方。当然，对外部专家的利用也需要具有一定的分辨能力。

📷 延伸阅读

投资条款清单与投资合同

谈判准备工作和谈判技巧固然重要，但熟悉投资条款清单和投资合同更有助于融资者达到事半功倍的效果，在很多时候决定了整个融资的成败。

1. 投资条款清单

（1）什么是投资条款清单

投资条款清单就是投资公司与新创企业就未来的投资交易所达成的原则性约定。投资条款清单中除约定投资者对被投资企业的估值和计划投资金额外，还包括被投资企业应负的主要义务和投资者要求得到的主要权利，以及投资交易达成的前提条件等内容。投资者与被投资企业之间签订的正式投资协议中包含投资条款清单中的主要条款。

（2）投资条款清单的重要性

投资公司在递交投资条款清单之前就已经与新创企业进行了一些磋商，对企业的作价和投资方式有了基本认识。投资条款清单的谈判是在这一基础上的细节谈判，新创企业在签署投资条款清单后，就意味着双方就投资合同的主要条款已经达成一致意见。虽然这并不意味着双方最后一定能达成投资协议，但只有对投资条款清单中的约定条件达成一致意向，投资交易才能继续执行并最终完成。目前，有很多国内的投资公司不签署投资条款清单，而是直接开始尽职调查和合同谈判。

只有投资公司对尽职调查的结果满意，同时新创企业自签署条款清单之日起至投资交易正式执行期间内未发生保证条款中规定的重大变化，投资公司才会与新创企业签订正式的投资协议，并投入资金。据统计，有1/4～1/3签订了投资条款清单的项目成功达成投资协议。

从理论上讲，投资条款清单并没有法律约束力，但一般双方从信誉角度上考虑都要遵守诺言。因此，虽然正式签订的投资协议中将就这些条款清单做进一步的细化，但有些条款不一定能在稍后的合同谈判中重新议定。

（3）投资条款清单的内容

投资条款清单中最主要的3个方面内容如下。

1）投资额、作价和投资工具。

2）公司治理结构。

3）清算和退出方法。

一份典型的投资条款清单包括以下内容。

1）投资金额、（充分稀释后的）股份作价、股权形式。

2）达到一定目标后（如IPO）投资公司的增持购股权。

3）投资的前提条件。

4）预计尽职调查和财务审计所需的时间。

5）优先股的分红比例。

6）与业绩挂钩的奖励或惩罚条款。

7）清算优先办法。

8）优先股转换为普通股的办法和转换比率。

9）反稀释条款和棘轮条款（棘轮条款的主要意思是：如果以前的投资者收到的免费股票足以把他的每股平均成本摊低到新投资者支付的价格，他的反稀释权利称为

"棘轮")。

　　10）优先认股、受让（或出让）权。

　　11）回购保证及作价。

　　12）被投资公司对投资公司赔偿保证。

　　13）董事会席位和投票权。

　　14）保护性条款或一票否决权，范围包括：改变优先股的权益、优先股股数的增减、新一轮融资增发股票、公司回购普通股、公司章程修改、公司债务增加、分红计划、公司并购重组、出让控股权和出售公司全部或大部分资产、董事会席位变化、增发普通股。

　　15）期权计划。

　　16）知情权，主要是经营报告和预算报告。

　　17）公司股票上市后以上条款的适用性。

　　18）律师和审计费用的分担办法。

　　19）保密责任。

　　20）适用法律。

　　每个投资者的要求不同，每个被投资对象的具体情况也不同，因此投资条款清单也会千差万别。

　　2. 投资合同与资金到位

　　在签署投资条款清单及必要的尽职调查和财务审计之后，如果一切顺利，创业投资公司将按照资本市场操作的标准和前述的投资条款清单准备有关文件。这些文件通常包括投资协议书、股东协议书和被投资公司关键人员的雇用合同。这些合同和协议书的准备与谈判可能花费很多时间，但这是整个融资过程中最后的重要一步，对有关各方最终达成各自的期望和目标非常关键。

　　（1）相关文件

　　最后达成协议需要参与各方签署一系列协议。在投资交易中产生的相关文件包括：①投资协议书；②股东协议；③债权协议；④知识产权协议；⑤新的公司章程（特别是对投资结构和认股协议中的限制条款所作的修订）；⑥高层管理人员的服务协议与不竞争协议；⑦其他附属协议。

　　（2）投资协议的内容

　　投资协议书的主要内容包括：①投资额；②投资结构；③价值评估；④条款与条件；⑤董事会成员。

　　（3）投资资金到位

　　关于投资资金的到位，应注意以下两点。

　　1）如果投资商要求资金分期到位，企业最好不要答应，因为货币的时间价值使得今天的一块钱与一年后的一块钱价值不相等，而不同时期企业的作价也是不一样的。

　　2）在资金没有到账之前不能放松融资的努力，因为有的投资者在最后关头才有可能反悔。

资金到账后，需要进行一系列工商注册变更与公证手续，还有更多的业务开拓工作需要创业者去做。

实 训

"中国合伙人"模拟创业融资

创业者希望能尽快找到情投意合的投资人，让自己的项目走得更快更远；投资人则希望找到优质项目助其发展，共赢未来。那么，投融界主办模拟融资微路演活动恰巧能够帮助创投双方。

步骤一：撰写融资计划

融资计划就是一份说服投资者投资的方案与策略。结合小组设计的创业项目，设计一份创业融资计划的概要，填写表 9-1。

表 9-1 创业融资计划概要

概要说明	融资计划	融资说明
融资项目论证：主要指项目可行性和项目收益率		
融资途径选择：选择成本低、融资快的融资方式		
融资分配：所融资金专款专用，融资的主要用途与周期		
融资成本收益：代价与利润分配		
融资风险：主要风险分析		

步骤二：请各小组分角色扮演创业者与投资人角色，进行项目微路演活动。

◆ 模块小结 ◆

通过创业融资的学习，我们知道借助资本市场，实施资本运作，能够促进企业持续健康有效地发展。我们要坚持科学发展观，学会借助资本市场的丰富资源，科学经营现有企业，抓住适合企业发展的新机遇，壮大主营业务，拓展科技创新、环保节能项目，努力创造条件，积极推进企业的上市步伐，为企业经济持续发展作出贡献。

模块十 评估创业风险

【学习目标和任务】

1. 了解创业风险的概念与构成。
2. 了解创业风险的分类。
3. 掌握评估创业者风险承担能力的方法。

【课程思政教学目标】

培养社会责任感，对创业风险能够采取合适的应对方式，培养对创业风险敏锐的洞察力，增强创业风险防范意识。

评估创业风险

案例导读

大学生返乡创业种西瓜

小张是一名大学生创业者，他在家乡县政府的帮助下带领村民共同致富。种植西瓜创业的第一年获利约 60 万元。小张是大学生创业成功的典型，慕名前来参观学习的领导和大学生络绎不绝。

该县大学生创业基地围绕就业带动创业取得了阶段性成果，得到了省、市相关部门的肯定，同时带动了该县现代农业的发展和广大农民的增收致富。大学生创业做什么好？目前，该市已将小张所在的县作为全市大学生创业的典型，供全市借鉴。

小张告诉记者，其实几年前，他和其他几个大学生就有创业的想法，可是想了半天也没去做。后来该县在全省率先设立了大学生创业基金，每年从财政预算中拨出 100 万元专款，专门用于扶持大学生创业，这让他们的决心一下子就定下来了。

后来，小张将申请大学生创业基金的报告通过"项目申报绿色通道"送达县人事局，10 天过去了，小张不仅顺利拿到了"大学生创业基金"扶持的三年期免息创业基金 15 万元，还拿到了一个可操作性强、市场前景广阔的专家评审小组的意见项目。"虽然 15 万元不能彻底解决问题，但最主要的还是精神上的支持，我们还有什么理由不好好干？连政府都认定我们可以挣钱。"小张说。

除了资金上的困难，对于刚走出校门的大学生来说，一穷二白的创业经历也是一个巨大的瓶颈，所以该县人力资源和社会保障局陆续组织了几批有创业意愿的大学生，到成熟的创业基地参加创业培训，同时派出专家团队进行指导。总投资额 75 万元的西瓜种植基地开始育苗，在这片 200 亩的土地上，3 名大学生的创业梦想也开始播种、发芽。当年 5 月，第一批西瓜上市，全年共销售三批，共创利润约 60 万元。

（资料来源：作者根据相关资料整理改编。）

专题一　创业风险认知

一、创业风险的定义

创业风险来自与创业活动有关因素的不确定性。在创业过程中，创业者要投入大量的人力、物力和财力，要引入和采用各种新的生产要素与市场资源，要建立或者对现有的组织结构、管理体制、业务流程、工作方法进行变革。这一过程中必然会遇到各种意想不到的情况和困难，从而可能使结果偏离创业的预期目标。

二、创业风险的构成

1. 资金

资金风险在创业初期会一直伴随在创业者左右。有足够的资金创办企业是创业者的第一要素。企业创办起来后，就要考虑是否有足够的资金支持企业的日常运作。对于初创企业来说，如果连续几个月入不敷出或者因为其他原因导致企业的现金流中断，都会给企业带来极大威胁。有些企业会在创办初期因资金紧缺而严重影响业务的拓展，甚至会因错失商机而不得不关门大吉。

2. 社会关系及市场调研

社会关系与创业息息相关。市场调研、网络调查等是创业者了解市场需求的渠道。大多数人会觉得线上线下相结合的模式会带来更大收益。大学生创业如果缺乏前期的市场调研和论证，只凭自己的兴趣和想象来决定创业方向，甚至仅凭一时的心血来潮做决定，一定会碰得头破血流。大学生创业者在创业初期一定要做好市场调研，在了解市场的基础上创业。一般来说，大学生创业者资金实力较弱，应选择启动资金不多、人手配备要求不高的项目，从小本经营做起比较适宜。

3. 经验

你是否了解自己将要创业的行业？是否能在市场上获得优势？是否有独立经营的能力？很多大学生创业者眼高手低，当创业计划转变为实际操作时，才发现自己根本不具备解决问题的能力，这样的创业无异于纸上谈兵。一方面，大学生应去企业打工或实习，积累相关的管理和营销经验；另一方面，积极参加创业培训，积累创业知识，接受专业指导，提高创业成功率。

4. 潜在客户

立足什么样的市场、有多少人会成为自己的客户是在创业初期要考虑的问题。现实客户与潜在客户之间很难划清界限，潜在客户与现实客户互为前提、互为条件，作为企业目标客户群体的组成部分，共同作用于市场和企业。因此，企业及销售人员只有弄清二者之间的本质联系，才能做好营销与销售工作。

5. 行业性质

某些行业受到一些行业保护政策与限制，需要具备一定的资格和条件才能进入。

6. 人力资源

一些研发、生产或经营性质的企业需要面向市场招聘合适的专业人才，大量的高素质专业人才或业务队伍是这类企业成长的重要基础。防止专业人才及业务骨干流失应当是创业者时刻注意的问题，在那些依靠某种技术或专利创业的企业中，拥有或掌握这一关键技术的业务骨干的流失是创业失败的最主要风险源。

7. 创业市场

创业市场风险是指在创业的市场实现环节，由于市场的不确定性而导致创业失败的可能性。

图 10-1 为创业风险的构成示意。

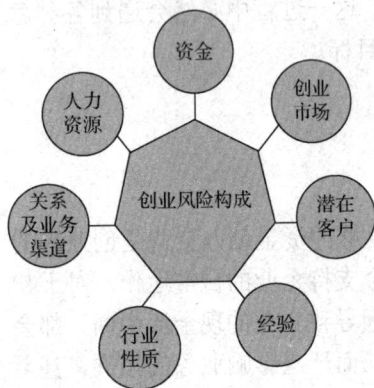

图 10-1 创业风险的构成示意

三、创业风险的分类

1）按创业风险来源的主客观性，可以把创业风险分为主观创业风险和客观创业风险。

① 主观创业风险是指由人们心理意识确定的风险。

② 客观创业风险是主观创业危险的对称。它是不以人们的意志为转移的实际发生的危险，如自然灾害、意外事故等。通常可用大数法则计算其发生概率，但从统计学角度来分析，实际危险发生频率与预期危险发生频率之间存在着差异，实际损失与预期损失的差异程度为客观危险。

2）按创业过程，可以把创业风险分为创业机会的识别和评估风险、准备和计划风险、获取经营资源风险、经营管理风险。

① 创业机会的识别和评估风险是指在创业机会的识别与评估过程中，使创业一开始就面临方向错误的风险。

② 准备和计划风险是指创业计划是否将对具体的创业产生影响。

③ 获取经营资源风险是指无法获取所需的关键资源，或获得的成本较高而带来的风险。

④ 经营管理风险包括管理方式，企业文化的选取与创建，发展战略和制订、组织、技术、营销等。

3）按与经营技术和市场的关系，可以把创业风险分为改良型风险、杠杆型风险、跨越型风险和激进型风险。

① 改良型风险是指利用现有市场和现有技术进行创业所存在的风险。

② 杠杆型风险是指利用新的市场和现有的技术进行创业存在的风险。它常见于挖掘未开辟的市场。

③ 跨越型风险是指利用现有市场中新的技术进行创业存在的风险。它主要体现在创新技术的应用方面，常见于企业的二次创业。

④ 激进型风险是指利用新的市场、新的技术进行创业存在的风险。它的优势在于竞争风险较低，但产权保护力弱，市场需求不确定。

4）按创业风险对投资资金的影响，可以把创业风险分为安全性风险、收益性风险和流动性风险。

① 安全性风险。传统上，安全性风险管理的方法有两种：前瞻性方法和反应性方法。确定某一风险的优先级也有两种方法：定性安全风险管理和定量安全风险管理。

② 收益性风险是指只会产生收益而不会导致损失的可能性，只是具体的收益规模无法确定。例如，受教育的风险问题。在现代社会，接受教育无疑是一种非常必要且明智的举动，教育会让人受益终身，但教育到底能够为受教育者带来多大的收益则是无法计量的，它不仅与受教育者的个人因素有关，而且与受教育者的机遇等外部因素有关。这类风险可以看作是收益性风险。

③ 流动性风险是指商业银行虽然有清偿能力，但无法及时获得充足资金或无法以合理成本及时获得充足资金以应对资产增长或支付到期债务的风险。

5）按创业风险的内容，可以把创业风险分为资金风险、技术风险、管理风险、市场风险、生产风险、环境风险和政治风险等。

① 资金风险是指实际利率或实际回报率因通货膨胀（或气候）等其他因素造成的不确定性。

② 技术风险是指伴随科学技术的发展、生产方式的改变而产生的威胁人们生产与生活的风险。例如，核辐射、空气污染、噪声等。

③ 管理风险是指在管理运作过程中因信息不对称、管理不善、判断失误等影响管理水平的风险。这种风险具体体现在构成管理体系的每个细节上，可以分为4个部分：管理者的素质、组织结构、企业文化、管理过程。若管理出现问题，将会给企业和管理者造成无法挽回的损失。

④ 市场风险是指由于基础资产市场价格的不利变动或者急剧波动而导致衍生工具价格或者价值变动的风险。基础资产市场价格的不利变动，包括市场利率、汇率、股票、债券行情的变动。

⑤ 生产风险是指企业在原材料、设备、技术人员、生产工艺及生产组织等方面难以预料的障碍存在。生产风险会引起企业生产无法按预定成本完成生产计划。

⑥ 环境风险分为自然环境风险和社会环境风险。自然环境风险是指由于企业把产生的污染物释放到空气中，或在陆地或水道处理工业废料，造成物质损害和人身伤害而受到重金处罚的风险。社会环境风险是指企业遇到的来自其经营环境的法律、社会、政治和经济等各方面的风险。例如，政策、法律的改变，使企业的生产经营受到冲击，导致企业的利润减少。

⑦ 政治风险是指东道国的政治环境或东道国与其他国家之间政治关系发生改变而给外国投资企业的经济利益带来的风险。给外国投资企业带来经济损失的事件可能包括没收、征用、国有化、政治干预、东道国的政权更替、战争、东道国国内的社会动荡和暴力冲突、东道国与母国或第三国的关系恶化等。

图 10-2 为创业风险的分类。

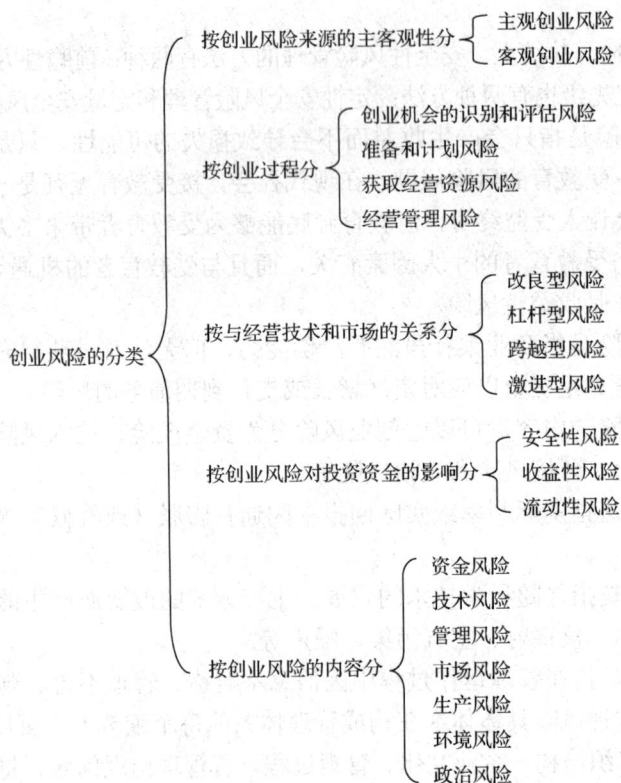

图 10-2　创业风险的分类

专题二　评估创业者风险承担能力

一、创业者风险承担能力

创业风险评估主要通过融资渠道、创业项目、管理经验、风险承受度等方面进行综合评估。创业过程需要承担的风险是高负债、大量资源投入、新产品新市场的引入、新技术的投资等。评估创业者风险承担能力主要包括以下方面。

1. 领导能力

领导能力是指在管辖的范围内充分利用人力和客观条件，以最小的成本办成所需的事，从而提高整个团体办事效率的能力。常见的领导力开发方法包括 CEO 12 篇领导力提升、高级经理工商管理硕士（executive master of business administration，EMBA）、高级经理人发展课程（executive development programs，EDP）等。

2. 决策能力

决策能力是决策者所具有的参与决策活动、进行方案选择的技能和本领。能力是在人的生理素质的基础上，经过后天教育和培养，在实践活动中逐步形成和增强的，是人的智慧、经验和知识的综合体现。决策能力是一个多层面的能力体系，它主要包括以下3 类。

（1）基本能力

基本能力是进行决策活动应具备的起码的技能和本领。例如，人的正常体力、学习能力、思维能力、认识能力、语言表达能力就属于此类。

（2）专业能力

专业能力是使决策工作能达到预定目的、取得一定成效而需要的一定的技能和本领。例如，决断能力、分析能力、综合能力、判断能力、组织能力、指挥能力、控制能力、自检能力就属于此类。

（3）特殊能力

特殊能力是使决策具有创造性、产生极大成效所需要的不同寻常的技能和本领。例如，逻辑判断能力、创新能力、优化能力、灵活应变能力、人际交往能力就属于此类。决策能力除了有类的区分外，还有量的差别。

3. 风险承担能力

风险承担能力是指个人或是企业、组织所能承受的最大风险。风险承受能力要综合衡量，与个人能力、家庭情况、工作情况、收入情况等息息相关。例如，拥有同样资产的两个人，一个是单身，一个有儿女与父母要养，两者的风险承受能力相差很多，具体估算自己的风险承受能力是一个很复杂的事情，需要进行专业的风险承担能力测试。

4. 经营管理能力

经营管理能力是指创业者对人员、资金的管理能力，它既涉及人员的选择、使用、组合和优化，也涉及资金的聚集、核算、分配、使用、流动。经营管理能力是一种较高层次的综合能力，是运筹能力。经营管理能力的形成要从学会经营、学会管理、学会用人、学会理财4个方面去努力。

5. 专业技术能力

专业技术能力是创业者掌握和运用专业知识进行专业生产的能力。它的形成具有很强的实践性，许多专业知识和专业技巧要在实践中探索，才能逐步提高、发展和完善，创业者既要注重积累专业技术方面的经验，又要进行职业技能的训练。在实践中将培训过的知识和经验提高、拓宽，对创业培训没有介绍过的知识和经验要注重探索，在探索的过程中要详细记录、认真分析，并进行总结、归纳，上升为理论，形成自己独特的经验，进而形成自己的专业技能体系。

6. 交往协调能力

交往协调能力是指能够妥善地处理与公众（政府部门、新闻媒体、客户等）之间的关系。创业不是在一个封闭的空间里生产商品或服务，而是要与各种各样的人打交道。因此，创业者应该做到妥善地处理与外界的关系，尤其要争取得到政府部门、市场管理监督及税务部门的理解与支持。同时，要本着求同存异、共同发展的原则，团结一切可以团结的人和力量，以达到共赢。总之，创业者处理好人际关系，有助于建立一个有利于自己创业的和谐环境，为成功创业打好基础。

二、基于风险估计的创业收益预测

风险估计是指在对不利事件所导致损失的历史资料分析的基础上，运用概率统计等方法对特定不利事件发生的概率，以及风险事件发生所造成的损失做出定量估计的过程。

风险收益是指减去当时基本的市场收益后的投资收益。风险收益是无风险证券与其他证券间存在的利差，它反映了投资者购买非财政证券所面临的额外风险。

风险收益率就是由投资者承担风险而额外要求的风险补偿率。风险收益率包括违约风险收益率、流动性风险收益率和期限风险收益率。

$$R_r = \beta \cdot V$$

式中：R_r 为风险收益率；β 为风险价值系数；V 为标准离差率。

$$R_r = \beta \cdot (K_m - R_f)$$

式中：R_r 为风险收益率；β 为风险价值系数；K_m 为市场组合平均收益率；R_f 为无风险收益率；$(K_m - R_f)$ 为市场组合平均风险报酬率。

风险收益率是市场组合平均收益率与无风险收益率之差；风险收益率是风险价值系数与标准离差率的乘积。

延伸阅读

创业者风险承担能力的估计

当我们必须对两个或更多潜在结果不明确的备选方案进行主观评估、决定取舍的时候，就产生了风险情景。风险意味着既可能成功也可能失败。潜在的损失或收益越大，存在的风险就越大。

风险承担者要对不确定的情况作出决定，需要平衡潜在的成功与损失。在对某个可能的选择进行决策的过程中，需要考虑以下因素。

1）这一选择有多么吸引人。

2）风险承担者可以接受的损失底线。

3）成功和失败的相对概率。

4）个人努力对增加成功可能性、减少失败可能性的影响程度。

每个人对于风险的承受能力是不一样的，有的人有足够的能力和资源去驾驭风险，那么风险因素对他来说，并不是最重要的考量指标；有的人可能自身无法承受创业失败带来的损失（包括物质上和心理上），那么就应该分析一下现在选择创业时机是否正确，又或者自己根本不适合创业。对于风险的承受能力其实更多的是对创业者心理素质的考量，因为创业者一旦选择创业，那么他面对的不再是自己的事情，而是要对家庭、员工、社会责任、个人前途等进行认真仔细的考虑和衡量。

创业者风险承担能力的评估，主要通过以下几个方面进行。

1. 与个人目标的契合程度

创业过程中遭遇的困难与风险极大，因此有必要了解创业者的创业动机，以利于判断他愿意为创业活动付出代价的程度。一般认为，新的创业机会与个人目标的契合程度越高，则创业者投入意愿与风险承受意愿就越大，新的创业目标获得实现的概率也相对较高。

2. 机会成本

一个人一生的黄金岁月大约只有 30 年，其间可分为学习、发展与收获等不同阶段，而为了这个创业机会，你需要放弃什么？你从中获得了什么？得失的评价如何？参与创业，需要仔细思考创业所要付出的机会成本，经由机会成本的客观判断，可以得知新的创业机会是否真的对于个人生涯发展具有吸引力。

3. 对于失败的底线

俗话说"留得青山在，不怕没柴烧。"创业必然要面对可能失败的风险，但创业者不宜将个人声誉与全部资源都压在一次创业活动上。理性的创业者必须要自己设定失败的底线，以便保留下次可以东山再起的机会。失败的底线，可以有效判断创业者的风险承受能力。

4. 个人风险偏好

创业者的个人风险偏好不同。一般来说，喜欢冒险、具有风险意识的创业者要比安全保守的创业者风险承受能力强。

5. 风险承受度

每个人的风险承受度都不一样。一般来说，风险承受度太高或太低均不利于新创企业的发展。风险承受度太低的创业者，由于决策过于保守，相对拥有的创新机会也会比较少。但风险承受度高的创业者，也会因为孤注一掷的举动，而让企业陷入困境。因此，能够理性分析面对风险的人，才是比较理想的创业者。

6. 负荷承受度

创业者的耐压性与负荷承受度，也是评价创业者风险承担能力的一项重要指标。负荷承受度与创业者愿意为新创企业投入工作量的多寡，以及愿意忍受的辛苦程度密切相关。

实 训

实训一：如何防范创业风险

在大学的最后一个学期，某大学毕业生小黄在各类招聘会上马不停蹄地奔波，却很难在海量的招聘信息中找到适合自己的企业。在与企业的接触中，小黄得知企业也有类似的顾虑。由于对大学生缺乏了解，企业签订用人协议只是通过一场招聘会或简单的面试来定夺。但事后才发现，招聘来的员工对这份工作并不合适，为此浪费了不少人力、物力。于是，他萌发了办一家与众不同的求职网站的念头。

在某市政府召开的全市落实创业政策恳谈会上，小黄参加了会议。会上，他的想法得到了领导的赞赏和支持，他提出要建立大学生求职网站的想法。这位满怀创业激情的小伙子，在市领导的鼓励下，将之前酝酿已久的创业计划书、未来网站架构等迅速完善起来。但绕不开的一个问题是，这个技术的核心人物到底在哪里，网站的建立必须由专业技术人员来完成，因为他不会编写计算机程序，小黄只好暂时收起自己的创业梦。

小黄介绍，在网站中，只要大学生和企业登录注册，双方就能通过这个平台互相了解，企业也可以跟踪大学生在校期间各方面的表现，在毕业时决定录用与否。此后数月，小黄开始在市场上进行广泛考察，他登门拜访了20多家企业，把这个想法和人力资源的负责人进行了沟通，有70%的人肯定了网站的特色服务内容。"我会利用2～3年的时间，把网站推广出去，把大学生、商家吸纳进来，把会员费的一部分给商家。"小黄说。3年后，网站的点击量有一定的增长，广告成为网站的又一个盈利渠道。"今后，我相信这将会有更大的发展前景，在继续完善网站服务内容的基础上，推出一系列的连带产品。"他又说。其实，对于网站的盈利模式，小黄早已心中有数。对于网站的长远发展，他已经做好了打算。他制订了自己的创业计划，建立了盈利模式，进行了市场调研，也有父母兄长的资金支持。但是，小黄忽略了创业最关键的一个因素——组建一个得力的团队。

"我开始觉得这不是问题，懂程序的人多，这样的人肯定能吸引过来。"他说道。直到创业计划后期，小黄只找到了一个高中好友做网站。由于人手太少，至少要两年时间才能把这个站点办好。小黄孤军奋战的结局只能是黯然退场。

"创业三要素：一个是合理的创业方案，一个是资金，一个是团队，缺一不可，这一点我以前是不认可的。"小黄后悔莫及地说。他表示："学校应该开设创业指导选修课，对有创业想法的大学生进行一定的指导。"

1）从上述案例中，你认为大学生创业存在哪些风险？

2）以小组为单位进行讨论，分析大学生创业需要进行哪些风险规避。

实训二：制作一份《××企业/团队风险评估报告》

内容：比较详尽的创业风险识别与分析。

要求：风险评估报告具有一定的逻辑性，评估要有依据，规避措施要具体。

◆ 模块小结 ◆

创业固然艰难，而且存在很大风险，但风险与回报是相伴相随的，这是每一位创业者都应该知晓的定律。我们在充满创业激情、憧憬创业所带来的巨大价值的同时，也要冷静地面对创业可能带来的各种风险与弊端。

模块十一 成立新企业

◆【学习目标和任务】

1. 了解企业的组织形式及其优劣势、特点。
2. 掌握企业注册流程、选址策略和技巧。
3. 了解企业成长周期及发展阶段。
4. 分析企业战略管理的意义。

成立新企业

◆【课程思政教学目标】

培养学生长远发展的规划意识，提升企业合规经营水平。

案例导读

企业的注册登记

2018年5月，甲、乙拟共同投资创立泉井饮品有限责任公司，并就公司的基本问题达成一致意见，遂签订出资协议。协议的主要内容是：甲投资35万元，乙投资45万元；出资各方按投资比例分享利润、分担风险；公司筹备具体事宜及办理注册登记由甲负责。随后，乙将投资款45万元交付给甲，甲即开始办理公司注册登记的有关事宜，并产生了部分费用。但乙在同年7月，以饮品市场利润率低为由通知甲暂缓公司的注册登记。同年8月，要求甲退回投资款45万元。甲认为，双方签订了协议，缴纳了投资款，制定了章程，并产生了部分费用，即使未办理注册登记手续，只是形式方面有欠缺，事实上已经具备公司成立的基本条件。而且，双方所订协议是合法有效的，乙要求退还投资款，属于违约行为。所以，甲主张双方应继续履行出资协议，由甲尽快办妥注册登记手续。

专题一 注册新企业

一、企业组织形式的选择

根据国家颁布的《中华人民共和国个人独资企业法》（以下简称《个人独资企业法》）、

《中华人民共和国公司法》（以下简称《公司法》）和《中华人民共和国合伙企业法》（以下简称《合伙企业法》），一家新创企业可以选择的组织形式有多种，主要有个人独资企业、合伙企业、有限责任公司和股份有限公司。

（一）个人独资企业

《个人独资企业法》规定，个人独资企业是指由一个自然人投资，财产为投资人个人所有，投资人以其个人财产对企业债务承担无限责任的经营实体。

1. 个人独资企业的设立条件

设立个人独资企业应当具备下列条件：投资人为一个自然人；有合法的企业名称；有投资人申报的出资；有固定的生产经营场所和必要的生产经营条件；有必要的从业人员。

2. 个人独资企业的设立程序

申请设立个人独资企业，应当由投资人或其委托的代理人向个人独资企业所在地的登记机关提交设立申请书、投资人身份证明、生产经营场所使用证明等文件。委托代理人申请设立登记时，需要出具投资人的委托书和代理人的合法证明。

申请设立个人独资企业，设立申请书应当载明下列事项：企业的名称和住所，企业的名称应与其责任形式及其从事的营业内容相符合；投资人的姓名和居所；投资人的出资额和出资方式；经营范围。

登记机关收到设立申请文件之日起 15 日内，对符合规定条件的，予以登记并签发营业执照，营业执照的签发日期为个人独资企业成立日期。

3. 个人独资企业的优势

1）企业的设立、转让和解散等手续简便，仅须向登记机关登记即可。
2）企业主独自经营，制约因素少，灵活性强，能迅速应对市场变化。
3）利润归企业主所有，无须与他人分享。
4）在技术和经营方面易于保密。

4. 个人独资企业的劣势

1）当个人独资企业财产不足以清偿债务时，企业承担无限责任，投资人以其个人的其他财产予以清偿，因而带有相当大的风险，举债要谨慎。

2）个人独资企业不易从外部获得信用资金，如果企业主资本有限，则企业的规模难以扩大。

3）当所有者生病或失去工作能力，或决定退休，此时若没有家庭成员、亲朋好友愿意（或有能力）经营企业，则这个企业将终结。

对于创业者希望其新创企业发展并获得财务成功来说，独资企业通常不是合适的选择。

（二）合伙企业

合伙企业是指由合伙人订立合伙协议，共同出资、合伙经营、共享收益、共担风险，并对合伙企业债务承担无限连带责任的营利性组织。

1. 合伙企业的特征

1）由各合伙人组成。一个合伙企业至少由两个以上的合伙人组成。

2）以合伙协议为法律基础。合伙协议是合伙人建立合伙关系、确定合伙人各自权利和义务、使合伙企业得以设立的前提，也是合伙企业的基础。没有合伙协议，合伙企业就不能成立。

3）内部关系属于合伙关系。合伙关系就是共同出资、合伙经营、共享收益、共担风险的关系。

4）合伙人对合伙企业的债务承担无限连带责任。

2. 合伙企业的设立条件

设立合伙企业，必须具备下列条件。

1）有两个以上合伙人。一个人成立的企业不是合伙企业，必须是两个以上的合伙人，并且都是依法承担无限连带责任者，合伙人必须具有完全民事行为能力。

2）有书面合伙协议。合伙协议由全体合伙人通过协商，共同决定相互间的权利和义务，以达成具有法律约束力的文件。

3）有各合伙人实际缴付的出资。合伙协议生效后，合伙人应当按照合伙协议约定的出资方式、数额和期限履行出资义务。合伙人必须用自己的合法财产及财产权利出资，可以用货币、实物、知识产权、土地使用权或其他财产权利出资。经全体合伙人协商一致，合伙人也可以用劳务出资。对货币以外的出资需要进行评估作价的，可以由全体合伙人协商确定，也可以由全体合伙人委托法定评估机构进行评估，其评估方法由全体合伙人协商确定。各合伙人按照合伙协议实际缴付的出资，为对合伙企业的出资。

4）有合伙企业的名称。合伙企业的名称中不得使用"有限"或"有限责任"字样。

5）有经营场所和从事合伙经营的法律、行政法规规定的其他条件。

3. 合伙企业的设立程序

设立合伙企业，应当由全体合伙人指定的代表或者共同委托的代理人向企业登记机关提交登记申请书、合伙协议书、合伙人身份证明等文件（法律、行政法规规定须报经有关部门审批的，应当在申请设立登记时提交批准文件）。

4. 合伙企业的优势

1）建立合伙企业比较容易且费用低。由于出资的增加，扩大了资本来源和企业信用能力。

2）合伙企业具有高度的灵活性。由于合伙人具有不同的专长和经验，能够发挥团队优势，各尽所能；如果合伙人拥有互补性的知识和技能，则将大大增强企业经营的成功率；合伙人能够以他们选择的任何方式决定其利润和责任的划分。

3）由于资本实力和管理能力的提高，企业的经营规模可能扩大。

5. 合伙企业的劣势

1）在合伙企业存续期间，如果某一合伙人有意向合伙人以外的人转让其在合伙企业中的全部或部分财产份额时，必须征得其他合伙人的一致同意。

2）当合伙企业以其财产清偿合伙企业债务时，其不足部分由各合伙人用个人财产承担无限连带责任。

3）合伙企业的融资能力仍然有限。

（三）有限责任公司

《公司法》规定，有限责任公司是指由 50 个以下的股东出资设立，每个股东以其所认缴的出资额为限对公司承担责任，公司以其全部资产对其债务承担责任的企业法人。有限责任公司是一种比较普遍的企业法律形式。

1. 有限责任公司的特征

（1）股东责任的有限性

有限责任公司的股东对公司所负责任，仅以认缴的出资额为限，对公司的债务不负直接责任。如果公司的财产不足以清偿全部债务，股东不需要以超过自己出资以外的个人财产为公司清偿债务。

（2）股东人数的限制性

有限责任公司的股东数为 50 个以下。

（3）有限责任公司是企业法人

个体工商户不是企业，不具备法人资格；个人独资企业和合伙企业虽然属于企业，但也不具备法人资格，不是企业法人；而有限责任公司具备法人资格。

2. 有限责任公司的设立条件

按照《公司法》规定，设立有限责任公司应当具备下列条件。

1）股东符合法定人数，即由 50 个以下股东出资设立。股东可以是自然人，也可以是法人。一个自然人或法人也可以设立一人有限责任公司。

2）有符合公司章程规定的全体股东认缴的出资额。有限责任公司的注册资本为在公司登记机关登记的全体股东认缴的出资额。

股东的出资方式可以是货币，也可以是实物、工业产权、非专利技术、土地使用权。

股东对以实物、工业产权、非专利技术或者土地使用权出资的，必须进行评估作价，核实财产，不得高估或者低估作价。

有限责任公司成立后发现作为出资的实物、工业产权、非专利技术、土地使用权的实际价额明显低于公司章程所定价额的，应当由交付该出资的股东补交其差额，公司设立时的其他股东对其承担连带责任。

3）股东共同制定公司章程。有限责任公司的公司章程由股东共同制定，所有股东在公司章程上签名、盖章。公司章程应当载明下列事项：公司名称和住所；公司经营范围；公司注册资本；股东的姓名或者名称；股东的权利和义务；股东的出资方式和出资额；股东转让出资的条件；公司的机构及其产生办法、职权、议事规则；公司的法定代表人；公司的解散事由与清算办法；股东认为需要规定的其他事项。

4）有公司名称，建立符合有限责任公司要求的组织机构。有限责任公司在设定自己名称时，必须在公司名称中标明"有限责任公司"或者"有限公司"字样。有限责任公司的组织机构由股东会、董事会（执行董事）、监事会（监事）组成。公司法定代表人依照公司章程的规定，由董事会、执行董事或者经理担任，并依法登记。公司法定代表人变更，应当办理变更登记。

5）有公司住所、固定的生产经营场所和必要的生产经营条件。

3. 一人有限责任公司的特别规定

1）一人有限责任公司是指只有一个自然人股东或者一个法人股东的有限责任公司。一人有限责任公司应当在公司登记中注明自然人独资或者法人独资，并在公司营业执照中载明。一人有限责任公司的公司章程由股东制定。一人有限责任公司不设股东会。

2）取消一人有限责任公司的注册资本最低限额为人民币10万元的规定。

3）一个自然人只能投资设立一个一人有限责任公司。该一人有限责任公司不能投资设立新的一人有限责任公司。

4）一人有限责任公司的股东不能证明公司财产独立于股东自己财产的，应当对公司债务承担连带责任。

4. 有限责任公司的优势

1）有限责任公司的风险较小。股东只以其出资额对公司承担有限责任，与个人的其他财产无关，因而如果公司破产，股东无须以个人财产作为债权的补偿。

2）企业具有永续性。有限责任公司具有独立的续存时间，除非因破产或注销，不会因个别股东的意外而消失。

3）经营管理规范。与个人独资企业和合伙企业相比，公司的所有权与经营权分离，可以聘任职业经理人管理公司，能够更好地适应市场竞争。

4）企业信用较高。有限责任公司拥有独立的一定数额的注册资本，其信誉和地位比个人独资企业、合伙企业要高。

有限责任公司由于具有合伙企业的优点和公司所具有的法律保护，所以近年来越来越受到创业者的欢迎，是一种非常有前途的企业所有权形式。

5. 有限责任公司的劣势

1）有限责任公司的设立程序比较复杂，注册时要提供比较详细的资料，要有公司章程。

2）创办费用较高。

3）为了规范公司治理结构，政府对公司的限制较多，法律法规的要求也较为严格。例如，有限责任公司必须按照《公司法》的有关规定设立组织机构，依照法律、行政法规和公司章程的规定行使职权。

（四）股份有限公司

股份有限公司以其全部资本为等额股份，股东以其所持股份为限对公司承担责任，公司以其全部资产对公司的债务承担责任。

股份有限公司的设立程序复杂，对资本要求高，一般不适合创业者选择。

1. 股份有限公司的设立条件

设立股份有限公司包括以下条件，其他省略了的内容与有限责任公司基本一致。

1）发起人符合法定人数。设立股份有限公司应当有 2～200 人为发起人，其中须有过半数的发起人在中国境内有住所。

2）发起人自主约定认缴出资额。股份有限公司的注册资本为在公司登记机关登记的全体发起人认购的股本总额。发起人的出资方式可以是货币，也可以用实物、工业产权、非专利技术、土地使用权作价出资。对作为出资的实物、工业产权、非专利技术或者土地使用权，必须进行评估作价，核实财产，并折合为股份，不得高估或者低估作价。土地使用权的评估作价，依照法律、行政法规的规定办理。

3）股份发行、筹办事项符合法律规定。

4）发起人制定公司章程。如果公司是采用募集方式设立的，则公司章程需经创立大会通过。

5）有公司名称，建立符合公司要求的组织机构。

6）有固定的生产经营场所和必要的生产经营条件。

2. 股份有限公司的设立方式

在设立股份有限公司过程中，发起人承担公司的筹办事务。发起人应当签订发起人协议，明确各自在公司设立过程中的权利和义务，并在发起设立和募集设立两种方式中选择一种。

（1）发起设立

发起设立是指由发起人认缴公司应发行的全部股份而设立的公司。

如果股份有限公司采取发起设立的，注册资本应是在公司登记机关登记的全体发起人认购的股本总额。在发起人认购的股份缴足前，不得向他人募集股份。发起人应当书面确认公司章程规定其认购的股份，并按照公司章程规定缴纳出资。以非货币财产出资的，应依法办理其财产权的转移手续。

法律、行政法规及国务院决定对股份有限公司注册资本实缴、注册资本最低限额另有规定的，从其规定。

发起人认足公司章程规定的出资后，应当选举董事会和监事会，由董事会向公司登记机关报送公司章程及法律、行政法规规定的其他文件，申请设立登记。

（2）募集设立

募集设立是指由发起人认购公司应发行股份的一部分，其余股份向社会公开募集或者向特定对象募集而设立公司。

设立股份有限公司，董事会应当于创立大会结束后 30 日内向公司登记机关申请设立登记。

3. 股份有限公司的优势

1）可迅速聚集大量资本。股份有限公司是筹集大规模资本的有效组织形式，可广泛聚集社会闲散资金形成资本，既为广大公众提供了简便、灵活的投资渠道，也为企业提供了筹资渠道，有利于公司的成长，使某些需要巨额资本的产业得以建立。

2）有利于分散投资者的风险。股份有限公司的股东以其所持股份为限对公司承担责任，与个人的其他财产无关，投资者可以投资多个公司，因而有利于分散风险。

3）有利于接受社会监督。股份有限公司有利于资本产权的社会化和公众化，为了确保股东权益，需要把大企业的经营置于社会的监督之下，定期披露公司信息，因而有利于接受社会监督。

4. 股份有限公司的劣势

1）公司开设和歇业的法定程序严格、复杂。

2）公司抗风险能力较差，大多数股东缺乏责任感。

3）公司的所有权与控制权的分离程度更高，经理人员往往不是股东，因此产生了出资者与经理人员之间的复杂的委托代理关系，且大股东持有较多股权，不利于小股东的利益。

4）公司财务与经营情况必须向公众披露，公司的商业秘密容易暴露。

（五）企业组织形式选择的策略

许多创业者认为，新企业组织形式的最佳选择就是有限责任公司。然而实际上，合伙企业、个人独资企业、一人有限责任公司、股份有限公司等也很受创业者欢迎，广泛存在于创业活动实践中。企业组织形式的选择有赖于创业者的目标和达成目标的实际资源状况。究竟哪种组织形式最适合新企业呢？巴隆和谢恩（2005）提出需要考虑下列问题。

1）创业者（投资者）有多少人？

2）承担有限责任对你很重要吗？例如，如果你有许多个人财产，则对你可能比较重要；如果你没有什么个人财产，则承担有限责任对你可能就不太重要。

3）所有权的可转让性是重要还是不重要？

4）你预料过新企业可能支付股利吗？如果想过，这些股利承受双重征税对你有多重要？

5）如果你决定离开企业，你会担心自己不在的时候企业能否持续经营下去吗？

6）保持企业较低的创办成本对你有多重要？

7）在将来，筹集企业所需追加资金的能力有多重要？

创业者在回答上述问题的基础上，不考虑那些确实不能满足你的目标和要求的企业组织形式，然后依据其余企业组织形式、特点与目标接近的程度进行选择。

二、企业注册流程

（一）企业名称设计

新企业正式成立之前，必须进行企业名称设计，这是新企业注册的第一步。

企业名称是一个企业区别于其他企业或组织的特定标志。显然，企业名称是企业的无形资产，是可以世代相传的宝贵财富。拥有一个响亮的企业名称，是让消费者知晓企业的前提条件，也有利于提升企业的知名度与竞争力。

1. 企业名称的构成

根据国务院发布的《企业名称登记管理规定》，企业名称应当由行政区划名称、字号、行业或者经营特点、组织形式组成，并依次排列。例如，南京苏宁电器股份有限公司、北京长空机械有限责任公司等。

2. 企业命名的规定

1）企业只能登记一个企业名称，在某一个市场监督管理局辖区内，冠以同一行政区划名称的企业，不得与登记注册的同行业企业名称相同或近似。

2）企业名称应当使用规范汉字。民族自治地方的企业名称可以同时使用本民族自治地方通用的民族文字。

3）企业名称中的行政区划名称应当是企业所在地的县级以上地方行政区划名称。市辖区名称在企业名称中使用时应当同时冠以其所属的设区的市的行政区划名称。开发区、垦区等区域名称在企业名称中使用时应当与行政区划名称连用，不得单独使用。

4）企业名称中的字号应当由两个以上汉字组成。

县级以上地方行政区划名称、行业或者经营特点不得作为字号，另有含义的除外。

5）企业名称中的行业或者经营特点应当根据企业的主营业务和国民经济行业分类标准标明。国民经济行业分类标准中没有规定的，可以参照行业习惯或者专业文献等表述。

6）企业应当根据其组织结构或者责任形式，依法在企业名称中标明组织形式。

7）企业名称不得有下列情形：损害国家尊严或者利益；损害社会公共利益或者妨碍社会公共秩序；使用或者变相使用政党、党政军机关、群团组织名称及其简称、特定称谓和部队番号；使用外国国家（地区）、国际组织名称及其通用简称、特定称谓；含有淫秽、色情、赌博、迷信、恐怖、暴力的内容；含有民族、种族、宗教、性别歧视的内容；违背公序良俗或者可能有其他不良影响；可能使公众受骗或者产生误解；法律、行政法规以及国家规定禁止的其他情形。

3. 企业名称设计的要点

企业名称的设计要点除了要符合法律的有关规定外，还应简洁、响亮、新颖。

企业名称设计需要具备以下几个要点。

1）思想性。努力挖掘企业的人文历史，企业名称应展现厚重文化底蕴，体现企业的经营理念和哲学。

2）独特性。强化企业命名的标志性和识别功能，突显企业名称的独特性，能给人留下深刻印象，避免雷同。

3）清晰性。简洁明了，语感好，容易发音和传播。

4）形象性。能够表达或暗示商品形象和企业形象，富有想象力，意境优美。

5）国际性。能够在全球传播，在外国语言中不会使人产生误解和错误的联想。

此外，企业名称命名时要注意企业名称系统的统一性。企业名称系统包括企业名称、产品名称、企业域名、企业商标、品牌名称等。

（二）企业登记注册流程

不同类型的企业，其登记注册的流程不尽相同，企业的登记注册流程一般如下。

1. 申请咨询

在正式申请办理登记注册手续前，创业者应到当地市场监督管理局向相关人员咨询、了解申请登记注册的程序、要求，对于不清楚的问题要及时询问。

2. 企业名称申请人自主申报

2020 年 12 月，国务院通过《企业名称登记管理规定》（国务院令第 734 号），自 2021 年 3 月 1 日起施行。《企业名称登记管理规定》完善企业名称基本规范，建立企业名称自主申报制度，企业名称由预先核准行政许可事项变为自主申报服务事项。

《企业名称登记管理规定实施办法》明确企业名称由申请人自主申报。申请人可以通过互联网登录企业名称申报系统，或者在企业登记机关服务窗口提交有关信息和材料，并作出自主申报承诺。申请人应当对提交材料的真实性、合法性和有效性负责。

企业名称申报系统对申请人提交的企业名称进行自动比对，显示申报通过或不予通过的结果。对申报通过的名称，申报系统会做出相关提示，告知该名称存在不予登记的可能，或者在使用中面临因名称争议而被要求变更的风险。

企业名称申报通过的，企业登记机关对该企业名称予以保留。企业名称保留期内，因企业还没有登记注册，主体还没有产生，所以尚不存在完整的企业名称权利，因此申请人应当在保留期届满前办理企业登记。逾期后，企业名称将不予保留，无法办理企业登记，只能再次申报名称。

3. 确定经营范围

经营范围分为一般经营项目和许可经营项目两类。

一般经营项目是指不需要经过批准，企业可以自主选择申请开展经营活动的项目。也就是说，经营范围只涉及一般经营项目的，只要获取营业执照就可按照经营项目范围开展经营。

许可经营项目是指企业在申请登记前要根据法律、行政法规、国务院决定规定的应当报有关部门批准的项目。也就是说，经营范围涉及许可经营项目的，除营业执照外，还需获得相应许可部门的审批，获得许可证后方可经营。

许可经营项目又分为前置许可和后置许可两种。其中，企业经营范围中属于前置许可经营项目的，应当在申请登记前报经有关部门批准后，凭审批机关的批准文件、证件向企业登记机关申请登记。也就是说，不能直接到市场监督管理部门申请办理营业执照。企业经营范围中属于后置许可经营项目的，依法经企业登记机关核准登记后，应当报经有关部门批准方可开展后置许可经营项目的经营活动。也就是说，可以先到市场监督管理部门办照，然后根据经营事项到有关部门办理审批许可。

4. 登记注册

下面以有限责任公司登记注册（杭州市）为例进行介绍。

有限责任公司的设立，应提交如下材料。

1）法律、行政法规和国务院决定规定设立有限责任公司必须报经批准的或者公司申请登记的经营范围中有法律、行政法规和国务院决定规定必须在登记前报经批准的项目，提交批准文件或者许可证件的复印件。

2）《公司登记（备案）申请书》。

3）股东、发起人的主体资格证明或自然人身份证明。

4）法定代表人、董事、监事和高级管理人员的任职文件。

5）住所使用证明。

6）公司章程。

三、企业登记注册程序日趋简化、高效

2018 年 10 月 26 日，第十三届全国人民代表大会常务委员会第六次会议《关于修改〈中华人民共和国公司法〉的决定》第四次修正，并于 2022 年 12 月 30 日至 2023 年 1 月 28 日，《中华人民共和国公司法（修订草案二次审议稿）》公开征求意见。

1）放宽注册资本登记条件。除法律法规另有规定外，取消有限责任公司最低注册资本 3 万元、一人有限责任公司最低注册资本 10 万元、股份有限公司最低注册资本 500 万元的限制；不再限制公司设立时股东（发起人）的首次出资比例和缴足出资的期限。公司实收资本不再作为登记注册事项。

2）将企业年检制度改为企业年度报告公示制度，任何单位和个人均可查询，使企业相关信息透明化。建立公平规范的抽查制度，克服检查的随意性，提高政府管理的公平性和效能。

3）按照方便注册和规范有序的原则，放宽市场主体住所（经营场所）登记条件，由地方政府具体规定。

4）大力推进企业诚信制度建设。注重运用信息公示和共享等手段，将企业登记备案、年度报告、资质资格等通过全国企业信用信息公示系统予以公示。推行电子营业执照和全程电子化登记管理，电子营业执照与纸质营业执照具有同等法律效力。完善信用约束机制，将有违规行为的市场主体列入经营异常的"黑名录"，向社会公布，使其"一处违规、处处受限"，提高企业"失信成本"。

5）推进注册资本由实缴登记制改为认缴登记制，降低开办公司成本。在抓紧完善相关法律法规的基础上，实行由公司股东（发起人）自主约定认缴出资额、出资方式、出资期限等，并对缴纳出资情况真实性、合法性负责的制度。

改革登记注册制度后，除涉及国家安全、公民生命财产安全等外，一律实行"先照后证"，创业者只要到市场监督管理局领取一个营业执照，就可以从事一般性的生产经营活动，如果要从事需要许可的生产经营活动，再向主管部门申请。在等待许可期间，创业者可以着手开展一些筹备工作，为企业先期发展争取大量时间。

注册资本问题也是许多创业者难以跨越的"门槛"。改革登记注册制度后，注册资本实缴登记制度转变为认缴登记制度，市场监督管理局只登记公司认缴的注册资本总额，无须登记实收资本，不再收取验资证明文件。

为了进一步简化审批、放宽准入，促进千百万新企业健康成长，2016 年 7 月 5 日，《国务院办公厅关于加快推进"五证合一、一照一码"登记制度改革的通知》发布，通知指出，在全面实施工商营业执照、组织机构代码证、税务登记证"三证合一"登记制度改革的基础上，再整合社会保险登记证和统计登记证，实现"五证合一、一照一码"。从 2016 年 10 月 1 日起正式实施。

目前，已经有省份开始试行企业登记"多证合一"制度的改革。例如，江苏省在"三证合一、一照一码"登记模式的基础上，整合社会保险登记证、统计登记证和企业公章刻制备案，实行"多证合一"，申请人不再另行办理社保登记、统计登记和公章备案等手续。随着改革的不断深化，其他属于登记立户这种类型的证照都是可以合并的。

全部登记注册事宜结束后，企业即进入正常经营阶段。

四、企业选址策略和技巧

科学而行之有效的选址对新企业的成长至关重要，因此，创业者必须掌握新企业选址的策略和技巧。创业者在为新企业选址时应注意以下几个方面。

1. 在收集与研究市场信息的基础上选址

市场信息对新企业选址的影响是不可忽视的，决定创业者能否正确做出选址决策。依据影响企业选址的各种因素，创业者可自己或借助中介机构收集市场信息，并对收集的多方面市场信息进行定性与定量的科学分析，并在此基础上进行科学选址。

2. 在考察与评估备选地址的基础上选址

创业者要对多个备选地址进行实地考察，并采用科学的定量分析方法对备选地址进行考察与评估。经过对备选地址的实地考察与定量分析，选择出最佳地址。

3. 在咨询与听取多方建议的基础上选址

创业者经过咨询有经验的企业家或相关人士，把新企业选址的备选方案与最佳地址呈现出来，听取他们的意见与建议，获得有益的帮助，并综合分析各种信息、意见与建议，制定详细的备选地址优势与劣势对比表，按照新企业所进入的行业特点与新企业的市场定位等特征，综合运用选址的评估方法，最终做出正确的选址决策。

专题二　新企业生存管理

企业登记注册完成后，意味着要进入正式经营了，而要顺利将企业经营好，首先得对新企业的特点有所了解。

一、新企业的特征

新企业的特征主要有以下几点。

1. 创业阶段风险高

在初创阶段，企业产品质量不稳定，产品价格弹性大，公司运作无章可循，缺乏足够的、稳定的客户，外部资源获取难。因此，企业必须在尽可能短的时间内适应市场环境和竞争规则，否则很容易被市场淘汰。

2. 以生存为首要目标

新企业在市场环境的巨大风险面前，缺乏用以抵御风险的规模和经验，因此，其首要任务是在市场中立足，让消费者认识并接受自己的产品。在初创阶段，生存是第一位的，一切围绕生存运作。

3. 流动资金缺乏

新企业资金需求量较大，如果初创阶段资金筹集不足，或启动阶段在固定资产、原料、存货等投资过多，则会造成流动资金缺乏。而在此阶段，企业很难靠自我积累和债券融资等方式解决资金需求，一旦现金流出现赤字，则企业将发生偿债危机，可能会导致破产。

4. 企业状态不稳定

新企业的基本制度和管理模式不完善，运转起来往往需要创业者承担各种角色。一些基本的规章制度处于缺失状态，随机偶然因素或个人影响力对企业的影响很大，企业经营活动状态不稳定。

二、决定新企业组织形式的主要因素

企业组织形式反映了企业的性质、地位、作用和行为方式；规范了企业与出资人、企业与债权人、企业与政府、企业与企业、企业与员工等内外部关系。企业只有选择合理的组织形式，才能充分调动各个方面的积极性，使之充满生机和活力。在决定新企业的组织形式时，需要考虑如下几个因素。

1. 税收

在西方发达国家，新企业的创办人首先考虑的因素就是税收。在我国，对公司企业和合伙企业实行不同的纳税规定。国家对公司营业利润在企业环节上征收公司税，税后利润作为股息分配给投资者，个人投资者还需缴纳一次个人所得税；而合伙企业的营业利润不征收公司税，只征收合伙人分得收益的个人所得税。再对比合伙企业和股份有限公司，合伙企业要优于股份有限公司，因为合伙企业只征收一次个人所得税，而股份有限公司还要再征收一次企业所得税；如果综合考虑企业的税基、税率、优惠政策等多种因素，股份有限公司也有有利的一面，因为国家的税收优惠政策一般都只为股份有限公司所适用。

2. 利润和亏损的承担方式

独资企业，业主无须和他人分享利润，但其要一人承担企业的亏损；合伙企业，如果合伙协议没有特别规定，利润和亏损由每个合伙人按相等的份额分享和承担。有限公司和股份公司，公司的利润是按股东持有的股份比例和股份种类分享的，对公司的亏损，股东个人不承担投资额以外的责任。

3. 资本和信用的需求程度

通常，如果投资人有一定的资本，但尚不足，不想使企业的规模太大，或者扩大规模受到客观条件的限制，则更适宜采用合伙企业或股份有限公司的形式；如果所需资金巨大，并希望经营的事业规模宏大，则适宜采用股份制；如果创业者愿意以个人信用为企业信用的基础，且不准备扩大企业规模，则适宜采用独资的方式。

此外，企业的存续期限、投资人的权利转让、投资人的责任范围、企业的控制和管理方式等因素都会对投资人在选择企业组织形式时产生影响，因此必须对各项因素进行综合分析。

三、新企业组织形式的多元化发展

企业组织存在于一定的社会经济环境之中，为了适应企业不断发展变化的内外部环境，企业的组织形式也在不断发生着新的变化。特别是进入 21 世纪以来，经济全球化和知识经济时代的到来，引发了企业组织结构形式的一系列变化。

1. 组织重心两极化

买方市场的形成和竞争的不断加剧，使企业管理的工作重心由过去的生产问题逐渐转向新产品的开发研制和市场销售。从企业经营的过程来看，企业的组织结构特征正在形象地由"橄榄形"转变为"哑铃形"。所谓"橄榄形"企业形态，是指企业以生产为中心，以新产品开发和市场销售为辅助的企业形态，其工作的主要投入为生产过程，即"中间大，两头小"；而"哑铃形"企业形态，则是以企业的新产品开发和市场销售为主，产品生产只是新产品开发的目的和市场销售的前奏，其工作的投入主要在两头，即"两头大，中间小"。

企业组织结构由"橄榄形"向"哑铃形"转变的最主要原因是企业市场环境的变化。买方市场形成、技术进步加快、新技术的不断应用等，都使企业解决生存发展的核心问题由产品的生产问题转变为企业产品创新的速度和市场拓展能力的问题。在传统的大批量生产的工业经济时代，企业竞争取胜的法宝只是低成本，而当今和未来企业竞争取胜的关键将逐步转变为快捷的服务和全新的个性化。

2. 组织结构扁平化

扁平化的组织结构是相对于传统的"金字塔形"结构而言的。在"金字塔形"结构中，由于管理信息传递的层次多、速度慢、信息的衰变严重等，已经越来越严重地制约企业管理效率的提高和企业市场竞争能力的提高。由于电子计算机和互联网在企业生产经营中的应用日益普及，企业管理信息的收集、整理、传递及经营控制手段逐步现代化，传统的"金字塔形"组织结构越来越不适应企业经营环境的变化。这些直接促使传统组织结构向层次少的扁平化组织结构演变。在当今企业组织结构的变革中，可以减少中间层次、加快信息传递速度、实现直接控制。

3. 组织运作柔性化

柔性的概念最初起源于柔性制造系统，是指制造过程的可变性、可调整性，描述的是生产系统对环境变化的适应能力。柔性概念应用到企业的组织结构上，是指企业组织结构的可调整性及对环境变化的适应能力。很显然，企业组织结构发生这种变化，也是企业所处的社会经济环境不断变化的结果。随着新经济时代的到来，企业外部环境的变化已大大高于工业经济时代的变化，企业的战略和组织结构也将因此做出及时调整。所以，企业组织运作柔性化将成为企业组织结构未来发展的一种趋势。

4. 团队组织形式兴起

团队组织形式，是指为数不多的团队成员承诺共同的工作目标和任务，并且互相承担责任的一种企业组织形式。这种组织形式多出现在知识型企业中。实践证明，这是一种非常适合企业现代经营环境的组织形式，具体体现在以下方面：①团队组织与传统的部门不一样，它是自觉形成的，是为完成共同任务，建立在自觉的信息共享、横向协调基础上的；②在团队中，没有拥有制度化权利的管理者，团队成员不是专业化人才，而是多面手，具有多重技能；③团队中员工的分工界限不像传统组织结构形式那么明确、严格，他们相互协作、彼此激励、共同承担责任。团队组织形式的采用，消除了因目标对立而引起的组织内耗增加，彼此之间的竞争关系转化为共同合作关系，团队成员相互取长补短、支持促进，从而提高了团队效率。团队组织具有的这些积极作用，使它得到了迅速普及和发展。

5. 企业整体形态创新

企业整体形态创新的根本原因是企业高新技术的不断运用及互联网技术的不断发展。在高新技术特别是互联网技术的激励下，企业模式正经历着一场深刻的、根本性的变革。这场变革的结果就是企业内部组织结构的重大变化。如何实现企业组织形态的创新以适应新经济时代的要求，已经成为每个管理者必须面对的课题。

例如，虚拟企业就是企业组织形态创新的一种具体表现，也是企业整体形态创新的一种尝试。虚拟企业是在经济全球化、信息化、知识化的大环境下与传统企业相对而言的一种动态网络联盟企业。它最重要的特征是将传统企业固定的、封闭的集权式结构改变为灵活的、开放的网络式结构。这种网络式结构将所有协作伙伴、雇员、外部经销商、供货商和客户以各种不同的合作形式联系起来，形成一个错综复杂的平面网络，彼此互相依存、紧密合作。虚拟企业是一个没有固定构成的外部化的网络组织，是一个在一定利益条件下靠协议结合成的松散组织，组织各部分的调整皆因企业市场经营环境而变化，是一种能够满足当前市场变化快、技术进步快、信息传递快、产品研制开发难度大的现状要求的企业生存发展模式。虚拟企业可能总部设在美国，在印度编制软件，在德国进行工程设计，在日本进行制造。每一个前哨基地都通过网络进行无缝连接，以使分布广泛的雇员和自由职业者能够同时工作。

延伸阅读

企业年检的流程

根据《企业信息公示暂行条例》规定，每年1月1日至6月30日，企业应当报送上一年度的年度报告并向社会公示，内容包括公司基本情况、主要财务数据和指标、股本变动及股东情况等。企业年检非常重要，所以应该有专人负责此事，注意不要过期。

一、操作步骤

1）搜索"国家企业信用信息公示系统"，选择"企业信息填报"选项，按需选择登记机关所在地，如果你是第一次报送年度报告，先进行企业联络员注册，如果当时注册营业执照信息发生变化（如更换手机号）等，需要先进行企业联络员变更，然后按照营业执照信息依次填写统一社会信用代码、身份证。

2）选择"年度报告填写"，然后按照实际情况填写报告，包括特种设备信息、个体基本信息、网站或网店信息、资产状况信息、行政许可信息等选项，最后预览并公示，完成。

二、法律责任

企业、个体工商户、农民专业合作社对其年度报告内容的真实性、及时性负责。企业、个体工商户、农民专业合作社未按照本通告期限报送年度报告，以及在年度报告中隐瞒真实情况、弄虚作假的，市场监督管理部门将按照《企业信息公示暂行条例》、《个体工商户年度报告暂行办法》、《农民专业合作社年度报告公示暂行办法》、《企业经营异常名录管理暂行办法》等有关规定，将其依法列入经营异常名录或标记为经营异常状态。被列入经营异常名录的企业将在政府采购、工程招投标、国有土地出让、授予荣誉称号等工作中，依法予以限制或者禁入。报送年度报告是市场主体的法定义务，也是积累信用状况的过程，望广大市场主体依法、及时、如实报送年度报告。

专题三　企业成长周期与战略管理

一、企业成长的层次

企业的成长包括以下 3 个层次。

第一层次是指企业量的增长，即企业持续获得生存和拓展所需的生产要素，从而使得企业持续成长成为可能。这种量上的成长主要表现为企业经营资源单纯量的增加，如销售增长率的提高、市场占有率的增加、利润增长率和规模扩张等外在表现形式。

第二层次是指企业将有限要素整合起来、合理配置，并且不断调整组织结构，建立和发展核心竞争力，从而实现企业质的飞跃。企业质的成长主要有经营资源的性质变化，企业内部经营结构、技术结构和空间结构的更新和完善，组织结构等的发展和创新。

第三层次是指企业组织由简单到复杂、由低级到高级的过程。例如，企业内部组织结构协调性和管理高效性的增强、企业制度的完善化和成熟化、更有效的资源配置、环境的适应及对环境的迅速反应。

二、企业的成长阶段

企业的成长包括以下 5 个阶段。

1. 第一阶段：机会驱动

这一阶段的企业主要依靠好的创意或凭借一些关系得到一个机会而创立。这一阶段的企业的管理重点是获得利润。只有获得足够的利润，企业才能存活下来，并得到发展。这一时期，企业组织相对简单，人员和业务规模都比较小，企业经营和发展主要靠领导者或合伙人的个人魅力。

2. 第二阶段：业务驱动

这一阶段的企业已经开发出自己的产品，但要想在市场上站稳脚跟，还需不断扩大市场占有率。这时，需要引进"能人"，不断将业务扩大。此时，随着人员的不断增加，产量和市场不断扩大，管理的内容增多、难度加大，对领导者提出了更高的要求。如果企业的领导者不能适应这种变化，就会出现第一次重大危机，称为"领导和内部秩序危机"。

3. 第三阶段：管理驱动 I

成长到第三阶段的企业已经有了一定的规模，创业者往往无力对企业进行有效的管理和控制，因此企业必须加强管理，建立组织、流程和规范，克服管理失控的状态。在采取了引进管理人才、建立内控制度、建立职能部门、实行集权管理等措施后，企业成功度过了第一次危机，然而这一阶段可能发生两种危机。首先，随着企业规模的扩大和管理层次的提高，这种功能型组织就会陷入第二次危机，即所谓的"专制危机"。这是由于企业刚从无秩序的阶段开始加强管理，由于还不能做到管理的收放有度而往往是"矫枉过正"，从而引发专制危机。为了适应市场的变化，企业不得不实行分权，往往采用事业部制组织架构。但由于组织层次的增加、协调难度的加大，企业会逐渐失去对事业部的控制，遭受第三次危机，即所谓的"控制危机"。

4. 第四阶段：管理驱动 II

在加强管理且发展到一定规模之后，很多企业开始出现僵化、反应迟钝等"官僚主义"苗头，或者患上了"大企业病"。这时需要进行管理变革，克服"官僚主义"，进行流程优化和组织变革等。在这一阶段，通过加强中央控制，集中处理战略规划、人力资源、财务与投资等重大问题之后，各事业部处于掌握之下，但随之而来的是官僚制的滋生蔓延，使企业遭遇第四次危机，即所谓的"活力危机"。这时企业已经比较稳定成熟，企业内部很多人已经失去了创业的激情和活力，开始注意关系和权力的平衡，讲究程序和地位，通常有能力、有个性的人因为不堪忍受僵化的程序和文化而离开，企业慢慢丧失活力。这时，企业必须通过创新和学习、开辟新的事业、引进新的人才和文化，才能继续发展。

5. 第五阶段：创新驱动

当企业继续成长壮大，单一企业发展到了极限，就必须进行管理创新或者开拓新的事业，才能进一步发展。这时，就需要进行创新和变革。然而，在企业未来的成长过程中还会遇到很多未知的危机。

图 11-1 为企业成长的五个阶段示意图。

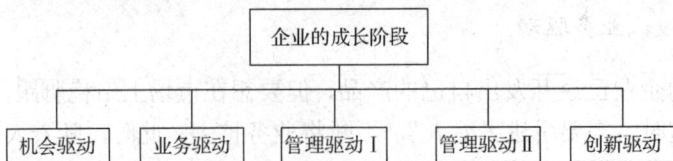

图 11-1　企业成长的五个阶段

三、战略管理的意义

战略管理是指对一个企业或组织在一定时期全局的、长远的发展方向、目标、任务和政策及资源调配做出的决策和管理艺术。从企业未来发展的角度来看，战略表现为一种计划（plan）；从企业过去发展历程的角度来看，战略表现为一种模式（pattern）；从产业层次来看，战略表现为一种定位（position）；从企业层次来看，战略表现为一种观念（perspective）。此外，战略也表现为企业在竞争中采取的一种计谋（ploy）。这是关于企业战略比较全面的看法，即著名的 5P 模型。什么是战略管理？战略管理是指对企业战略的管理，包括战略制定/形成（strategy formulation/formation）与战略实施（strategy implementation）两个部分。战略管理首先是一个"自上而下"的过程，这就要求高级管理层要具备相关的能力及素养。

（一）德鲁克的创业战略

德鲁克把他的创业式营销战略分为四大类。他指出，虽然这四类不是相互排斥的，但每一类都有最佳的前提条件和最佳的应用环境。

1. 主导一个新市场或新产业

德鲁克颇有新意地把主导一个新市场或新产业称为"孤注一掷"。这是美国内战时期南部联盟的一位骑兵将军常用的制胜之策。在营销学上采用这种"孤注一掷"战略，企业家的目标是领导权，或是占领新市场，或新产业。"孤注一掷"的目标并不一定是立即建立一个大企业，虽然这是它的最终目标，但初始时它的目标是占据永久性的领导地位。

2. 开发当前未得到充分服务的市场

德鲁克认为，开辟并主导新市场或新产业的战略是风险最大的战略，按照他的推理，只有在满足下列条件之后才能成功落实这个战略。

1）企业必须成功实现主导一个市场或产业的目标，不然就会彻底失败。

2）企业必须对形势进行彻底、认真的分析和评估，不然就不可能成功。

3）当基本理念成功实现之后，必须继续进行大规模的投入，以维持领先地位。苹果公司差点儿栽倒在这一点上，但危机都得到了有效的管理，直到 IBM 进军个人计算机市场。IBM 采用的是德鲁克提到的另外一个创业式营销战略，即"创造性模仿"。

4）营销战略的执行者必须敢于抢在竞争对手之前系统性地降低自己产品的价格。

3. 发现并占领专门化的"小生境"

德鲁克提出的第三个创业式营销战略是发现并占领专门化的"小生境"，即"利基战略"，这与菲利普·科特勒提出的"利基营销"有异曲同工之妙。小生境是指蕴含丰富市场机会但规模不大，别人不做的产品或服务。德鲁克认为这个战略与前面两个战略的区别在于，利基战略主要侧重于占据并控制尚未被别人占领的位置，而不是如何去应对竞争。德鲁克认为，占据小生境可以让营销者完全免受竞争的冲击，因为这个市场不是很明显，或者潜力有限，实力强大的竞争对手对于市场前景有限的产品或服务都不愿意去做（如果去做，投入与产出不划算），这无疑给占领利基市场的弱势企业创造了极大的发展机会和生存空间。营销者占据这个利基市场之后，就找到了最适合自己的小生境。为了阐述占领小生境的重要性，不得不提到国际认证有限公司（ICS）这家小公司。在计算机刚刚兴起时，ICS 向强大的 IBM 发起了进攻，但不是在 IBM 占据优势的商用计算机市场，而是教育计算机市场，这个市场虽然潜力小，但几乎没有任何竞争压力。虽然后来 IBM 试图进军教育计算机市场，但似乎投入与收益不成正比，结果 IBM 主动选择退出，将这个市场拱手送给了 ICS。

4. 改变一个产品、市场或产业的经济特征

德鲁克提出的最后一个创业式营销战略就是改变一个产品、市场或产业的经济特征，这个战略不需要进行大范围的创新。这些创新战略具有 4 种类型，每一种类型的终极目标都是创造客户。德鲁克提出的 4 种战略创新如下。

（1）为客户创造效用

为客户创造效用是很简单的，你需要站在客户的立场问一下自己怎样才能让客户获得更多的便利和好处。

（2）改变一个产品的定价方式

聪明的营销者都善于使用定价策略，而德鲁克提出的创业式营销则更加明确。德鲁克认为，定价的依据应该是客户的需求及客户要买的产品，而不是卖家销售的产品。

（3）适应客户的社会与经济现状

很多营销都说客户是不理性的，德鲁克却说不存在这种事情，并指出营销者必须假定客户永远是理性的，即便事实与营销者的观点相反，营销者也必须假定客户永远是理性的。

当考虑定价策略时，请考虑这样一个问题：如果有三种产品，你不知道哪一种是最好的，而你又必须立即决定买哪个，你依据什么来判断呢？最有可能的情况就是客户依据价格去判断，价格最高的就是质量最好的。这种判断是非理性的吗？其实并非如此。

要记住，你的看法并不重要，重要的是客户的实际情况是什么样子。

（4）为客户提供真正的价值

什么才是真正的价值是由客户说了算，营销者怎么想并不重要。明白这一点是至关重要的，因为客户或者机构在采购行为中所要达到的目标并不是单纯地购买某项具体的产品或服务，他们的目的是满足自己的需要或意愿。这就意味着，他们购买的是价值，只要一种商品或服务能够满足客户的需要或意愿，那么它就有价值。

（二）常见的企业成长战略

常见的企业成长战略分为单一化成长战略、一体化成长战略和多元化成长战略。

1. 单一化成长战略

集中生产单一产品或服务，以快于过去的增长速度来增加销售额、利润额或市场占有率。该战略的优点如下。①将有限的资源、精力集中在某一专业，有利于在该专业做精做细。这相当于拿自己最擅长的东西与别人竞争，成功的概率较大。②有利于在自己擅长的领域创新。③有利于提高管理水平。由于长期处于单一元化经营，管理者很熟悉需要采取什么管理手段、如何进行专业决策等。该战略的缺点如下。①将资金押在某一专业领域，风险相对较大。特别是当所在行业处于衰退期，或者出现替代产品或服务时，其生存将成为很大的问题。②容易错失较好的投资机会。当一个企业过分单一化时，就会将自己限制在一个领域内，若不注意市场新机会的出现，就会错失良好的投资机会。

2. 一体化成长战略

一体化成长战略是指企业有目的地将相互联系密切的经营活动纳入企业体系中，组成一个统一的经济组织进行全盘控制和调配，以求共同发展的一种战略。该战略分为横向一体化、纵向一体化和混合一体化。横向一体化又称为水平一体化，是指与处于相同行业、生产同类产品或工艺相近的企业实现联合，其实质是资本在同一产业和部门内的集中，目的是实现扩大规模、降低产品成本、巩固市场地位。纵向一体化又称为垂直一体化，是指生产或经营过程相互衔接、紧密联系的企业之间实现一体化，按物质流动的方向又可以分为前向一体化和后向一体化。混合一体化是指处于不同产业部门、不同市场且相互之间没有特别生产技术联系的企业之间的联合。

3. 多元化成长战略

多元化又称为多样化或多角化，多元化成长战略是指企业为了获得最大的经济效益和长期稳定经营，开发有潜力的产品，或通过吸收、合并其他行业的企业，以充实系列产品结构，或者丰富产品组合结构的一种成长战略。多元化成长战略分为同心多角化战略、纵向多元化战略和复合多元化战略。需要说明的是，一体化成长战略着眼于集团整体的发展，而多元化成长战略着眼于产品结构的多样化。

延伸阅读

网红曲奇品牌AKOKO发展之路

AKOKO是一个创立于2016年的烘焙品牌，主打高端曲奇市场。云顶小花曲奇、云霓小挞软曲奇、甜心魔方雪花酥、旋转木马冰淇淋等都是AKOKO的知名产品。

AKOKO品牌虽然年轻，但成长得很快。2016年6月，AKOKO品牌正式成立。2016年12月，AKOKO推出"圣诞系列"礼盒，单日订单突破3000盒。2017年8月，AKOKO天猫旗舰店正式上线。

值得一提的是，从2017年8月到2018年1月，短短5个月，AKOKO就获得老鹰基金、愉悦资本、高榕资本近1亿元的融资。2018年2月，AKOKO夺得了天猫曲奇类日销量冠军。

说起AKOKO的"从零到一"的故事，创始人柯柯将其概括为以下4个阶段。

第一阶段，主要在微信上获客，AKOKO的客户群体基本都来自柯柯的朋友圈。小花负责生产，柯柯负责生产以外的所有事情。

第二阶段，AKOKO的知名度已经有所提高，柯柯将忠实粉丝发展成为代理商，并且发展KOL分销渠道。

第三阶段，AKOKO开设了天猫旗舰店，仅仅在两个月内，就荣登了天猫曲奇类目的销量冠军。

第四阶段，AKOKO瞄准了新零售带来的线下红利，与盒马、超级物种等新零售渠道开始合作，为顾客提供场景化的体验式消费平台。

让AKOKO成为"网红曲奇"的因素主要有两个。①AKOKO的每一款产品都有别出心裁的设计与包装，包装的铁盒样式有几十种，如森林系列、十二星座系列等。铁盒上的图案大多是可爱的插画，且选用较为柔和的颜色，毫不费力地唤起了目标客户群体的少女心，有些忠实粉丝甚至一直在不断收集AKOKO的铁盒。②AKOKO在营销过程中利用了网红带货及大流量平台。

（资料来源：作者根据相关资料改编。）

实 训

实训一：分析创业失败的原因

成都某高校食品科学系6名研究生自筹20万元，开了一家"六味面馆"，地点就在琴台老街边上（非繁华的商业闹市区），这是成都有名的山水景观。

第一家店还没开，6位股民说起未来就异口同声地表示：开分店是当然的，今年先把第一家店做好，把经验积累起来，然后再谈发展的问题，他们准备两年内在成都开

20 家连锁店。本来想借着"研究生"的名头搞个广告轰动效应，然而事情的发展却让人始料未及。6 名研究生装修完面馆后，学校功课忙得不可开交，店里常常无人管理。附近居民说："口感不好，缺斤少两，根本吃不饱。"因为面馆长时间处于无人管理、经营不佳的状态，这家号称成都"首家研究生面馆"的餐厅，开业仅 4 个多月，就不得不草草收场。

小组讨论：

1）分析此案例创业失败的原因，给我们带来怎样的启示？

2）结合创业机会识别的过程，你有什么好的办法可以让面馆盈利吗？

实训二：为新企业打造"企业名片"

作为"最美基层高校毕业生"、北京枭龙科技有限公司的创始人、董事长、技术总负责人，史晓刚带领团队攻克多项增强现实（augmented reality，AR）核心技术，取得 AR 核心专利 120 余项，被破格评为正高级职称。

史晓刚始终奋战在科研一线，获得了"中国青年创业奖""全国向上向善好青年"等多项荣誉，2022 年还获得了全国五一劳动奖章。

受家庭环境影响，史晓刚从小便对电子技术表现出浓厚兴趣，从初中起就参加各类科技竞赛。大学四年，除了参加各类科技类竞赛，他还以负责人身份管理着本校大学生创新实践项目。

大学毕业后，史晓刚在一家大型科技企业从事研发工作。工作两年后，按捺不住创业激情，他成为科技创业者。当时，AR 技术刚刚走进大众视野，史晓刚被这项技术深深触动，他坚定地认为，AR 技术在未来一定会从方方面面改变人们的生活和工作方式。

自主研发意味着从 0 到 1，没有成熟的经验可以借鉴。核心技术的研发周期特别长、投入特别高、风险特别大。彼时，刚创业半年的他，基本上每天都在画相关的原理图，冬天骑十几千米自行车到专门的实验室去测试，一干就是一个通宵。

自创业以来，史晓刚团队取得了很多成果。其中，最让他们自豪的一项成果是攻克了光栅波导核心技术，这使北京枭龙科技有限公司成为全球范围内极少数掌握衍射光栅波导核心原理和工艺的公司之一。

一个不到 2 毫米的晶片上，投影光机只有指甲盖大小的 1/3，可以完美地隐藏到眼镜腿里。通过这项技术，智能眼镜就可以像普通眼镜一样轻便，从而促进 AR 技术向大众消费领域普及。基于这项核心技术，史晓刚团队研发了多款 AR 终端产品，在工业、安防、融媒体、教育等领域都取得了开创性和示范性应用。通过几年的努力，北京枭龙科技有限公司已经成为国内 AR 领域的代表性公司。

如今，史晓刚团队已壮大到 100 多人。作为聚焦科技创新的青年企业家，史晓刚充分发挥榜样示范作用，带动大学生创新创业发展。

史晓刚建议，大学毕业生要把个人理想融入事业，尽早挖掘自己的兴趣。他认为，对一件事情的热爱和兴趣，是驱动个人把事业做好的最根本动力。坚持下去，做任何一件事情，都要有十年磨一剑的决心和勇气。

史晓刚认为,广大青年可以尽情发挥聪明才智,通过创新创业实现人生和社会价值,为国家的科技创新贡献自己的青春力量。

(资料来源:作者根据相关资料改编。)

小组讨论:

1)从上述案例中,你觉得史晓刚是如何打造企业名片的?

2)对于新创企业来说,应该如何打造企业自己的名片?

模块小结

作为创业者,要了解企业的基本运营成本,以及企业发展与市场监督管理、税务等政府部门都会发生哪些联系,深入了解有关大学生创业的国家、省市相关的政策法律具体内容。

在激烈的市场竞争背景下,企业战略已成为企业家与创业者所关心的首要问题,制定战略和实施战略已成为企业核心的管理职能,强有力地执行一个科学、缜密的战略已是企业竞争制胜、经营成功的重要保证。

模块十二 "互联网+" 与创新创业竞赛

◆ 【学习目标和任务】

1. 熟悉中国国际大学生创新大赛的目的和赛制。
2. 熟悉"创青春"中国青年创新创业大赛的目的和赛制。
3. 从创新创业竞赛案例中总结经验和吸取教训。

◆ 【课程思政教学目标】

鼓励大学生坚定执着地追求理想，在创新创业竞赛中培养不断创新、勇于试错的勇气。

"互联网+"
与创新创业竞赛

案例导读

创业梦想照进现实：罗三长的红糖馒头

相信不少云南人都知道，甚至尝过"罗三长红糖馒头"，这款红糖馒头蒸熟后自然"开花"，被不少消费者所喜爱。然而，很多人并不知道，它的创始人是一个 90 后的小伙子——罗三长。

2008 年，罗三长父亲去世，让他不得不挑起家里的重担，但学业也不能荒废。于是，高中时他一边读书一边创业，走上了一条艰辛的道路。他最初创办劳务派遣公司，几经挫折积累了社会阅历和创业经验，利用节假日率队外出去东莞打工；也曾学习烹饪，并考取了二级厨师证书。这为其后来创立品牌"珞珈红糖包子"打下扎实基础。

罗三长考虑到该校学生来自全国各地，最常见的就是能满足大众口味的食物——馒头，这也是罗三长考虑到的一点。但大家平时吃的大多是没有特色、没有竞争力的白馒头。经过市场考察，他发现包括台湾在内的沿海地区，爱吃甜食的人都会将糖加入馒头中，一部分加入白砂糖，一部分加入红糖。于是，他开始研究自己动手做红糖馒头，但总是吃不出味道来。

2015 年暑假，他决定到台湾"取经"，经过自己的创新配方，历经百余次试验，终于做出适合大部分年轻人口味的红糖馒头，学习到了在台湾做红糖馒头的技术。2015 年 11 月，在云南大学滇池学院正式开了第一家"珞珈红糖包子"店。"罗三长红糖馒头"荣获 2017 年第三届中国"互联网+"大学生创新创业大赛全国金奖。罗三长介绍，用互联网的产品思维和工匠精神去做，我们之所以能打败科技项目、文化项目。不是想着怎么卖才是最大的，而是想着如何才能让消费者乐此不疲。他经常通过自己的亲身经历和社会资源，到各个大学为想要创业的大学生免费上创新创业课程。

罗三长介绍，目前中国"互联网+"大学生创新创业大赛有 100 多个金奖项目，但真正能拿到投资和落地的项目非常少，经济效益和社会效益都很难达到。需要一个既能找到项目又能找到投资的平台，才能帮助这些项目活起来、活下去，而不仅仅是大学生创业扶贫，罗三长和有关社团正在做的事情是这样的，他还将为资助贫困学生上学而设立"罗小奖学金"。

创业大赛这个平台让罗三长有了发展空间，所以，他用他现在所拥有的一切回馈社会，为更多需要帮助的学生提供力所能及的帮助。

（资料来源：作者根据相关资料改编。）

专题一　中国国际大学生创新大赛案例分析

一、大赛简介

中国国际大学生创新大赛是由教育部等部门与地方政府联合主办的一项全国技能大赛。大赛旨在以赛促教，探索人才培养新途径。全面提高人才自主培养质量，强化高校课程思政建设，深入推进新工科、新医科、新农科、新文科建设，深化创新创业教育改革，引领各类学校人才培养范式深刻变革，形成新的人才培养质量观和质量标准，切实提高学生的创新精神、创新意识和创新能力。以赛促学，培养创新创业生力军。着力造就拔尖创新人才，激励广大青年扎根中国大地了解国情民情，在创新创业中增长智慧才干，怀抱梦想又脚踏实地，敢想敢为又善作善成，做有理想、敢担当、能吃苦、肯奋斗的新时代好青年。以赛促创，搭建产教融合新平台。把教育融入经济社会发展，推动成果转化和产学研用融合，促进教育链、人才链与产业链、创新链有机衔接，以创新引领创业、以创业带动就业，推动形成高校毕业生更高质量创业就业的新局面。

1. 参赛对象

正式注册的全日制非成人教育的在校专科生、本科生、硕士研究生以及博士研究生（不含在职教育）。

2. 赛事安排

一项主体赛事：大赛有五个赛道，高教主赛道（针对本科及以上学生）、"青年红色筑梦之旅"赛道（"红旅"赛道）、职教赛道（针对职业院校、国家开放大学学生）、产业命题赛道、萌芽赛道（针对普通高等中学在校学生）。每个赛道下又细分不同组别，一个项目只能报名参加一个赛道的一个组别。

一项红色活动："青年红色筑梦之旅"活动，是中国国际大学生创新大赛的实践活动，由各地、各校组织举行。中国国际大学生创新大赛（2024）"青年红色筑梦之旅"活动于 2024 年 6 月在上海启动（报名"红旅"赛道的项目必须参加"青年红色筑梦之旅"活动）。

同期活动：大赛优秀项目资源对接会、大学生创新成果展、世界大学生创新论坛、世界大学生创新指数框架体系发布会等系列活动。

3. 参赛要求及流程

（1）职教赛道

1）参赛项目类型。

创新类：以技术、工艺或商业模式创新为核心优势。

商业类：以商业运营潜力或实效为核心优势。

工匠类：以体现敬业、精益、专注、创新为内涵的工匠精神为核心优势。

2）参赛方式和要求。

职业学校（包括职业教育各层次学历教育，不含在职教育）、国家开放大学学生（仅限学历教育）可以报名参赛。

大赛以团队为单位报名参赛。允许跨校组建团队，每个团队的参赛成员不少于 3 人，不多于 15 人（含团队负责人），须为项目的实际核心成员。参赛团队所报参赛创业项目，须为本团队策划或经营的项目，不得借用他人项目参赛。

3）参赛组别和对象。

本赛道分为创意组与创业组。

创意组：①参赛项目具有较好的创意和较为成型的产品原型、服务模式或针对生产加工工艺进行创新的改良技术，在大赛通知下发之日前尚未完成工商等各类登记注册；②参赛申报人须为团队负责人，须为职业学校的全日制在校学生或国家开放大学学历教育在读学生；③学校科技成果转化项目不能参加本组比赛（科技成果的完成人、所有人中参赛申报人排名第一的除外）。

创业组：①参赛项目在大赛通知下发之日前已完成工商等各类登记注册；②参赛申报人须为企业法定代表人，须为职业学校全日制在校学生或毕业 5 年内的学生、国家开放大学学历教育在读学生或毕业 5 年内的学生，企业法人在大赛通知发布之日后进行变更的不予认可；③项目的股权结构中，企业法定代表人的股权不得少于 10%，参赛团队成员股权合计不得少于 1/3。

4）参赛流程。

参赛项目采用校级初赛、省级复赛及决赛、国赛等几个赛制。各学校在校赛的基础上推荐参加省级复赛项目，大赛组委会组织专家通过网上评审，推荐优秀作品参加国赛。

初赛报名：5—8 月。参赛团队通过登录全国大学生创业服务网（cy.ncss.cn）或微信公众号（名称为"全国大学生创业服务网"或"中国国际大学生创新大赛"）任意方式进行报名。省教育厅及各有关学校负责审核参赛对象资格。

省赛复赛及决赛：6—8月。由大赛专家委员对各学校推荐参加省级复赛的候选项目进行省级复赛网络评审，择优选拔项目进行省赛决赛。

全国总决赛：10月。省教育厅根据分配名额，结合赛道组别比例要求择优遴选推荐项目参加全国总决赛。

（2）"青年红色筑梦之旅"赛道

参加"青年红色筑梦之旅"活动的项目，符合大赛参赛要求的，可自主选择参加"青年红色筑梦之旅"赛道。

1）参赛项目要求。

参加"青年红色筑梦之旅"赛道的项目应符合大赛参赛项目要求，同时在推进农业农村、城乡社区经济社会发展等方面有创新性、实效性和可持续性。

以团队为单位报名参赛。允许跨校组建团队，每个团队的参赛成员不少于3人，不多于15人（含团队负责人），须为项目的实际核心成员。参赛团队所报参赛创业项目，须为本团队策划或经营的项目，不得借用他人项目参赛。

参赛申报人须为项目负责人，须为普通高等学校全日制在校生（包括本专科生、研究生，不含在职教育），或毕业5年以内的全日制学生；国家开放大学学生（仅限学历教育）。企业法定代表人在大赛通知发布之日后进行变更的不予认可。

2）参赛组别和对象。

参加"青年红色筑梦之旅"赛道的项目，须为参加"青年红色筑梦之旅"活动的项目。否则一经发现，取消参赛资格。根据项目性质和特点，分为公益组、创意组、创业组。

公益组：①参赛项目不以营利为目标，积极弘扬公益精神，在公益服务领域具有较好的创意、产品或服务模式的创业计划和实践；②参赛申报主体为独立的公益项目或社会组织，注册或未注册成立公益机构（或社会组织）的项目均可参赛。

创意组：①参赛项目基于专业和学科背景或相关资源，解决农业农村和城乡社区发展面临的主要问题，助力乡村振兴和社区治理，推动经济价值和社会价值的共同发展；②参赛项目在大赛通知下发之日前尚未完成工商等各类登记注册。

创业组：①参赛项目以商业手段解决农业农村和城乡社区发展面临的主要问题、助力乡村振兴和社区治理，实现经济价值和社会价值的共同发展，推动共同富裕；②参赛项目在大赛通知下发之日前已完成工商等各类登记注册，项目负责人须为法定代表人。项目的股权结构中，企业法定代表人的股权不得少于10%，参赛成员股权合计不得少于1/3。

（3）"产业命题"赛道

1）命题征集。

① 本赛道针对企业开放创新需求，面向产业代表性企业、行业龙头企业、专精特新企业等征集命题。

② 企业命题应聚焦国家"十四五"规划战略新兴产业方向，倡导新技术、新产品、新业态、新模式。围绕新工科、新医科、新农科、新文科对应的产业和行业领域，基于企业发展真实需求进行申报。

③ 命题须健康合法，弘扬正能量，知识产权清晰无任何不良信息，无侵权违法等行为。

2）参赛要求。

① 本赛道以团队为单位报名参赛，每支参赛团队只能选择一题参加比赛，允许跨校组建、师生共同组建参赛团队，每个团队的成员不少于 3 人，不多于 15 人（含团队负责人），须为揭榜答题的实际核心成员。

② 项目负责人须为普通高等学校全日制在校生（包括本专科生、研究生，不含在职教育），或毕业 5 年以内的全日制学生（不含在职教育）。参赛项目中的教师须为高校教师。

③ 参赛团队所提交的命题对策须符合所答企业命题要求，命题企业将对命题对策进行契合度审核评价。参赛团队须对提交的应答材料拥有自主知识产权，不得侵犯他人知识产权或物权。

二、案例分析

1. 金奖项目：星网测通——让世界见证卫星互联网测量的中国力量

"在随后的 5 分钟里，请大家和我一起，把眼光投向太空。"一袭红衣，在白衬衫黑西服的人群中，尤为耀眼；在冠军争夺赛的舞台上，仅有的一位女参赛选手声起，似乎就注定成为全场的焦点。

经过最终打分，来自北京理工大学的"星网测通"项目以 1310 分夺冠。项目负责人宋哲成为大赛举办以来的首位女冠军。

2018 年汶川地震，灾区大部分通信设施毁坏，救援人员肩扛通信设备的场景深深触动了当时正在做本科毕业设计的宋哲，她将毕业设计定位在了卫星互联网领域，解决更多通信问题。

从 2014 年马斯克和星链项目横空出世，再到今年我国提出新基建，卫星互联网正在带领人类大踏步地进入太空 Wi-Fi 时代。宋哲认为，测量就是给卫星做体检，是卫星互联网产业链的关键一环。

给卫星进行测量，说起来容易做起来难。卫星的轨道高度高达数万千米，这就使得星上的微小偏差会被放大为地面覆盖区域的大幅偏离，而想要偏差小，就得测得准。

在准的基础上，卫星测量还要解决通信场景多，通用设备功能弱，测不了；测量流程长，设备效率低，测不快；产线规模大，设备售价高，测不起等问题。为了解决这些问题，宋哲用了 12 年的时间。

以宋哲为主要完成人，项目团队发明了宽带链路测量仪，实现了 9 种调制模式的柔性测量，一台设备就能测数百个场景；发明的参数矩阵测量仪，实现了 109 个通道的全并行测量，效率提升 100 倍；还发明了 12 分量模拟源，实现了 20 余种波形的低复杂度测量，为用户节省了 90%的成本。

宋哲介绍，目前"星网测通"设备已可满足多个国家重大型号的研制急需，保障了神舟飞船航天员和地面之间天地通话链路的畅通，保证了"天通一号"卫星能按时飞向太空，填补了北斗卫星导航系统测量手段的空白，让卫星互联网测量的中国力量被世界所见证。

2. 金奖项目：聚果盆 – 脉冲电场助力乡村挖掘水果金矿，专注挖掘水果金矿推动产业扶贫

2013 年，华南理工大学学生唐忠盛随志愿者团队去到云南省贡山县，看到的是遍地的瓜果掉落却无人问津，团队成员心疼不已。

在那里，唐忠盛和志愿者团队还发现了特色水果白花木瓜，同样是"任由"其腐烂在树下。他们当时就在想，能否通过加工一种水果，带动一个产业，惠及一方经济。本着这样的想法，唐忠盛和同学回到学校后开始搜集相关资料信息，反复讨论是否可在白花木瓜的精深加工方面提供有力帮助，既使特色水果资源得到有效利用，也能因此为老乡增加收入。

在大量的调研工作中，唐忠盛发现，水果行业虽然量大面广、遍布全国，但水果多种植在落后地区，加之先进食品加工技术缺乏，水果精深加工产业普遍存在生产效率低而吃不快、提取纯度低而吃不净、产物活性低而吃不下的发展困境，直接削弱了数千万果农赖以生活的主要经济来源。

凭借在学校所学的是食品加工专业优势，唐忠盛联合校友蔡锦林于 2019 年 12 月组织成立"聚果盆"创业项目，结合当地的资源特性，辅助开发相应的产品设备，致力于为云南等地乡村（尤其是经济欠发达地区农村）提供服务，协助贫困地区打赢脱贫攻坚战的同时，带动农户增收、企业技术升级、相关产业转型等。

创业方向和扶贫路径确定后，项目团队身体力行，致力于特色水果深加工前沿技术与装备研究，多次深入华南、西南贫困山区及革命老区，对接各类水果精深加工企业，并依托华南理工大学等高校的优势学科、优秀人才、优质资源，落地开展核心脉冲电场技术与装备、配套技术与装备开发，多维度人才培训等业务，形成了"造血式"发展模式，带动更多的科技生产力融入乡村，建设更好的乡村产业环境。

项目团队解决了白花木瓜规模化加工及产品酸涩等问题，推动白花木瓜种植面积从 9.4 万亩增至 30 万亩。如今，项目团队的技术已应用到国内 8 个省市、15 个县区和 5 个"一带一路"沿线国家的 11 种水果，为项目技术设备应用及产品开发的企业周边地区城乡提供了大量劳动力和可观的经济收入，并借助技术装备孵化国家、省部级相关项

目多项，进一步扩大了科技创新应用范围。

专题二 "创青春"中国青年创新创业大赛案例分析

一、大赛简介

"创青春"是"'创青春'中国青年创新创业大赛"的简称，是"挑战杯"中国大学生创业计划竞赛的改革提升。创青春以党的十八大和十八届二中、三中全会精神为指导，以"中国梦，创业梦，我的梦"为主题，以增强大学生创新、创意、创造、创业的意识和能力为重点，以深化大学生创业实践为导向，着力打造权威性高、影响面广、带动力大的全国大学生创业大赛。并以此为带动，将大学生的创业梦与中国梦有机结合，打造深入持久开展"我的中国梦"主题教育实践活动的有效载体；将激发创业与促进就业有机结合，打造整合资源服务大学生创业就业的工作体系和特色阵地；将创业引导与立德树人有机结合，打造增强大学生社会责任感、创新精神、实践能力的有形工作平台。

"创青春"系列活动是共青团服务青年创新创业的重要活动品牌。2014 年以来，在人力资源社会保障部、农业农村部、商务部、国家乡村振兴局等单位的大力支持下，中国青年"创青春"大赛已累计吸引超过 52 万个创业项目、219 万余名创业青年参与。活动为青年创业者提供创业辅导、展示交流、资本对接、骨干培训等支持，打造团组织、青年创业者、社会创服机构共创、共享、共赢的青年创新创业嘉年华。

1999 年，由共青团中央、中国科协、全国学联主办，清华大学承办的首届"挑战杯"中国大学生创业计划竞赛成功举行。2014 年前，两个并列"挑战杯"竞赛项目：一个是"挑战杯"全国大学生课外学术科技作品竞赛（大挑）；另一个则是"挑战杯"中国大学生创业计划竞赛（小挑）。这两个项目都由共青团中央主办，交叉轮流开展，每个项目每两年举办一届。2014 年后，小挑更名为"创青春"（大学生创业计划竞赛、创业实践挑战赛、公益创业赛），基本延续了小挑原本赛制与规定。大挑不变，简称为"挑战杯"。"挑战杯"与"创青春"依旧由共青团中央主办，每年交替举办。

二、案例分析

1. 项目名称："鹰眼计划"

国赛金奖项目"鹰眼计划"，来源于华南师范大学创业项目，该项目团队专注于农林检测服务。核心业务是研发生产销售无人机高光谱雷达系统并提供优化农林生产的数据服务。"鹰眼计划"项目团队的产品主要有两种：①无人机高光谱 LED 雷达系统，该系统主要应用于农业（如水稻）的疾病预防及精准施肥；②无人机高光谱激光雷达系统，该系统主要应用于林业，造纸行业自培林的长势预估及疾病预防。同时，提供免费的配套软件来为客户提供相关指标的预估，将数据处理算法和大数据技术相结合，通过持续的技术创新、算法优化及数据积累，让农林业监测和生产变得精准、智慧。

2. 项目名称：BonChina 未来骨芯——智能骨缺损可降解修复专家

国赛金奖项目"BonChina 未来骨芯"，来源于四川大学创业项目，该项目提出"智能骨缺损可降解修复方案"，采用世界首创的骨诱导人工骨材料，结合完美仿生的处理工艺，打造个性化人工骨产品，首次攻克了不可逆性骨缺损修复的世纪难题。骨芯材料为被列入世界生物材料最新定义的新一代多孔磷酸钙陶瓷，该材料是首个华人定义的生物材料，具备"自生长、零排异、代谢降解"三大特性，结合最优仿生学模型，进行 3D 打印及工艺处理，实现"医用级"打印，缩短制作时间至 1 天以内，提升力学强度至行标 14 倍以上。这项器官修复创新技术更好地为广大患者服务，为人类健康作出更大贡献。

📖 延伸阅读

全国大学生电子商务"创新、创意及创业"挑战赛赛事简介

全国大学生电子商务"创新、创意及创业"挑战赛（简称"三创赛"）是在 2009 年由教育部委托教育部高校电子商务类专业教学指导委员会主办的全国性在校大学生学科性竞赛。根据教育部、财政部（教高函〔2010〕13 号）文件精神，三创赛是激发大学生兴趣与潜能，培养大学生创新意识、创意思维、创业能力以及团队协同实战精神的比赛。

大赛的目的：强化创新意识、引导创意思维、锻炼创业能力、倡导团队精神。

大赛的价值：促进教学，促进实践，促进就业，促进创业，促进升学、促进育人。

三创赛自 2009 年至 2023 年，已成功举办了 13 届。经过多年的发展，大赛的参赛团队不断增加，参赛项目的内涵逐步扩大，同时，大赛创造性地举行了实战赛。大赛的规则也在不断完善，从而保证了大赛更加公开、公平和公正。随着比赛规模越来越大，影响力越来越强，三创赛现已成为颇具影响力的全国性品牌赛事。在 2023 年全国高校大学生学科竞赛排行榜"创新创业类"赛事中排名第三。

第十四届三创赛（2023—2024 年）分为常规赛和实战赛两类进行。常规赛主题如下：①"三农"电子商务；②工业电子商务；③跨境电子商务；④电子商务物流；⑤互联网金融；⑥移动电子商务；⑦旅游电子商务；⑧校园电子商务；⑨其他类电子商务。实战赛包括跨境电商实战赛、乡村振兴实战赛、产学用（BUC）实战赛、商务大数据分析实战赛、直播电商实战赛。两类赛事都按校级赛、省级赛和全国总决赛三级赛事进行比赛。

实 训

实训一

根据本模块介绍的关于创新创业大赛的相关知识，填写表 12-1。

表 12-1 不同创新创业大赛信息汇总表

创新创业大赛	面向对象	参赛资格	赛事安排
中国国际大学生创新大赛			
"创青春"中国青年创新创业大赛			
全国大学生电子商务"创新、创意及创业"挑战赛			

实训二

1）假如你准备参加中国国际大学生创新大赛，你应如何撰写创业计划书？

2）小组讨论能够赢得评委或投资者青睐的创业计划书通常包括哪些要点？

模块小结

对于各类型的创新创业大赛，我们鼓励大学生积极参与，勇于创新，投身实践，鼓励大学生在创新创业大赛中锻炼沟通、管理、协调、执行能力。大学生在寻找创业热点的同时，不要盲目跟风，追随投资热点，应切实分析市场现状、行业背景、目标用户群，找准痛点、需求点、机会点。

附　录

附录1　创业政策的实践应用

一、扶持中小企业创业政策建议

（一）减少中小企业创业进入壁垒

1）放宽市场准入，扩大经营领域。政府应采取各种措施，鼓励和引导中小资本投资支柱产业、高新技术产业和现代服务业，参与城乡基础设施和公共事业建设，组建投资公司或风险投资公司，推动中小企业和民营企业进入垄断行业、公用事业、基础设施、社会事业、金融服务等法律法规未禁止进入的领域。积极探索和推进中小和民间资本投资医疗、卫生、文化、教育、旅游和体育等领域的方式和途径。从企业的角度来看，政府制定创业政策的着力点应放在减少企业的行政管理负担、制定合理的税收政策及设法筹集创业投资资金上，改变创业优惠政策的"科技型企业"偏好。从长期来看，要想使整个经济协调、健康、全面发展，政府必须对各种类型的企业一视同仁，做到机会均等，全面发展。只有这样，创业政策的实施才会真正促进各类中小企业的健康发展。

2）简化创业审批程序，降低创业注册费用。政府应逐步简化创办新企业的审批手续，压缩不必要的流程和表格，使创办一个企业变得简单易行，尽快清理和修正现有政策中不利于创业和中小企业发展的规定，消除对中小企业的政策歧视，降低创业条件和门槛，从热衷于创办中小企业真正转变到全心全意为中小企业服务的轨道上，真正形成中小企业"开业容易、退出方便"的进退机制。可行的措施包括：有关部门在互联网上设立电子信箱，申办人从网上下载各种申办表格，也可以通过网络与各部门联系，创办公司注册登记在一天内完成。服务行业或商业活动公司注册可以无商店、无门脸，以居住地址作为公司地址即可。对于5人以下、销售额和服务额在一定规模以下的微型企业可以不再进行注册登记，只实行备案制度；部分个体工商户划归微型企业进行备案管理；中小企业规模的个体工商户可不需要进行注册登记管理的，也划归备案管理；销售额服务额和资本金规模不大、不需要进行特殊限制的中小企业可实行非等级制度，但企业开办需要备案。制定更有利于初创企业和中小企业发展的累进税收制度，提高中小企业税收起征点，对一定规模以下的中小企业免征企业增值税，简化初创企业的纳税手续；进一步减轻中小企业的各种行政和社会负担，严厉制止向中小企业乱摊派的行为。[①]

（二）扶持特殊群体，鼓励社会创业

更多地关注弱势群体的创业对解决目前就业问题具有重要意义。促进创业的政策应该从重视科技创业向重视普遍的创业活动转移，不应仅仅集中于为留学归国人员和高校毕业生提供政策上的优惠，而要对下岗工人和失地农民这些弱势群体的创业问题予以关注。下岗工人和失地农民等弱势群体在失去原有熟悉的工作岗位或生存资源后，不得不重新面临生存压力，因而他们面临的风险更大，但抵抗风险的能力又很小，所以他们更需要政府在创业政策上给予适当的帮助，以此来重新获得生存发展的技能。

除了为弱势群体创业提供政策优惠外，政府还应鼓励创业者以"社会创业"的形式吸纳弱势群体，并对"社会创业"形式的中小企业提供更多创业政策优惠。"社会创业"不同于一般创业的地方在于强调奉献社会爱心和为公益事业服务的目标，社会创业通常雇佣弱势群体为员工，一方面为弱势群体提供了生存的经济保障，另一方面雇佣弱势群体的举动也吸引了有爱心的顾客前来消费，随着构建和谐社会步伐的加快，"社会创业"必将受到越来越多创业者和社会各界的关注，政府对"社会创业"提供相应的政策优惠将推动社会创业的发展和文明社会的构建。

（三）提高政府扶持方式的有效性

调整财政对中小企业的投入方式，逐步由直接补贴向间接扶植转变，应由原有对中小企业的一般支持，改变为以项目为主的重点支持。另外，实行项目招投标制、专家同行评议评审制和成本核算制，建立新型政府资助管理体制，革新部分政府专项资金、补贴的下达方式，使政府专项资金、补贴资金投入更具有公平性和竞争性。转变税收优惠方式，由直接优惠向间接优惠转变。直接优惠包括减税、免税、优惠税率和税收扣除等方面。间接优惠包括加速折旧、投资抵扣、亏损结转、费用扣除、提取风险准备金等。间接优惠具有较好的政策引导性，有利于体现市场竞争的公平性，有利于形成"政策引导市场，市场引导企业"的机制。

（四）推动创业教育和创业文化

1）重视创业教育。我国的创业教育基本处于萌芽状态，近年来只有少数几所高校开设了创业管理和创业教育课程，且课程体系还不够完善。因此，教育部和相关部门应该联合出台相关政策或规定，将创业教育引入普通高校的课程，并逐渐推广到大专和职业学院乃至继续教育领域，以增强和提高青年等潜在创业人群的创业意识和创业技能。

---

① 寇旦旦，2010. 中小企业创业扶持法律制度研究[D]. 武汉：武汉理工大学.

同时，政府相关部门应加大投入，加强创业教育及创业领域的师资建设和课程开发研究。政府应设立"学校创业教育机制"，对中小学生和大学生进行创业教育，以鼓励其毕业后自主创业；加强对创业精神的培训和教育，特别是企业家精神文化，教育和培训企业家精神。

2）营造创业文化。政府应为创业者营造良好的社会环境，采取各种措施营造社会创业文化，激励各类人才参与创业。政府部门有责任通过制定相应的合理政策来引导青少年更多地参与到创业活动的实践当中，培养他们的创业精神。创业精神表现为一种不断创新、不断求索并创造财富的过程。与其他创造活动相比，创业精神体现在个人的知识技能与财富创造活动的紧密结合过程中。创业者应该成为年轻人的偶像，成为他们学习的目标，从而在全社会形成鼓励创新、允许失败的创业文化。设立中小企业创业奖，树立创业典型人物形象，大力进行创业宣传，提高人们的创业意识。

（五）构建有效的创业投资政策扶持机制

根据国家发展和改革委员会 2005 年 11 月 15 日颁布的《创业投资企业管理暂行办法》的有关规定，创业投资企业可以从事 5 种经营业务：一是创业投资业务，即从事投资创业企业的经营活动，从被投资企业的股权增值中获益；二是代理其他创业投资企业等机构或个人的创业投资业务，获取代理收益，包括按所代理投资金额的一定比例收取的管理费收入和业绩奖励；三是创业投资咨询业务，收取委托人的投资咨询费，委托人可能是投资人，也可能是被投资人；四是为创业企业提供创业管理服务业务，收取管理服务费。创业投资企业受其他投资者的委托进行创业管理服务时，才收取创业管理服务费；五是参与设立创业投资企业与创业投资管理顾问机构，获得投资收益。

1）发挥税收鼓励政策的激励作用。应将创业投资企业这种资本经营主体与加工贸易类企业之类的产品经营主体区分开来，以便给予创业投资企业免税待遇，避免对创业投资企业事实上的重复征税。鼓励创业投资机构长期投资中小企业，并依据《中华人民共和国中小企业促进法》的相关规定，对将大部分资产投资于符合《中小企业标准暂行规定》的中小企业的创业投资机构，免征投资者从创业投资机构获得资本利得的所得税，投资者若持有其股权满 3 年以上，则可按照投资额的一定比例申请所得税抵扣。

2）明确政策性创业投资资本定位和职能。创业投资机构和基金应补充民间种子资本的不足，而不应投资于可以通过民间资本给予支持的领域，与民间资本争利，应投资于创业企业的早期发展阶段。政府逐步淡出日常管理事务，将投资决策交给专业的管理团队，并对其实施业绩激励。在已经投资设立的国有独资或控股的创业投资公司中，引入外来投资者来完善股权结构，由控股角色变为参股引导角色。除专门投资中小企业的创业投资公司外，其他部门还可通过适当比例的参股方式，支持民间和外资设立行业性创业投资公司或区域性创业投资公司，有效吸引民间资金和外资参与创业投资，拓宽创业投资的资金来源。

3）发挥创业投资企业的投资能力。一方面，要积极探索吸引保险基金、证券公司投资设立创业投资基金，在吸引其资金投入创业企业的同时，运用其在投资管理、资本运作方面的经验和优势提高创业投资的资本运营能力。另一方面，要积极培育创业投资管理咨询机构，将熟悉创业过程和中小企业管理，又具备天使投资经验的专业人士吸引到专业管理机构中去，并给予重要职位，加强创业投资机构筛选项目和独具慧眼发现企业家的能力。

（六）实施整体创业政策

随着我国中小企业创业活动的活跃和市场经济的迅速发展，实施整体创业政策势在必行。整体创业政策兼有中小企业创业政策、利基创业政策、新企业创业政策的内容，要求简化企业创立程序、提供一站式创业服务、微型创业贷款和担保、创立企业的相关信息、创业培训及企业孵化器等，为弱势群体创业和技术型创业提供政策优惠，建立完善的创业政策体系，设立由主管部门领导、多部门合作的创业政策组织结构，同时重视各级政府部门和机构之间的协调合作，最大限度地整合各级部门的创业促进政策。

（七）推动中小企业创业服务机构的发展

为扶持中小企业创业，推动企业孵化器的发展十分关键。政府应提供支持企业孵化器建设与发展以及支持孵化器中的中小企业创业发展的优惠政策。对于企业孵化器的发展，政府应扮演一个积极推动的角色。由于很少有个人和企业积极投资设立企业孵化器，必须依靠政府的介入和政策干预才能促进企业孵化器的建设与发展。政府应投入建设和发展企业孵化器所需要的资金并加以政策引导，以保证国家科技创新体系的持续发展和强化。除此之外，还应鼓励孵化器引进专业人才，拓宽资金来源，完善企业孵化器管理水平和服务功能，鼓励企业孵化器向有特色的产业发展。

二、大学生创业优惠政策应用

（一）我国大学生创业政策出台的背景

1. 社会发展的要求

从社会的发展来看，高等学校鼓励大学生积极创业，开展创业教育，培养创业型人才是大势所趋。这首先是对大学生丰富知识储备转变为现实经济资源的迫切要求，渴望在这个知识经济时代大学生不仅能解决自己的就业问题，而且能够为社会带来新的就业岗位；其次是对大学生潜在能力转变为现实能力的急切愿望，大学生专业知识积累多年，他们有能力在某一时间实现创业，他们所掌握的知识和所具备的眼光使他们能够比一般劳动者更快地发现创业机会、创造更多的就业岗位。

2. 国际大学生创业活动的兴起

随着知识经济时代的到来，大学生创业活动于 20 世纪 80 年代初开始。从 1983 年美国得克萨斯州大学奥斯汀分校举办第一届大学生创业计划竞赛以来，美国已有多所高校举办此类赛事，最著名的是斯坦福大学、麻省理工学院等学校。网景通信公司等公司就是在斯坦福大学校园浓厚的创业氛围中诞生的，正是这些大学生所创办的公司给美国硅谷的发展注入了蓬勃生机。从 20 世纪 90 年代开始，几乎每年都有五六家新企业从这项国际顶尖的大学生创业赛事中诞生，而且有相当数量的创业计划被一些高新技术企业以上百万美元的高价买走。这些从"创业计划"产生的企业中，有很多在短短几年内成为年营业额达数十亿美元的大公司。在国内，不少高校的校园创业计划大赛也纷纷启动。1998 年 5 月，清华大学举行了第一届大学生创业计划竞赛，这个竞赛在当时被称为"比尔·盖茨的孵化计划"。1999 年，共青团中央、全国学联、中国科协将这一大赛扩大为全国性的赛事，2002 年教育部也加入到这一赛事的主办单位中来。"挑战杯"中国大学生创业计划竞赛等赛事也在全国范围内迅速开展。

3. 高校扩招

据我国人力资源和社会保障部数据统计，2023 年我国高校毕业生规模达到 1158 万人，这意味着本届毕业生的就业竞争更加激烈，就业形势相当严峻，毕业生就业难已成为社会热点问题，并引起社会各界的广泛关注。因此，分析高校毕业生就业难的表现和形成缘由，制定切实有效的措施，是解决高校毕业生就业问题的主要任务。

（二）我国大学生创业政策的内容

1）完善创业政策，强化创业激励。我国政府梳理现有创业、就业有关政策，坚持"以创业带动就业"，把扩大就业与鼓励创业结合起来，把创业项目开发与创业培训结合起来，把高校毕业生创业与相关政策结合起来，建立项目开发、创业培训、小额贷款等相结合的创业机制。各级政府应积极引导各类金融机构，加大对高校毕业生创业的支持力度，简化小额贷款担保手续，实行劳动、担保、银行联合调查，为大中专毕业生提供小额贷款担保。

2）加强创业教育，提升创业能力。首先，应丰富创业知识。创业培训要与项目推荐、技术支持、人才服务、小额贷款、融资担保、创业指导等相结合，与企业家和自主创业成功者开展"创业一对一"活动，定期举办创业经验交流会和开展创业大比拼等活动，既要丰富高校毕业生创业所必备的工商、税务、金融、劳动和企业经营等方面的知识，又要让毕业生学会如何办理有关手续、如何筹措资金和规避市场风险等知识。其次，要加强创业心理辅导，通过培训使高校毕业生克服不敢创业、不愿创业、怕冒风险、害怕失败的心理，建立创业自信心。最后，需要提高创业能力，通过培训使大学毕业生掌握把握商机、组织创业团队、充分发挥团队的人力资源优势等技巧，不断提高创新能力、策划能力、组织能力、协调能力及管理能力。

3）建设创业基地，加强创业扶持。我国政府鼓励多方投资，充分利用闲置厂房、专业化市场等适合中小企业聚集创业的场所，建设具有滚动孵化功能的中小企业创业辅导基地，让自主创业的毕业生厘清创业思路，提高创业技能。通过聘请知名企业家、毕业生创业成功人士、专家学者组建自主创业导师队伍，根据高校毕业生自主创业者的不同需要，提供咨询、技术、管理、政务代理等项指导和服务。有关科研院所应积极研发一批市场前景好、投资见效快，适合创业者需要的新产品、新技术，向创业者推介，并组织专业技术人员开展创业服务。有关部门设立大学生自主创业服务窗口，开设自主创业政策和信息专栏，提供政策咨询、投资信息、市场行情、项目推介、技术进步、外经外贸和劳务供求等有关资讯服务。同时，树立一批创业典型，推广一批成功经验，让更多的毕业生学有榜样、干有劲头。

4）规范执法行为，营造创业环境。大力推进"阳光政务"工程，将管理制度再度改革，对于大学生的创业，任何团体、组织或个人不得以任何形式干扰，尽量简化相关手续，公布服务指南，推行联合审批、一站式服务、限时办结和承诺服务等，为创业大学生及时打开"绿色通道"。在2022年下发的《国务院办公厅关于进一步做好高校毕业生等青年就业创业工作的通知》中明确指出，"支持高校毕业生自主创业，按规定给予一次性创业补贴、创业担保贷款及贴息、税费减免等政策。……支持高校毕业生发挥专业所长从事灵活就业"。

（三）我国大学生创业政策的问题

1. 创业教育体系不完善

一方面，我国现阶段的创业教育只局限于对大学生进行创业教育，中小学完全没有开展创业教育。另一方面，即使是在大学开展了创业教育，也只是在部分高校开展了创业教育，沿海发达城市的创业教育比较发达，中西部地区比较缺乏。虽然创业教育在中国已经开展近20年，但我国当前的创业教育观念还是落后的，大部分高校不仅缺乏对创业教育的理性认识，而且还未将创业教育融入高校人才培养的整个体系中。尽管我国高校也举办创业讲座和创业计划大赛，但是未将真正的创业精神融入其中，而且目前我国从事创业教育的教师大多缺乏实战经验，因此在教学过程中更多倾向于做一些理论阐述，不能激发学生的创业热情。如今，关于创业教育，国外已经开发出很多受学生欢迎的教材，也形成了比较成熟的教学手段和教学评估标准，但是目前我国创业教育教学工作还没有一套权威的教材体系。即使是已经开设大学生创业教育课程的一些重点高校，在选择教材方面也非常被动，在学校层面，也缺乏培育大学生创业的具体措施。再者，大多数学校没有对大学生创业提供必要的政策和资金支持，很多学校缺少体验创业的基地和场所。

2. 财政税收政策不完善

首先是财政专项资金规模太小。目前我国高校毕业生可申请的创业资金是中小企业发展专项资金、中小企业创业基金。目前我国还没有创立专门针对大学生创业的全国性创业基金。中央财政用于支持中小企业发展的资金不足，与资金的实际需求相比，有很大的差距。由此可知，大学生群体能申请到的创业资金很有限。至于专门针对高校毕业生的创业基金，只有一些发达的沿海城市，如上海、杭州等地才有，而且当前各地制定的促进大学生创业的政策都带有地域限制性，一般只针对本地高校或者是有本地户口在外地高校上学的学生。对于创业基金只有当地符合条件的高校学生才可以申请，在平均了发达和欠发达地区的学生申请创业基金的人数后，发现这个比例是相当低的。再者，税收优惠政策有待加强。大学生创业的税收优惠政策往往只涉及小型微利企业税率优惠和企业所得税减免，优惠的范围非常小，优惠的力度也很小。高校毕业生创办技术服务业、信息业、咨询业类的企业，最多可免征两年的企业所得税。

3. 政府服务政策不完善

由于职能分工等原因，不同的政府部门对大学生创业有着不同的认识程度，所以在政策执行时执行力度也出现一定的差异。有的部门对这方面很重视，执行力度强一些；而对政策不重视的部门，执行力度就会弱一些。创业服务政策在具体执行过程中会遇到各种问题和障碍。一方面，这些政策原则性比较强，可操作性比较差。所有的政策都在面对一个难题，就是实际操作和执行，服务于大学生的创业政策也不例外。我国服务于大学生的创业政策只是阐述了基本原则和总体方向，在实际应用过程中缺乏可操作性，这也导致各个下级单位在执行时，难免出现偏差。就目前的执行情况来看，各下级单位并没有与中央相适应的实际办法，只是单纯细化了某些条款。看起来政策似乎很详细和完善，但这些政策在实际操作时，会遇到各种各样的困难。另一方面，执行政策的部门缺乏积极性。众所周知，执行者的积极性会影响政策的实际执行效果。以银行为例，身为一个企业它会首先考虑贷款带来的风险，所以银行更多考虑的是如何将创业资金的风险降到最低。[①]

---

① 张可, 2013. 大学生创业政策实施现状及对策研究[D]. 石家庄：河北师范大学.

（四）大学生创业政策的完善

1. 完善创业教育体系

1）加强创业教育的师资力量。提高学校的师资力量可以从两个方面入手。一是对现有的师资队伍进行培训，提高其综合水平。从学校现有的教师资源来看，可以通过外派学习、阶段性培训的方式来培养创新创业型教师。相关的政府部门应从上而下制定和完善对创新创业教育的师资培训，改善高校的教学模式。同时，高校应更加关注加强培养高校教师的创业能力、创新意识，鼓励他们积极参与创新创业活动，到创业实践活动中锻炼自身的创新创业能力，增加自身的实践经验。高校应该以市场机制为导向不断优化高校的师资结构和师资体系，丰富高校的师资形式。在优化内部资源的同时，还可以小范围地进行人才流通，通过聘请校外导师，既能增强高校之间的联系，又能合理配置教师资源，以达到最优。教师资源的优化，为学生的发展提供了无限可能。大学生是自主创业的主体，是自主创业的第一资源，大学生还是大学的重要主体，教师应围绕学生的需求施教。二是外聘新型创新创业型人才，为学校带来新的"血液"。这不仅可以优化教师资源，还可以为学生带来新的知识。另外，从外校聘请创业教育优秀教师，有利于高水平、有能力的年轻教师充分发挥自身才能，使其运用到教育教学当中，这也是高校优化师资结构、鼓励教师积极进取的有效途径。

2）完善创业教育课程体系。优化创业教育课程设置，是在创业教育过程中完善大学生创业所需的知识结构的关键要素，也是高等教育改革的重点。学校要坚持留下合理的有效的课程、教材、教学方式，摒弃落伍的陈旧的课程、教材、教学方式。着重讲解创业者应具备的相关知识和素质，开设一些管理类课程（如管理学、经济学、法学等）拓宽大学生的知识面，为大学生储备知识做足准备。另外，应增加实验、社会实践等教学环节的比重，增加大学生的操作能力。还要开设一些选修课程，供大学生选择自己想要学习和自己欠缺的知识，拓展大学生的学习空间，更好地激发大学生的学习兴趣。最后，要开设一些实践性课程，如进入企业进行实习和实训，增加大学生的实践经历和经验，让大学生全面获取创业所需的多样性知识。同时，重塑创业课程教学机制。创业课程的出现，以其前瞻性、灵活性、自主性、开放性、实践性、实用性而表现出生机和活力。改革创新创业课程教学机制是各大高校的必然选择，也是各大高校继续发展的唯一出路。

① 课程教学内容要创新。创业教育课程涉及多方面知识，它是一门管理的艺术。经济学家熊彼特曾说，创新是一个经济问题。故有关创业教育课程要发扬与经济建设联系密切的特点，要传播先进的知识、技术、方法。

② 教学形式要创新。创业教育课程不应仅局限在学校里、教室里，还应把课堂搬到校外或工厂。不仅课程内容和地点可以多样性，授课方式也可以多样化，让学生接受知识并有所掌握是目的，没必要过分要求教学形式和计划。

③ 师生关系要创新。在创业教育中强调创新，教学相长是创新的最大体现。由于创新创业引入新的教学内容和教学方式，故师生关系也是多样的，有师生关系、老板与员工的关系、投资人与创业者的关系、债权人与债务人的关系。创业教育中的师生关系也随着创业教育的引进而发生改变。

3）开展"全覆盖"式创业教育。当前，我国的创业教育集中在沿海城市高校和发达地区高校开展，要完善我国的创业教育政策，最重要的是要开展"全覆盖"式的创业教育，即创业教育要覆盖全体学生，包括两层含义：①要确保创业教育覆盖全体在校大学生，不是像以往只在高年级开展创业教育，而是要贯穿整个大学教育的全过程；②创业教育要从小学开始培养。在不同的教育阶段，也应该确立不同的培养目标，如在义务教育阶段，主要应该培养创业意识，掌握基本的创业技能。在非义务教育阶段，培养目标应该是使受教育者掌握一定的市场拓展方法，具备创业个性心理品质和实际的创业能力。我国把创业教育的重点放在即将面临就业的大学阶段，义务教育阶段则明显不足。在这种背景下，创业所需要的智力因素和人格特征就难以养成。因此，只有开展"全覆盖"式的创业教育，从学生受教育的全过程抓起，才能从本源上激励大学生创业。

2. 完善财政融资政策

1）完善创业融资政策。大学生对于创业资金的需求很难得到满足，融资渠道较窄。因此，政府应发挥其宏观调控的作用，为创业大学生扩大融资渠道。

① 获取自筹资金。引导大学生在创建企业的开始使用自己的资金或通过获取借款、贷款的方式获得企业的创业资金。除此之外，大学生还可以向亲友借用资金或者以抵押方式从银行贷款等机构获得借款，而向亲友借钱这种方式金额较少，很少能满足创业的需要。因此，寻找有资金实力的合作伙伴或者联合其他股东是大学生不容忽视的融资渠道。此外，大学生也可以增加经济基础好的客户预付款比例，以增加营运资金，还可向供应商延期或分期付款，以缓解经营性资金运作的压力。

② 实行创业租赁。创业租赁作为一种形式特殊的融资租赁方式，旨在为新企业提供便利。一般融资具有很大的灵活性，创业投资具有高收益性特点，创业租赁是将二者有机结合，在一定程度上解决了大学生在创业初期资金匮乏的问题，减少了购买设备的压力。创业租赁对大学生创业而言，不仅从基础层面排除了大学生资金短缺的困难，而且从更高层面完善了大学生创业的资本结构。这样，既有利于企业生产能力快速形成，又有利于减少企业所得税的税赋。由此分析得出，创业租赁这种融资方式对于大学生来说值得采用。

2）降低创业融资风险。融资规模要量力而行，其规模大小要根据创业者本身的实力，从实际出发。有关部门应积极合理地引导大学生准确定位融资规模，综合分析新企业各种要素，如所需资金数目、企业自身实际条件和融资成本及难易程度。大学生既不能走冒险路线，不切实际地进行大规模融资，继而增大资金闲置的可能性；也不应过于保守地缩减融资引发资金运作过程的吃力。企业负债过多、无力偿还、一直在风险边缘经营或是筹资不足、业务无法正常运转等，都是我们不愿看到的。因时随势确定融资方案、选准融资时机，对于大学生创业而言至关重要，大学生应清晰划分企业初创、发展、成熟等不同阶段，准确分析企业在不同阶段的经营状况，灵活掌握外部环境和经济整体态势，选择恰当的融资规模。此外，大学生还应摸清利率、汇率等金融市场的各种信息，在恰当的时机选择最佳融资方式。把握融资时机则需要大学生具有更加综合的素质，应放眼大局，对国家经济的整体形势进行分析，熟知我国的货币政策和财政政策，了解国内及国际的政治关系和政治环境，这都有利于更加准确地判断这些因素对于融资效果的影响，以及各种利弊条件所引起的变化趋势。从融资成本来看，财政融资、商业融资、内部融资、银行融资、债券融资、股票融资等主要融资方式成本依次增加。初创企业要尽量缩减创业成本，政府要为降低大学生的融资成本提供条件，引导大学生创办的企业按照融资来源进行成本评估，并与银行进行合作，为大学生创业创造最优惠、最有利的条件。

3. 完善政府服务政策

1）增强创业服务政策的可操作性，推进服务组织"社会化"发展。为了在公共领域中更加高效地完成创业指导服务，政府应设置奖励措施。以奖励方式，鼓励大学生创业者及专家人士探索一套指导创业的新策略，进一步完善服务职能以提高服务效率。专家学者、创业成功人士、企业家及政府工作人员应有规模地积极开展大学生创业咨询服务工作，协助创业咨询服务机构和高校毕业生就业指导机构做好大学生创业落实工作，高度重视以创业带动就业这一方针的重要性。政府在引导的同时，更要与各级就业服务机构形成良好的配合状态，分层落实各类政策，设立创业服务中心、创业服务站等组织机构。在分析大学生这一群体特征的基础上，总结其创业特点，对于其创业的实施方案、具体内容等进行细分，并对他们开展创业前期指导、检查创业项目具体策划方案、利用专家权威经验对项目可行性进行论证、完善项目推介及政策落实。通过以上流程，实现一系列完整服务和有针对性的创业帮扶。将创业服务政策制度化。将创业服务的鼓励政策修订成文。政府应根据创业服务的经验，制定关于创业服务鼓励的政策，使奖励方案有文献可循。在补贴的发放等方面给出严格的标准。根据专家指导小组论证策划项目的工作量，给予相应额度的经费补贴。

2）降低创业服务政策的条件限制，降低服务领域进入市场的审批门槛。各级市场监督管理部门应深入群众，清晰了解大学生创业注册情况，对于服务性企业应给予鼓励，降低注册资金的最低限额。此外，还应在政策上支持大学生创办小企业，在经营场所、业务范围等方面给予指导，准确定位，放宽普适的标准。政府部门也应积极配合，从宏观上制定出能够减少大学生创业阻力的具体措施。对于注册资金少、发展前景好、容易经营操作的大学生创业项目，应多给予鼓励和支持。政府应在创业前期为大学生提供创业服务和技术支持，在创业过程中，劳动和社会保障部门要做好后续的服务工作。当地政府应拓宽补贴发放权限，缩短补贴申请时间，同时可以对大学生在创业注册时予以帮助和补贴，在创业初期给予资金支持，尽最大可能放宽注册资本等方面的政策，鼓励大学生创办新兴的现代服务企业和科技创新企业。

附录 2　中国"互联网+"大学生创新创业大赛概述

中国国际大学生创新大赛（原中国国际"互联网+"大学生创新创业大赛）由教育部与各地政府、高校共同主办，被誉为高校里规格最高的比赛。自 2015 年举办以来，受到党和国家领导人的高度重视。习近平总书记在给第三届中国"互联网+"大学生创新创业大赛"青年红色筑梦之旅"的大学生回信中强调："实现全面建成小康社会奋斗目标，实现社会主义现代化，实现中华民族伟大复兴，需要一批又一批德才兼备的有为人才为之奋斗。艰难困苦，玉汝于成。今天，我们比历史上任何时期都更接近实现中华民族伟大复兴的光辉目标。祖国的青年一代有理想、有追求、有担当，实现中华民族伟大复兴就有源源不断的青春力量。希望你们扎根中国大地了解国情民情，在创新创业中增长智慧才干，在艰苦奋斗中锤炼意志品质，在亿万人民为实现中国梦而进行的伟大奋斗中实现人生价值，用青春书写无愧于时代、无愧于历史的华彩篇章。"

举办大赛的目的是要示范引领创新创业教育改革，加快培养创新创业人才，促进创新驱动创业、创业引领就业。大赛给了我们富有创造力的大学生一个平台，大赛自 2014 年创办以来，涌现了一大批科技含量高、市场潜力大、社会效益好的高质量项目，展现了新一代青年大学生奋发有为、昂扬向上的青春风采。

大赛让处于时代前沿的年轻人紧跟时代步伐，运用现代互联网技术为现代社会的建设提出新的想法，能为其以后的实际创业提供经验、打下基础，更能深化高等教育综合改革，激发大学生的创造力，培养造就"大众创业、万众创新"的生力军。

大赛旨在深化高等教育综合改革，激发大学生的创造力，培养造就"大众创业、万众创新"生力军。重在把大赛作为深化创新创业教育改革的重要抓手，引导各地各高校主动服务国家战略和区域发展，积极开展教育教学改革探索，切实提高高校学生的创新精神、创业意识和创新创业能力。推动创新创业教育与思想政治教育紧密结合、与专业教育深度融合，促进大学生全面发展，努力成为德才兼备的有为人才。推动赛事成果转化和产学研用紧密结合，促进"互联网+"新业态形成，服务经济高质量发展。以创新引领创业、以创业带动就业，努力形成高校毕业生更高质量创业就业的新局面。

通过大赛积极引导大学生开展创新创业实践。将职业教育、课程实践与创新创业有机结合，积极与创业企业联系对接，为毕业生提供创业实习岗位，使毕业实习真正成为大学生创业就业的"催化剂"和"助推器"。培养大学生创新创业能力是适应快速发展的现代化社会的需要。当前社会快速发展，市场对高素质人才的竞争日趋激烈，企业对员工综合素质的要求也越来越高，这同样是大学毕业生就业难的一个不容忽视的因素，所以培养大学生创新创业能力，增强大学生在未来就业市场上的竞争力势在必行。一个拥有创新能力和大量高素质人才资源的国家，意味着具有发展知识经济的潜力。所以，培养大学生创新创业能力，不仅可以为社会输送大批具有创新思维的有志青年，而且能够有效推动国家的发展战略。

全面切实有效地开展创新创业教育，进一步加强大学生创新意识和实践能力的培养，帮助大学生在创新创业道路上走得更稳、更好，是社会对高校提出的新要求，更是当今时代赋予高校的新使命。

参 考 文 献

陈奎庆，丁恒龙，2014. 大学生创新创业教程[M]. 北京：科学出版社.

陈永奎，2015. 大学生创新创业基础教程[M]. 北京：经济管理出版社.

蒂蒙斯，2002. 战略与商业机会[M]. 周伟民，译. 北京：华夏出版社.

冯丽霞，王若洪，2013. 创新与创业能力培养[M]. 北京：清华大学出版社.

龚荒，2013. 创业管理[M]. 北京：科学出版社.

郭绍生，2010. 大学生创新能力训练[M]. 上海：同济大学出版社.

何静，2013. 大学生创新能力开发与应用[M]. 上海：同济大学出版社.

贺继伟，冯海明，赵丹丹，2019. 大学生创新创业指导教程[M]. 北京：中国传媒大学出版社.

季跃东，2012. 创新创业思维拓展与技能训练[M]. 北京：科学出版社.

姜彦福，张帏，2005. 创业管理学[M]. 北京：清华大学出版社.

杰弗里·蒂蒙斯，小斯蒂芬·斯皮内利，2014. 创业学：21世纪的创业精神[M]. 8版（英文版）. 北京：人民邮电出版社.

金颖，黄艳艳，2010. 财务管理学基础[M]. 北京：清华大学出版社.

李时椿，常建坤，2017. 创业基础[M]. 北京：高等教育出版社.

李肖鸣，孙逸，宋柏红，2016. 大学生创业基础[M]. 北京：清华大学出版社.

罗伯特·A. 巴隆，斯科特·A. 谢恩，2005. 创业管理[M]. 张玉利，谭新生，陈立新，译. 北京：机械工业出版社.

罗珉，曾涛，周思伟，2005. 企业商业模式创新：基于租金理论的解释[J]. 中国工业经济（7）：73-81.

彭怀祖，2014. 大学生创新创业教育教程[M]. 北京：科学出版社.

齐寅峰，2008. 公司财务学[M]. 4版. 北京：经济科学出版社.

沈世德，2010. TRIZ法简明教程[M]. 北京：机械工业出版社.

斯蒂芬·罗斯，2006. 公司理财精要[M]. 4版. 北京：人民邮电出版社.

汪良军，2007. 创业团队理论研究[J]. 管理视角，3（7）：87-90.

王国红，2007. 创业与企业管理[M]. 北京：清华大学出版社.

王卫红，2018. 创新创业基础[M]. 北京：北京师范大学出版社.

王晓进，2014. 大学生创新理论与实践[M]. 北京：科学出版社.

王玉帅，尹继东，2009. 创业者：定义的演化和重新界定[J]. 科技进步与对策，26（10）：137-141.

吴雅冰，2012. 创业管理[M]. 北京：中国人民大学出版社.

谢宗云，2007. 市场营销实务[M]. 成都：电子科技大学出版社.

徐文伟，2019. 从追赶到领先：华为的创新之路[J]. 中国科学院院刊，34（10）：1108-1111.

杨哲旗，2018. 创业基础[M]. 北京：电子工业出版社.

张梦霞，2007. 市场营销学[M]. 北京：北京邮电大学出版社.

张嵚，2022. 刘邦的神奇创业团队[J]. 领导文萃（3）：4.

张玉利，2014. 创业管理[M]. 北京：机械工业出版社.

中国网，2013. 张勇种西瓜首年获利60万[J]. 新农业（20）：43.

周鲲鹏，2018. 大学生创新创业基础[M]. 北京：科学出版社.

AFUAH A，TUCCI C L，2000. Internet business models and strategies：text and cases[M]. New York：McGraw-Hill Higher Education.

BARRINGER B R，IRELAND R D，2008. Entrepreneurship：successfully launching new ventures[M]. New York：Pearson Education.

GARTNER W B，SHAVER K G，GATEWOOD E，et al.，1994. Finding the Entrepreneur in Entrepreneurship[J]. Entrepreneurship Theory & Practice，18（3）：5-10.

HIRATA M，2000. The roles of the start-up teams and organizational growth in Japanese venture firms[J]. Behavioral Science Research，52：109-120.

Kamm，Shuman，Seeger and Nuriek，1990. Entrepreneurial teams in new venture creation：a research agenda[J]. Entrepreneurship Theory and Practice，14（4）：7-17.

RAPPA M A，2004．The utility business model and the future of computing services[J]．IBM Systems Journal，43（1）：32-42.

STEWART D W，ZHAO Q，2000．Internet marketing，business models，and public policy[J]．Journal of Public Policy & Marketing，19（2）：287-296.

TIMMERS P，1998．Business models for electronic markets[J]．Electronic Markets，8（2）：3-8.